영원인간 영원사랑

다가올 날들 영원의 날

작은 책

올리는 말씀

나는 어디에서 왔고 어디로 가며 왜? 존재하고 있습니까?

이제 당신과 같이 이 물음에 답을 찾아갑시다.

지구와 우주 만물은 보이지 않는 설계자로부터 나왔습니다.

그리고

…아팠고 괴로웠던… 그날의 소망을 찾습니다.

사람은 로봇이 아닙니다.
하라는 대로만 하는 로봇에 불과하다면 사람의 가치는 한없이 추락합니다.

삼라만상과 이 지구 땅에서 보고 판단할 줄 아는 존재로 살아가고 있습니다.

사람은 매우 고차원의 피조물입니다. 동물들과는 다릅니다. 사람도 본능이 있습니다. 그러나 단순히 주어진 본능에 머무는 동물과는 근본적으로 다릅니다.

사람은 사람이 가지고 있는 기본적 본능을 뛰어넘는 승화(昇華)가 있다는 것을 압니다. 물론 기초적 사람의 욕망 욕구도 당연히 있고, 있어야 합니다.

자신의 욕구 욕망, 다른 말로 소망·희망이라고도 표현합니다. 그런데 그것은 두 가지 얼굴로 나타납니다.

두 가지 얼굴은 바로 '자유의지'입니다.

사람이 자신의 자유의지를 좋게? 나쁘게?
또는 '어떻게 쓰느냐'에 의하여 욕구 욕망이 '소망·희망'의 얼굴로 나타날 것이며, 그 반대의 얼굴로도 나타날 것입니다.

가장 적확한 출발점이 무엇입니까~

너와 나, 우리의 삶 그다음은 무엇입니까!?

인간과 사물의 원초적 본질 및 숙명

한 사람의 희생으로 다른 사람이 살게 됩니다. 부모의 희생으로 자녀들이 살게 됩니다. 선대의 희생으로 후대가 잘됩니다.

한 개인도 스스로에게 스스로가 행할 때 성장이 뒤따릅니다(세상과 사람과 사물에 공짜는 없습니다).

"빈손으로 왔고 갈 때도 빈손이다(공수래공수거)."
그럴듯하게 들립니까?

어느 날 공짜로 태어난 것입니까?

사람이 존재함이 아무 의미가 없을까요? 사는 것도 공짜고 죽는 것도 공짜입니까? 사람에게는 그 어떤 의미가 따라붙습니다.

그 의미가 무엇일까요?

눈에 보여야만 존재가 있는 것은 아닙니다. 사람 눈에 안 보이는 것들도 얼마나 많습니까? 내가 이해되고 수긍되어야만 우주와 사물이 성립합니까?

나를 기준으로 세상이 존재하며 돌아갑니까?

사람이 동물과 다른 이유는 일회성(죽음으로 모든 것이 끝난다)이 아님에 있습니다. 누구나 그때가 옵니다.

인간에 대한 의문과 해답을 찾습니다.

사람의 '어제', '오늘' 그리고 '미래'를 보았습니다.

사람은 영원하게 사는 존재입니다.

죽음으로 모든 것이 끝이라는 사람에게 드립니다.

목차

등장인물

- **안성규** : 세상과 사회에 불만과 비관적인 시선을 갖고 있으며, 도피자적 삶을 사는 청년, 우연히 인희를 만나며 새 삶을 걷게 된다.

- **진인희** : 독실한 크리스천 20대 여자. 안성규와 앞날을 약속했으나 악령의 공격 표적이 되어 타계한다. 춘천 소양중학교 교사.

- **김충헌 목사** : 춘천 영신교회 담임, 인희네 가족이 출석한다.

- **진 사장** : 인희 아버지. 건설업.

- **박 여사** : 인희 어머니. 춘천 영신교회 권사.

- **현 반장** : 가평경찰서 교통사고 조사계 반장. 인희의 괴이한 교통사고를 수사한다.

- **천 중위** : 가평 육군 제6야수교 소대장. 인희의 교통사고 목격자.

- **이 박사** : 춘천 강원병원 원장.

- **최 씨** : 건물 미장공.

- 동산리 모녀 : 악령이 깃든 어머니(Ares), 신연희(Aphrodite).

[천사]

- 호랑나비 : 안성규의 수호천사. 성규를 인도한다.

[악령]

- 담무스(Tammuz) : 악령들의 왕(Satan).

- 바벨(Babel) : 악령군대의 대장.

- 아레스(Ares) : 악령군대의 선봉장(先鋒將).

- 아프로디테(Aphrodite) : 아레스 휘하의 날랜 악령 전투병.

제 1 장

———— 귀환자 ————

돌아오고 있다.

산골짜기를 뒤로하며 1톤 화물차의 적재함엔 몇 꾸러미 이삿짐들이 덜
거덕댔다. 철망이라도 찢고 탈출한 일그러진 몰골, 차창 틈을 비집는 흙먼
지 속에서 웅크린 채 두 눈동자만 반짝거린다.

꼬불꼬불 냇가를 끼고 달리는 산길 돌 부스러기들이 튕겨 나갔다.

"이 산중으로 오던 때가 엊그제 같은데, 벌써 강산이 변했어."

어느 무너져 내린 나무 밑동에서 기어 나와 이 골목 저 모퉁이를 헤매다
가 말라 버린 떡이파리. 그 숨결은 벽보 한 장 앞에 멈춰 섰다. 가물가물 손
짓하는 오아시스 야자수의 샘물처럼 보였다.

"어쩌면 돌아오지 못할 수도 있을 거야."
"그래, 가자!"
막연한 희망을 품고서 동네 모퉁이에서 파란 꿈의 바늘을 틀었다. 어린

청춘은 이미 쓰러진 집을 떠나야만 했다. 꿈도 피우기 전에 한 장의 그림이 되어 마음에 그려졌어도, 그렇게 멀어져 갔다. 기억 속에서 되살려 보곤 했지만 먼발치에서 돌아갈 엄두는 생겨나지 않았다.

'그래, 너의 시간을 지불하라.'
비바람을 피할 은신처가 절실했다. 많은 시간이 흘렀다. 원점으로 돌아가고 있다. 빈 가슴 응어리의 얼굴을 휘갈겼다. 돌아가는 두려움 속에서 어떤 이가 있었다는 이유는 소멸되었다. 찍혔던 그의 발자국도.

"이 산골짝을 떠나자!"

세월을 도살하듯 삶의 촛불이 꺼지고 있구나.
(높은 곳에서 각자에게 내려주신 소망 그것을 찾아서 가는 거야. 죽기야 하겠어? 길은 있을 거야.)

스치는 차창 밖을 물끄러미 내다보았다. 백미러에 비친 흙먼지와 을씨년스러운 찬바람 속에서 저 앞을 응시하였다. 소망가를 외치며 디디게 될 서울로.

"변한 건 없어!"

천천히 숨을 고르며 각오를 다지고 있었다. 도시의 소용돌이와 마주쳐야 한다. 부딪치겠다는 각오 하나만을 주머니에 넣고 무작정 다시 한번, 다시 한번 살아 보자.

휑하니 가슴속을 파고들었다. 낡고 초췌한 초상화 한 장 가슴에 안고서.

'그래? 안타까움이 너를 구원이라도 해 준단 말이냐?'

1톤 이삿짐 차에 웅크린 자는 살아갈 방법에 골몰히 빠져들었다.

"으음…."

살아 있었던 이유.
"아하, 그래! 물고기 하나, 어항 속에 한 마리였어. 도마 위에 올려질….
민물고기."
어렴풋하지만, 그제야 그는 깨닫고 있었다.

… 난, 나는 퍼덕거렸었구나….

세상 바다와 거대한 수산시장과 인간의 목적과 경쟁, 다툼과 가르침 어
느 어항에 넣어졌어. 바깥세상도 이 어항도 동일하다고. 너희들처럼 살고
있어. 그게 찬 바람을 막아 주었던 거야.

솟구치는 막막함이 옥죄어 왔다. 마주치게 될 세상, 딱딱한 돌 같겠지.
가야지, 가야지… 죽어도 가서 죽자.

199○년 1월 마지막 날을 헤치며 1톤 이삿짐 차는 산골짝을 빠져나와
가평 읍내에 다가서고 있었다.
저 앞, 높진 않았지만 가평천을 낀 급회전 오르막.
'노루재!'
비스듬한 오르막을 오른다. 슬픔의 얼굴로 변해 버렸다. 두 눈을 꾹 감았
다.

"이곳에…."

잠시 후, 작은 다리를 건너 읍내 아스팔트 도로로 접어들었고, 비포장 산길도 끝났다. 가평 읍내 삼거리에서 우회전, 경춘국도로 접어들었다.

"뒤돌아보지 말자! 뒤돌아보지 말자!"
경춘국도와 같이 달리는 강~
입을 꾹 다문 채 차창 밖만 묵묵히 바라보았다.
상쾌함이 밀려든다.
"아! 시원해!"
분명해지고 있었다. 뒤쪽으로는 강촌이 있고 의암댐과 의암호가 있지.
강촌길 그에겐 익숙한 도로였다.
그리고, 춘천을 오갔던 날들.

'춘천!'
20대 보랏빛 꿈이, 그녀의 무지갯빛 사랑이!
강촌길 따라 젊은 호흡을 숨 쉬었어.
꿈꾸는 날,
무지개 꿈… 말야….

손가락 사이 빗물처럼 어느 달빛 물고기의 추억과 설움이 이젠… 이젠
사라져 가고 있었다.

"마주할 저 땅, 차갑고 딱딱하겠지. 뒤돌아보면 안 돼, 안 돼!"

제 2 장

새벽

"강변로를 타야겠네요."
"네."

구리를 지나는 차창 밖으로 1월 마지막 날의 오후… 비스듬히 차창에 기대어 하늘을 올려다본다. 도시 물결에 섞여 강변로 한강도 눈에 들어왔다. 한낮 햇볕이 따사롭다.

"돌아왔어!"

분명 나 자신의 삶을 살았다고 생각했는데 먼 대치의 끝점에 서 있는 이 느낌은 무엇인가? 갑자기 눈부셔 왔다. 투명하게 둥근 빛에. 그리고 갑자기 졸음이 닥쳐온다. 먼 나라에서 한순간에 날려 온 것처럼.

어느 날,
솟은 망루대를 보았다. 경고의 소리를 난 들었다.

양뿔 나팔(羊角나팔, Shofar) 소리를.

"뚜우우~~~~~~~"

"뚜우~ 뚜우~ 뚜우~"

"뚜뚜뚜뚜뚜뚜뚜뚜~"

"뚜우우우우우우우우우우우우우우우~~~~~~~~~~~~"

스치는 한강 차창을 반쯤 내려 물끄러미 내려 본다. 감추었던 아픔과 지난 시간.

휘익~

차가운 강바람이 얼굴을 할퀴었다. 이 정신과 육신을 씻자. 마음과 몸을 씻자. 그렇게 나의 힘으로 씻어 내어야 하는데, 나를 바로 세울 수 있을까?

저 대교를 건너면 서울시민이 되는 걸까…. 작은 방 하나가 덩그러니 기다리고 있을 뿐, 십여 일 전에 급한 대로 준비한 낡은 단칸방, 로마의 한가운데에 돌아온 것이다. 검투사들이 득실대는.

이 성산대교 아래 어느 둔치에서 생의 변환점을 맞이하고 시작해야 하리니, 나의 얼룩진 시간을 씻어 낼 수 있을까? 허수아비로 점철된…. 재생할 수 있을까? 다시 살아날 수 있을까…? 엑소더스(EXODUS), 사망을 뚫고 건져 올림을 받을 수 있는 걸까? 새 사람으로 구원될 수 있는 걸까…. 광야에서 외치는 자로부터 말이다.

'야~! 착각하지 마. 넌 개선장군이 아냐! 개선문을 통과하고 있지 않잖아, 엉~? 상처를 숨긴 채 몰래 들어오고 있잖아. 승전고는 어디에도 없어. 승리의 깃발도 보이지 않아. 당당하지도 않아! 탈옥수처럼 감추고 있어. 절뚝대는 너의 다리를 보라고! 비틀어진 네 손을 보라고! 그 잘난 목숨 하나

겨우 연명한 몰골로 참 낯짝도 뻔뻔도 하구나.'

로마병의 양날 검에 댕경~ 목이 날아가리라.

****

"방화동이라 했죠?"
"네."

공항로를 따라 방화사거리에서 좁다란 골목길로 이삿짐 차가 들어갔다.
낡은 집들과 엉켜진 골목 요리조리 헤쳐서 "저 집이요." 낡은 한 단층집에
멈췄다.
"잘 왔습니다."
"네."

대충 구겨 싼 나부랭이 짐들 몇 개가 대문 옆에 내려진다.
"조심히 가세요."
1톤 차는 서서히 골목길을 빠져나가고 그는 대문을 열고 짐을 집어 들었
다.

벽, 벽, 벽….
허름하고 작은 방 안엔 차가움만이 가득하다. 냉랭한 공기 속에서 덩그
러니 방바닥에 앉았다. 이마에 그런 이름표를 한 장 한 장 붙여 갔다.

어떤 소리가 귓전에서 맴돈다.
'장차 올 환난을, 이 방을 바람막이 삼아 살아갈 수 있느냐?'

지도도 나침반도 없다. 몰상식의 항법으로 돌아왔을 뿐.

'대해의 파도가 얼마나 높은지 모르는구나. 이 하룻강아지야, 들이닥칠 파도가 어떤 파도인지를 모르고 피가 낭자한 콜로세움으로 왔구나.'

대낮이건만 뿌옇게 변한 하늘, 첫발을 디딘 서쪽에 하나둘 흩날리기 시작하였다.

"그래, 내려라! 쌓여라! 소복이 이내 발자국 따윈 남기지 말고 모두 덮어 버렷! 모두 덮어 버리라구!"

세상의 장부 책에 표기될 이유 없는, 한 절뚝이는 속으로 외쳤다.

"난 피가 돌고 있다고!"

두 주먹을 불끈 쥐었다. 이런 나를 조롱하고 비웃겠지. 공허와 적막이 휘감는다.

"까짓거, 살아갈 길이 나오겠지….."

이삿짐을 주섬주섬 챙겨 놓고 이불을 폈다. 피로가 몰려들었다. 초저녁도 안 됐는데 잠에 떨어졌다.

시간이 얼마나 흘렀을까? 밖은 어둠 속 깊이 오후부터 내린 눈이 방화동을 모두 덮어 버렸다. 송이송이 하얀 송이에 하늘조차 보이지 않고 달빛조차 감추어 버렸다.

하얗게 서울의 온밤이 덮이고 있었다. 그의 발자국도 그의 기억도 다 덮이고….

낡고 녹슨 연탄보일러가 허름한 부엌을 차지하였고 방 하나 미지근하면 다행이었다. 뒤척뒤척 몸을 움직였다. 찬기 가신 방바닥에서 다시 깨곤 했지만, 이불을 잔뜩 뒤집어쓰고 잠을 청했다.

채칵채칵….

채칵채칵….

탁상시계는 새벽 한밤중에 다다르고 긴 터널을 빠져나온 그는 깊게 잠속에 있었다.

"성규야. 성규야."

우당탕~ 쿵쾅~ 199○년 2월 첫날에 매서운 새벽바람이 세차게 부엌 쪽 문을 때렸다.

"오빠! 오빠!"

"으… 음…. 누… 누구… 세요?"

"누구요….'

덜컹덜컹~ 쿵쿵쿵~ 쾅쾅쾅~

바깥쪽 문이 심히 흔들렸다. 잠결 속에서 정신이 번쩍 들었다.

반사적으로 재빨리 몸이 일으켜졌다. 방을 둘러보니 컴컴하였다. 형광등 스위치를 더듬어 켜고 부엌으로 난 쪽문을 열어젖혔다. 아무도 없다. 부엌을 통해 다시 바깥쪽 문을 열고 나갔다. 몇 발자국 옮기며 밖에 주변도 살폈다. 아무도 없다.

"내가 잘못 들었나? 새 세상에 와서 그런가….'

새벽 한밤중, 사방은 하얀 은빛 세상으로 변했고 언제 세찬 바람이 불기라도 했냐는 듯 적막만이 감돌고 있었다.

"아무도 없는데?"

부엌 쪽문 밖에 주변을 빙 둘러보았다. 아무도, 아무것도.

"에이~"

한마디 툭 내던지며 방으로 다시 들어갔다.

날은 밝아 오고 귀환의 둘째 날 느지막이 일어나 주섬주섬 이불을 정돈하고 가만히 앉았다.

"어떻게 한다지? 앞으로…."

무엇부터 해야 하나? 우선 전입신고부터 해야지. 주민등록도 옮기고….
방화동 주민센터의 위치를 지나는 사람들에게 물어 빠른 걸음을 재촉했다.
전입신고를 마치자 왠지 안도감이 찾아왔다.

"나도 서울시민이 됐군. 돌아왔어!"

어디선가 굉음이 들려왔다. 소리 나는 쪽으로 고개를 올려 보니 여객기
하나가 저 높이에서 공중의 점으로 사라졌다.

"저기에 탄 사람들은 어떤 사람들일까?"

무슨 특별난 사람들이기에 저렇게 비행기를 타나!? 무슨 일들로 저리도
바삐 오가는 것일까? 왠지 모를 쓸쓸함에 움츠려졌다.

세상 사회에서 물과 기름이 실감 났다. 때가 까만 기름 한 방울이 자신
같았다. 저 여객기와 도로에 수많은 차량들, 사람들과 또 저 빌딩들 어깨동
무 친구가 아니다. 열외에 서 있는 자신을, 그는 아직도 미처 감지하지 못
하고 있었다. 이 세상과 도시는 알 수 없었다.

방화동 사거리로 나가 서성댔다. 갈 곳이 없음이니, 허름한 행색 어색한
몸짓. 백조들의 무도회장. 그 무도회장에서 같이 춤추겠다고 미운 오리 새
끼가 사방을 둘러보았다.

설 곳은 없는 것이 분명한데 겨울 해가 벌써 뉘엿뉘엿 감춘다. 출출함이
밀려들었다.

인근 골목길을 두리번거렸다. 분식집 하나가 눈에 들어왔다. 쓸쓸함 내
린 초저녁, 겨울 땅거미를 끌어안은 채 문을 밀었다.

"된장찌개 하나요. 밥 한 공기 추가."

골방 연탄보일러 아궁이를 크게 열어 놓았다.

"내일은 직업소개소에 가 봐야지."

양동이에 떠 놓은 물로 한 잔 목을 축였다. 이불을 끌어안았다. 그리곤 다시 골몰히 살아갈 방법을 찾았다.

채칵채칵….

채칵채칵….

시계가 새벽 2시 30분을 다시 가리키고 있었다.

"우르르르~~"

"탕탕탕~ 쾅쾅쾅~ 쿵쿵쿵~"

부엌에 바깥쪽 문이 다시 심히 흔들리고 있었다.

아니, 방의 벽마저도 우르르~~~흔들리는 것 같았다.

"으음… 어, 어…? 이게 무슨 소리야~?"

벌떡 일어나 정신을 차리고 형광등 스위치를 눌렀다.

방을 둘러보았다.

"잘못 들었나? 옆집 소리는 아닌데… 바람 소린가?"

부엌문 쪽을 다시 바라보았다. 역시 고요하다. 바람은 불고 있지 않은 것처럼 느껴졌지만, 재빨리 부엌을 통해 밖으로 뛰쳐나갔다.

역시 어제 새벽처럼 사방은 고요한데….

"음… 잘못 들었나…. 내가 너무 과민해졌나? 자꾸 환청이 들리네…. 이 꼭두새벽에 누가 온단 말인가!"

밤하늘을 올려다보았다. 이틀째 흐렸고 밤사이 밖은 여전히 하얗게 변해 있었다.

"밤별아, 이 내 마음 모를 거야."

한숨을 토하며 방으로 걸음을 옮기려는 순간,

"성규야~"

"오빠!"

제 3 장

종로1가

"으~ 으~~~ 누, 누구야… 누구냐고!"
천천히 상체를 뒤로 돌렸다.
"누, 누구세요…?"

"누구세요? 누구냐고욧!"
숨을 추스르고 힘껏 내뱉었다.

"이 땅과 세상이 있기 전에 스스로 있느니라. 너의 골수를 쪼개고 관통하느니라."
"네에~~~? 뭐… 뭐라고요?? 아, 아니… 도대체 누구세요?"
"누구십니까? 누구십니까?! 어디 있는 거예요?"
"누구예욧! 어디 있냐구욧!"

머리카락이 쭈뼛 솟구쳤다. 이를 악물고 한 번 더 숨을 추슬렀다.
그리곤 또 한 번 크게 소리쳤다.
"누구냐고욧! 사람 그만 놀래키시라고욧…!"
"간 떨어지겠네…."

누군가가 어떤 장치를 설치해 이런 일을 벌이고 있다는 생각이 순간적으로 뇌리를 스쳤다.

"난 아무것도 아닌 인생 낙오자예요. 뭣 땜에 이런 일을 벌이십니까?"

주변을 재빨리 다시 훑어보았다. 없다, 아무것도….

"으…. 도대체 이게 무슨 일이야! 분명 사람 말소리인데."

"오빠!"

"으~ 으~~ 누, 누구야? 누구야? 넌, 넌 누구야….""

사방은 여전히 쥐 죽은 듯 고요하다. 한밤중이지만 담 너머 골목길 전봇대 위엔 가로등이 주변을 밝히고 있었다.

"내 모습은 보이지 않아. 그러나 만나게 될 거야. 난 사람 눈에 보이는 모습으로 있지 않아!"

"만… 만난다고? 누, 누구를…?!"

"넌, 넌 누구야? 정체를 밝혀! 정체를 밝히라고!"

순간,

어떤 힘이 자신의 머리로부터 쭉 타고 내리는 것을 느낄 수 있었다. 약간 더운 듯, 약한 전기 감전처럼.

"으으… 이게 뭐야….""

"… 어, 어….""

그 힘은 몸을 타고 쫘르르 흘렀다. 머리서부터 어깨, 팔, 몸통, 다리까지 전신을 타고 쭈욱 흘렀다.

"어엇, 이 이게 무엇이야??"

그리고 그 알 수 없는 힘은 사라졌다.

보이지 않는 무엇이 자신에게 다가온 것을 알아차릴 수 있었다. 동시에

점점 멀어지면서 귀에 들리는,

"보글보글"

"끼룩끼룩"

많은 물이 끓을 때 들리는 물소리 같기도 하고 시골 가을날 수많은 철새의 떼가 무리 지어서 이동할 때 저 공중에서 들리는 소리 같았다.

그 소리는 모여져서 유독 한쪽 방향에서만 들려왔는데, 마치 어느 한 방향을 향하여 하나의 무리가 멀어져 가듯 들렸다. 그리곤 눈 녹듯이 사르르 공중에서 사라졌다.

대각선 위쪽의 먼먼 어떤 곳으로.

그 방향이 동서남북 중 어느 방향인지 알 수가 없었다.

날이 밝는 대로 그 방향을 알아내야겠다고 생각이 번쩍 들었다.

"아, 아니… 이, 이게… 도대체 무슨 일이야? 분명 사람 말소리야."

"한강 방향이 북쪽이니까 동서남북을 알 수 있을 거야. 내일 아침에 무슨 방향인지 알아내야지. 이 꼭두새벽에 도대체 이 무슨 일이란 말인가??"

방에 들어와서 다시 이불을 푹 덮었다.

무슨 일이 있었냐는 듯 사방은 다시 적막으로 들어갔다.

아침, 일어나자마자 "반찬이 조금 남아 있지?" 부랴부랴 쌀을 씻었다. 장차 어찌 살아갈 것인가 다시 현실 세상의 깊은 고민에 사로잡혔다. 작고 허름한 방 한 칸, 통장엔 비상금으로 적은 얼마가 있었지만, 죽는다는 각오 하나로 탈출하듯이 돌아왔다.

"오늘 직업소개소에 가 봐야지. 무대책으로 있다가는 굶어 죽겠어~ 그리고… 그렇지! 어젯밤 그 소리 분명 난 들었어. 틀림없어!"

밥 지을 쌀을 연탄불에 올려놓고 부엌 문밖으로 나갔다.

"어제 그제 이틀이나 모두 이 근처야. "담장 이쪽에서 들렸어. 그리고 사라질 때도 소리가 이쪽 방향이었어…."

"동서남북 어디를 기준으로 삼지? 음, 저쪽에 김포공항이 있고 공항로 따라 한강 방향으로 간다고 할 때, 성산대교와 한강이 나오니까 그렇다면 양팔을 벌렸을 때 내 얼굴 앞쪽이 동쪽, 등 뒤가 서쪽, 오른팔 방향이 남, 왼팔 방향이 북."

"음… 그러면… 아, 북쪽이구나!"

"그래, 담장 이쪽에서 들렸으니까 북쪽이야! 북쪽이야! 김포공항은 저쪽에 있으니까 동남쪽이고."

"북쪽에서 그 소리들이…."

"그 소리들은 무엇이지?"

"북."

"북쪽."

"북쪽에 무엇이 있는 것일까… 북쪽, 북쪽…."

"북극성."

"북두칠성."

"또 무엇이…?"

"아, 그렇지!"

"나침반! 나침반에서 북쪽을 기준 삼지!"

(무엇이 있다는 건가)

모든 길의 길라잡이.

"배들도 비행기들도 차를 타고 갈 때도 지도를 보고 길을 찾을 때도 북쪽을 기준 삼잖아. 그렇다, 그거야~"

막연한 생각에 빠져들어 갔다.

"더 자세하게 알아봐야겠어!"

아침을 대충 때우고 직업소개소로 발길을 잡았다.

방화사거리에 나가 사방을 두리번거렸다. 소개소 간판 하나가 보였다. 빠른 걸음으로 다가갔다. 낡고 좁은 계단을 따라 위층으로 올라갔다.

똑똑똑~

"들어오세요."

허름한 사무실에 남자 하나가 책상을 앞에 놓고 앉아 있었다. 그는 성규를 보자 와서 앉으라고 눈짓하였다.

옆으로 긴 낡은 나무 의자가 하나 놓여 있었다.

"일 좀 하려고요."

"기술은 있습니까?"

"아뇨, 막일이라도 하려고요~"

"그럼 일당 일을 하시면 되겠군요 하루 4만 원입니다. 근처 현장 일입니다. 현장에서 시키는 대로 하시면 됩니다."

"네."

"내일 아침 06:00까지 나오세요. 건축 현장 일은 일찍 시작합니다. 먼저 도착한 순서대로 일거리가 배당됩니다."

"네, 내일 일찍 나오겠습니다."

"그럼, 수고하세요."

꾸벅 인사를 건넸다.

정오가 된 듯, 직장인들로 보이는 한 떼의 사람들이 사거리에 오갔다. 길가 긴이 벤치 하나가 보여 털썩 주저앉았다.

으스스 떨린다. 마음도 춥다.

"… 어젯밤의 그 소리…."

어제 들은 그 소리가 성규의 뇌리를 지배하고 있었다. 곰곰이 생각해 보았다. 방으로 돌아가 봐야 따뜻하지도 않다. 어디를 가야 하나?

"그렇지, 대형 서점에 가봐야겠어!"

종로1가의 대형 서점들이 번득 떠올랐다.

가평 산골 생활 속에서도 드물지만 어쩌다 서울 나들이라도 한번 하게 되면 휘황찬란하게 보이던 서점 책들.

"넋 놓고 시간 보낼 게 아니다. 자연 과학 코너에 가서 천문학 서적이라도 살펴보자. 새벽에 들은 목소리, 그리고 북쪽. 서로 무슨 연결 고리가 있을지도 몰라."

"1가에 대형서점이 있지? 거기로 가자."

버스 뒷좌석에 웅크리고 앉았다. 시내버스는 성산대교를 건너 어느덧 서대문사거리를 지나 세종로사거리를 질러서 멈추었다.

대한민국 1번가.

가평 산골짝과는 다른 세상. 한낮 종로의 분주함과 활기 속에서 이질감이 먼저 다가왔다. 공기마저도 다르게 느껴진다. 자신과는 동떨어진 서먹서먹함을 헤치며 천천히 서점 쪽으로 발걸음을 옮겼다.

이방인의 가슴을 안은 채 숨을 크게 들이마시며.

제 4 장

허블 우주망원경

저 커다란 빌딩 지하 문고에는 지혜, 지식의 보고들이 꽂혀 있으리라.

계단을 따라 천천히 내려갔다. 무슨 실마리라도 찾을 수 있겠지?

두리번거리며 '자연 과학 코너'가 어디에 있는지 살피며 천천히 걸었다.

수많은 책들.

"좀 더 안쪽으로 들어가 봐야겠어."

책들을 구경하다 보니 한쪽에 자연 과학 코너가 눈에 들어왔다. 큼직하니 두꺼운 표지의 책들.

"인류의 기원이라…."

"코스모스."

"종의 기원."

"NASA."

"4차원의 세계."

"우주의 크기."

"지구의 나이."

"우주는 언제 시작되었나."

두툼하고 큼직한 표지로 장식된 지구에서 일어났을 법한 그림들이 그려진, 전혀 다른 세계 앞에 맞닥뜨린 것 같았다.

"펼쳐본들 알기나 하겠어?"

"휴~ 어쩐다? 왔다 그냥 갈 수도 없고, 대강 훑어보기라도 할까?"

《우주의 크기》를 골라 몇 페이지 넘겼다.

아! 이건 내가 알 수가 없는 세계야. 눈살을 찌푸리며 덮어 버렸다.

《지구의 나이》라는 제목에 눈이 멈췄다. 표지를 젖히니 그림과 설명이 곁들여져 있었다. 천천히 넘겼다. 이 땅이 여러 변화를 거쳐서 현재에 이르렀고 대격변이 옛적에 일어났었고, 미래에 그런 격변이 다시 올 수도 있다고. 대기권, 더 나아가 우주에 대해서 사람은 알지 못한다고….

그림으로 알기 쉽게 그려진 우주 그림도 있었다. 어떤 힘에 의하여 지구는 얼마든지 사람들에게 좋은 환경을 제공하기도 하지만, 반대로 최악의 환경으로 급변할 수도 있다고 말하는 것 같았다(외계의 힘에 의해서 말이다).

과거, 현재를 지나 미래 어느 시점에 이르면 다시 닥칠 수 있다고, '자전과 공전'이 우리의 힘에 의해서 돌고 있는 것은 아니라고 쓰여 있었다.

태양계 안에서 벌어지는 일도 모를진대 광대한 하늘에서 벌어진 일, 미래에 벌어질 일… 앞날에 무엇이 일어날지? 그런 일들은 인간들이 주관하는 것이 아니라고….

작은 개미여, 우물 속에 갇혀서 살고 있다고….

공룡들이 수많이 살았었는데 갑자기 사라졌다. 추정컨대 대홍수(약 4,400년 전)가 일어났고, 그때 멸종되었을 가능성도 제시하고 있었다.

시베리아에서 발견된 적이 있는 얼려진 상태의 맘모스는 그 대홍수 때 죽은 것들이라고 하였다. 대지진과 함께 지하에 있던 대량의 물이 지표면으로 분출되었고, 지구 대기층을 감싸고 있던 공중에 막대한 수분도 급격하게 차가워져 굵고 억센 소나기로 변해 수십 일을 지구를 덮듯 내렸고, 지구의 북극과 남극에 기온 급변이 일어났다고 한다.

"대홍수가 일어나기 전의 지구 상태는 어땠을까?"

대홍수 전에는 겨울이 없었다는 것이다. 식물, 동물, 사람들이 살기 좋게 온화하며 적당한 수분이 지구를 감싸고 있는 최적의 환경이었을 것이라고.

물살로 시베리아 벌판 쪽으로 휩쓸린 매머드들이 급변하게 된 남극 북극 인근에서 얼었을 것이라고 많은 세월이 흐른 근대에 발견되기도 한다. 해부해 보니 위장에선 미처 소화되지 않은 풀이 썩지 않은 채 나왔는데, 이것은 갑자기 얼면서 죽었기 때문이라고 사진과 함께 설명하고 있었다.

대홍수가 발생하기 전에는 오늘날처럼 봄, 여름, 가을, 겨울의 4계절이 아니었고 적정한 습도로 공중을 감싸고 있었고, 최적의 온도로 사람, 동물, 식물 할 것 없이 모두 살기에 적합하도록 지구를 감싸고 있었을 것이라고. 그래서 태양 빛 중에서 유해한 빛은 차단됐을 것이고 그렇기에 사람 수명은 오늘날 사람 수명과는 비교도 안 되게 매우 오랫동안 무병장수하였을 것으로 추측하고 있었다.

미국 그랜드캐니언 대협곡은 그 막대하고 거대한 홍수가 집중적으로 쏠려 땅표면을 파헤쳤기 때문이라는 주장도 실려져 있었다.

다른 페이지엔 땅이 불탄 흔적의 그림이 있는데, 요르단과 이스라엘 접경에 위치한 사해 인근에서는 오늘날에도 유황 덩어리들이 발견되고 있다고 하였다. 흥미로운 것은 순도가 아주 높은 유황 덩어리로 그 성분을 분석해 본 결과 대단히 깜짝 놀랐다고 하였다(그 유황 덩어리들은 지구에는 없는 성분이라는 것이다).

외계에서 불이 붙은 채 지구로 떨어진 것이라고. 별똥별이 지구로 떨어지듯 말이다.

이 대목에 이르자 "아앗…." 하고 성규는 놀라 자빠질 뻔하였다.

또한 오랜 옛날에는 거인들(Nephilim, 네피림)이 살았다고 쓰여 있었다. 그에 대한 증거가 누구나 궁금히 여기고 있는 '이집트 피라미드'인데, 그들이 쌓았다고 주장하고 있었다. 칠레 이스터섬의 '거인 석상'도 마찬가지.

사람보다 6~7배, 10배 또는 그 이상 더 큰 네피림의 뼈가 오늘날에도 지표면과 가라앉은 인간들의 건축 구조물에서도 발견되고 있다고 하였다.

코카서스산맥(Caucasus Mountains : 흑해와 카스피해 사이 산맥) 인근에서 네피림(Nephilim)의 거대한 유골이 발견되었는데, 머리 한 개의 크기만 해도 두개골 하나가 어찌나 큰지 성인 2명의 전신을 이은 정도의 크기라고 사진이 올려져 있었다.

이뿐만 아니라 세계 각처에서 발견된 네피림들의 크고 작은 유골 사진들이 실려 있었다.

대홍수가 나기 전에 지구에 살고 있었던 네피림이 일반 사람들과 같이 섞여 살았었고, 당시의 여자들과 결혼도 하여 변종 네피림(네피림과 당시 여자들 사이에서 출생)을 낳았을 것이라고 기술하였다.

그러나 대홍수 때 네피림, 사람, 동물, 조류 할 것 없이 지표면에 살던 모든 것들이 다 전멸하였다. 코로 호흡하는 생명들은 다 멸절되었다는 것이다. 다만 그때 유일하게 살아남은 한 가족 8명이 있었는데, 그 8명의 후손들이 현재의 인류 조상이라고 하였다.

중국 글자인 '배 선(船)' 자를 보면 '船'(舟+八+口), 이외에도 한자에는 이와 비슷한 경우의 글자가 다수 있다고 하였다. 성규는 생각했다.

'우연으로 보기에는 범상치가 않아….'

물이 빠지고 땅이 회복되자 그 8명의 살아남은 그 가족의 3명의 며느리 중 누군가에게 아마도 네피림의 유전자가 전이된 상태였을 거라는 학설도 유력하다고 하였다.

오늘날에 이집트 피라미드는 대홍수 이후에 변종 네피림과 인간들이 함께 협동하여 축조하였을 것으로 추측하고 있었다. 홍수 이전에도 피라미드가 세워졌을 수 있으나, 대홍수 때 지진과 급류로 다 파괴되었을 것이라고.

약 BC 2,000년경에 유황불에 태워져 지워져 버린 이스라엘과 요르단의 국경 인근 사해의 고대 도시 국가 소돔과 고모라, AD 79년경 베수비오 화산의 폭발로 화산재에 묻혔다가 드러나게 된 로마의 해변 휴양지 폼페이 사진도 있었다.

그의 눈빛은 점점 더 날카롭게 변해갔다.

현시대를 살아가고 있는 인류가 존재하기 전, 지구 땅에서 대체 무슨 일이 벌어진 걸까? 사람이 처음 존재한 날에는 무슨 일이 일어났나… 그리고 인류의 미래 앞날엔….

현대인들은 그런 것들에 무관심하다고, 그것은 먼 옛적에 일이지 현재의 너와 나 우리들의 미래에선 결코 일어나지 않을 것이라고.

"아냐… 옛적에 일어났으면 현시대에도, 미래에도 일어날 수 있지?"

번뜩 이런 생각이 떠올랐다.

성공을 따라야 하니 눈 돌릴 틈이 있는가. 남보다 뒤떨어지면 안 된다. 이 강박 속에서 오늘도 분주히 뛰어야 한다.

옛적에?? 앞날? 미래에?? 무슨 일이 일어나든 자신과는 상관없다. 그저 바삐, 오늘을 뛰어야 한다. 아파트 평수 늘리랴, 돈 벌랴 바쁘다.

"으음…. 그래! 나도 그렇게 살아왔어. 오늘 밥 한 끼가 중요했지, 말할 것도 없어. 하루하루 급급히 쫓기며 먹고사는 게 언제나 1순위였지. 그렇게 살아왔어. 언제 여유란 단어가 내게 있었단 말이냐? 거리에 차이는 푸석뜨기 같은 놈 아무렇게나 던져진 골목길에 뒹구는 돌멩이. 그래, 그게 나야. 용기도 최선도 없었어. 아니, 못 했지. 인생 낙오자 그 이상도 그 이하도 아냐. 다른 사람들은 어떨까? 적어도 나 같진 않을 것이야."

그는 피식 웃었다.

한번 살아 보겠다고 3일 전 가평 산골을 떠났지 않았던가!?

그런데 궁금하다.

"왕으로 살든, 거지이든지 잘났든 못났든, 우리는 어디서 왔나? 어디로 가고 있는 거지? 왜 지구라는 별에 우리 사람들이 살게 되었을까? 이 땅 지구는 언제 생겨난 걸까? 대체 왜 만들어진 것일까? 사람은 언제부터 존재하였나? 인생은 무엇이지? 난 왜 사는 걸까? 그리고 너는? 산다는 게 뭐지? 종착역은 어디야? 너나 할 것 없이 모든 인생의 최종 도착지는? 어디서 왔다 어디로 가는 거지?"

"마지막으로 한 권 더 보자."

진열대를 살펴보다 《NASA》란 책이 눈에 띄었다.

나사는 '미항공우주국'으로 항공 우주 분야에서 세계 으뜸이란 말을 들어봤기에 낯설진 않았다. 기대를 갖고 한 페이지씩 찬찬히 넘겼다.

모르는 내용들은 넘어가다 눈이 멈칫했다.

"응? 이게 뭐야!"

사진과 함께 실려 있는….

나사의 '화성 무인 우주 탐사선'에 탑재되어 있는 '허블 우주망원경'에 무언가가 찍혔다고, 한 장의 사진과 간략한 설명이….

"NASA에서는 화성 무인 우주 탐사선의 허블 우주망원경이 전송해 온 여러 사진을 분석하였다. 그중에서 특이한 물체의 사진이 있었는데, 미국에서는 그 사진들에 대한 더 이상의 자세한 언급은 비밀로 봉했다."라는 짤막한 기사가 실려 있었다.

눈을 크게 뜨고 집중해 읽기 시작했다.

"1994년 2월 8일 《위클리 월드 뉴스(Weekly World News)》에서 세계 최초로 그 특이한 사진을 발표했다.

나사의 여자연구원인 마샤 메이슨(Marcia Masson) 박사가 발견했다고 보도하였다. 1993년 12월 26일, 나사의 화성 무인 우주 탐사선에 탑재되어 있는 허블 우주망원경이 촬영했다. 당시 미국에서 발표한 것은 달랑 몇 장에 불과했지만, 미국 메릴랜드주 그린벨트(Greenbelt)에 위치한 고다드 우주비행센터(Goddard Space Flight Center)에 전송해 온 사진은 미 당국에서 발표한 그 몇 장 이외에도 수백 장이 더 있다는 것이다. 그렇지만 웬일인지 더 자세하게 공표하지 않고 달랑 몇 장만 발표했다는 것이다. 더 이상은 비밀에 부쳐졌다."

촬영 사건은 1993년 12월 26일에 발생했다.

나사의 연구원들은 그 물체는 아마도 우주 공간 멀고 먼 가장자리 우주의 끝 지점에 위치해 있을 것으로 추정하였다. 어느 특정한 시간 특정한 방향으로 화성 무인 우주 탐사선에 탑재된 허블 우주망원경이 그 물체로 촬영 방향과 초점이 맞추어졌고, 촬영을 가로막는 어떤 방해도 없는 임의의 순간에 그 물체가 찍혔다는 것이다.

성규는 좀 더 자세히 허블 망원경에 찍힌 그 물체의 사진을 들여다보았다.

그 물체는 빛나고 있었다. 그런데 특이한 것은 커다란 집같이 보인다는 것이다. 매우 거대한 어떤 성(城)같이.

우주의 먼 끝 가장자리에 있는 어떤 성(城), 그리고 어떤 마을 같은 사진도 있었다. 이것은 그 어떤 신비한 힘에 의하여 찍혔을 가능성을 언급하고 있었다.

그런데 그 사진의 물체가 찍힌 방향에 대해선 도통 언급이 없었다 NASA에서는 그 빛나는 물체가 찍혔을 때, 그 찍히는 순간 방향이 어느 특정한 방향인 것은 맞지만 그 방향이 어느 방향이었는지는 알 수 없다고, 특정한 방향에 빛나는 거대한 물체와 마을 같은 곳이 있는 것만은 사실이라는 것이다.

몇 페이지 더 살펴보다가 책을 덮었다. 성규는 속으로 생각했다.

'우주는 인간 상상으로 이해되지 않지. 알 수도 없고. 무엇이 존재하고 있는지 그 누가 알겠어? 우주에 미치고 있는 그 능력? 그것이 무엇일까…. 우주는 어떻게 존재했고 움직이고 있단 말인가! 그걸 아는 사람은 없어'

"아인슈타인도, 노벨과학상을 수십 개 받은 천재가 있다 해도."

중얼거리며 구석진 곳에 있는 정수기로 터벅터벅 걸어갔다. 종이컵에 차가운 물 한 잔 뽑아 마셨다. 그만 탈진하여 생수통 옆 간이의자에 털썩 주저앉고 말았다. 온몸에 맥이 다 빠지는 것 같다. 동시에 깊은 중압감이 몰려들었다.

"으음…."

갑자기 벌떡 일어섰다.

《NASA》책 옆에 꽂혀 있던 《4차원의 세계》. 머리를 강타했다.

"몇 페이지라도 펴 보자."

"1차원은 선의 개념."

"2차원은 평면."

"3차원?"

'선, 평면, 공간 및 시간적 한계의 개념'이라고 들어본 적이 있었다. 우리는 3차원에 살고 있다. 지구라는 3차원의 별에 한정되어 살고 있다. 선, 선을 늘린 평면, 평면을 높인 공간, 이렇게 이루어진 입체적 시간적 그리고 한정적 범위 내에서 각자에게 출생과 죽음이라는 허용된 만큼의 3차원의 세계를 살고 있다.

"그렇다면 4차원은?"

4차원은 선, 평면, 공간의 입체적 제한의 한계를 초월하며 시간에도 제한받지 않는다고 한다. 4차원이란 말은 들어 본 적이 있기에 그 책을 좀 더 자세히 읽어 보고 싶은 마음이 솟구쳤다. 100년, 1,000년 후의 미래 세계는 어떤 모습일까?

2,000년 전, 3,000년 전, 아니 이보다 오랜 먼 과거 지구와 하늘에서 무슨 일이….

제 5 장

199○년 2월 2일

"어제 새벽에 그 소리, 남자의 목소리와 여자 목소리. 꿈도 아니고 환상도 아니고 내 정신 멀쩡한 생시였어."

지구를 둘러싼 여러 겹의 대기권, 해발 약 100km 높이를 첫째 하늘로 본다고 들었다. 사람 눈에 하늘은 다 같게 보이지만 다 같은 하늘이 아니라고 들었던 기억이 살아났다.

지구의 대기권(첫째 하늘)을 벗어나면 중력의 작용이 점점 약화되고 산소도 약해진다. 해발 10km 높이도 안 되는 에베레스트 산꼭대기만 해도 공기가 희박하지.

높이, 더 더 아주 높이 올라가면 중력도 작용하지 않아 우주미아(宇宙迷兒)가 될 테고 사람이란 존재는 발을 지표면에 붙여 살게끔 세팅(setting)해 놓으셨다는 얘기가 생각났다.

공기, 흙, 물, 동물, 식물들, 이것들이 오직 이 지구에만 있다고 어찌 단정하냐? 다른 곳에 더 좋게 만들어 놓을 수도 있지…??

사람도 똑같은 제품을 얼마든지 수백, 천만 개를 만들어 낸다. 비슷한 다른 물건들을 수억 개, 그 이상도 만들지 않는가?

'파라다이스'가 없다고 말할 수 있는가? 새로운 세계와 새로운 법칙이 펼쳐져 있는 곳, 그곳은 지구와 똑같은 법칙에 놓여 있지 않은 것만은 확실해. 3차원적 개념의 지구 생활이 틀에 박혀 살고 있지만 말야. 4차원을 넘어서 5차원, 10차원, 아니 100차원도 넘는 새 세계로 간다면 새 하늘과 새 땅, 신(神)의 세계이지 않을까?

"물체에서 물체가 나오는 것이 아니라 영(靈)에서 물체가 나온다고 하던데…. 으음~ 물체를 만들 때 먼저 설계도가 있어야 하는데 설계는 사람 눈에 안 보이는 생각에서 나오지 않는가?"

골똘히 생각에 빠졌다.

"순간이동도 있지 않을까? 인간들이 체험하고 부딪치고 보아 온 조금 알아낸 상식과 지식만으론 가늠할 수 없어. 인간 수명은 아침에 맺혔다 사라지는 풀잎의 이슬이지. 나약함은 말할 것도 없고 오늘 쌩쌩 호령하던 사람도 내일 한 줌의 흙으로 변하니까. 내 생명이 내 것이 아닌 것이야(사람들은 자기 생명은 자기 것이라고 착각하며 살고 있어).

굶어서는 하루도 견디기 어렵고 하루에도 열두 번씩 변하지. 연약한 몸과 마음 잎사귀처럼.

지구라는 어항 속에서 태어나 그 어항 속에서만 살아오던 어떤 물고기가, 어느 날 밖으로 나와서 강과 바다, 나무와 꽃, 들판과 푸른 하늘을 본다면 바닷속에 헤엄치던 그 어떤 물고기가 뭍에 올라와서 로키산맥 같은 다른 곳으로 간다면, 그곳에서 숲과 산과 펼쳐진 하늘에 구름과 일곱 빛깔 무지개를 본다면… 그리고 저 무수한 별들을 본다면?"

서점을 나와 천천히 걸었다.

산골짝에서 온 어느 이방인의 가슴엔 공허가 엄습한다.

으스스하고 따뜻하지도 않은 골방으론 가고 싶지가 않다. 서성댄다. 하루의 양식과 겨울 난방비를 구하려 일당벌이를 나서야 한다.

발걸음을 옮겼다. 세종문화회관 위쪽 커피 자판기가 있는 쉼터로 올라갔다. 의자에 털썩 앉아 난간에 기대어 커다란 사거리에 오가는 차량들과 사람들을 물끄러미 쳐다보았다.

'내 뼛속에 글씨가 아프게 새겨져 있어. 그것이 눈물이었어도 지난 시간을 숨기진 않겠어.'

비수로 박혔다.

평생 동행한다 하여도.

시내버스는 성산대교를 건너고 있다.

3일 전, 가평 산골을 떠나 서울로 오던 날 이 다리를 건넜다. 대형 서점에 들러 천문학 서적을 살펴보았지만, 어제 그제 새벽 밤에 들려오던 그 소리들, 그 방향과 그 의미를 찾아내진 못했다. 버스 차창엔 2월 2일의 저녁 해가 뉘엿뉘엿 차갑게 사방을 물들이고 있었다.

뒷좌석 맨 끝에서 아까 본 자연 과학 코너 서적들을 다시 떠올렸다 《NASA》란 책에서 본 그것은 결코 헛걸음으로 끝나지 않는 일말의 성취이었다.

그 몇 장의 사진…

수십억 광년 떨어졌다는 하늘의 가장자리에서 빛나고 있다는 거대한 성

(城)! 허블 우주망원경에 찍힌 그 물체가 지구로부터의 방향이 만일 북, 북쪽이라면.

"내가 들었던 어제 그 두 사람이 한 말, 그 말소리의 방향은 틀림없는 북쪽이었다. 만일 《NASA》란 책에서 본 그 성같이 빛나는 그 물체의 위치도 북쪽이라면 으음…."

그는 표정이 일그러졌다. 그 수십억 광년 거리에 위치했다고 써 있던데… 아…. 그곳에서도 우리 같은 사람들이 살고 있다면?

마샤 메이슨(Marcia Masson)이 발견하여 1994년 2월 8일 《위클리 월드 뉴스(Weekly World News)》에 제보하여 공표하였다. 어제 새벽에 내가 들은 그 목소리가 허블 우주망원경에 찍힌 그 빛나는 성에서 살고 있는 사람들이라면??

"아~ 도저히 상상이 되지 않아…. 으으~~~ 그 사람들이 지구에 살았던 사람들이라면? 여자 목소리는 나를 오빠라고 불렀어. 남자의 목소리는 마치 전능자가 말하는 것 같았어. 내 골수까지 쪼개어 훤히 들여다본다고 했잖아?"

그런데 그 먼 거리에서 어떻게 지구에 온단 말인가? 빙그레 실소를 금치 못했다.

"ㅎㅎ, 말이 안 되는 얘기지~ ㅎㅎㅎ…."

혹시 순간이동이라면…. 4차원을 넘어서 5차원, 10차원, 50차원, 아니 100차원도 넘는 순간이동이라면 말야. 빛보다도 빠를 것이야, 훨씬.

불가능이라고 단정 못 해. 우물 안 개구리같이 지구에서만 갇혀 살고 있는 우리잖아? 자기가 알고 있거나 알아낸 것이 마치 전부이고, 자기가 이해

안 되면 상대가 틀렸다고 말하잖아. 하지만 인간이 가진 상식은 지금까지 밝혀진 것까지만 아는 것이지, 절대 가치는 아냐.

그렇다 하더라도 너무 먼 수십억 광년의 먼, 먼 하늘길인데 육신의 틀 속에 혼(정신)이 결합되어 존재하는 것이 사람이라면… 광년의 속도를 훨씬 능가하는 빠르기로 이동한다면, 사람 육체 따위는 갈가리 찢겨 나가겠지. 어림도 없어. 어떻게 호흡한단 말인가? 공기가 없잖아?

비행기도 있고 우주선도 있고, 논란이 분분한 UFO(unidentified flying object, 미확인 비행 물체)도 거론되지만, 이런 것들은 아무리 빠르다 한들 한계를 갖고 있어. 수십억 광년을 날기엔 불가능해.

물체적 유한성이 아닌 영(靈), 영의 이동(移動)이라면?

유체이탈(幽体離脱, Out-of-Body Experience, 혼이 자신의 신체에서 분리되어 빠져나와 혼만 별개로 움직인다), 유체이탈은 곧 순간이동(瞬間移動)을 뜻한다. 영(靈)은 지구 세상의 3차원적 개념과 상식으로 가늠할 수 없는 영역!!

벽 반대편에서 소리를 듣는다고 했을 때 소리는 벽을 투과하여 반대편으로 간다. 이럴진대 영은 고차원, 아니 무한차원일 거야. 3차원적 장벽을 넘을 거야. 육신 속에 있을 때나 호흡이 필요하지 분리되어 빠져나온 영은 호흡을 필요로 하지 않을 거야. 그 어떤 장애물도 통과할 거야.

지구가 얼마나 무겁겠어? 한 바가지의 물과 흙을 들어 보라. 지구의 흙과 바닷물의 무게를 다 합한다면?
그런 지구가 공중에 떠 있잖아? 지구는 매일 자전하면서 공전을 하잖아.

공중에 둥둥 떠서 한 치의 오차도 없지. 그렇게 돌리는 힘은 어디에서 오는 것일까? 그것은 물체적 유한적 개념의 3차원이 아니지…. 영(靈)의 세계, 영의 능력, 영의 힘 조물주께서 하시는 일이면 가능할 거야! 그 영의 무한 차원, 그것이 한 개인에게 적용된다면?

육신에서 분리된 한 개인의 혼이 영의 능력을 받아 무한의 우주를 무한차원 순간이동으로 날아간다면…? 그렇다면 가능하지 않을까?

신께서 사람에게 다른 법칙을 선물하셨다면 말이다.
인간이 변화, 승화할 수 있는 선물!?

생물 과학의 유한적 환경에서 무한의 승화된 차원으로 변화하여 한 개인이 육신에서 빠져나와 혼의 상태로 지구 밖으로 떠나 먼 여행길 수십억광년의 우주, 하늘길도 아주 짧은 여행길처럼 도달할지도 몰라.

아, 못 믿겠다.
에이~ 그걸 어떻게 믿어?

사람은 자기가 경험한 것은 철석같이 믿지. 그런데, 남이 경험한 것은 도대체가 믿지 않으려는 경향이 너무 세.
"물체란 것도 존재했다가 없어지는데, 얼마든지 그 구성 성분이 존재에서 무존재로 바뀌잖아…."
"사람이 죽으면 흙이 된다. 사람이란 하나의 물체가 없어져 변한 것이다. 이것은 눈으로 보았기에 믿는다. 그런데 혼을 눈으로 봤다는 사람이 있을까…."
"끄으으윽~~"
성규는 가슴이 틀어지는 것 같았다. 다리에 힘이 빠져나가 버린다. 버스 맨 뒤 좌석에서 비스듬히 기대었다. 감당하기에 너무 큰 과제가 난데없이 닥쳐온 것이었다.

"왜 나한테 이런 일이?"

버스는 방화동 사거리에 멈췄다. 두 다리가 비틀거렸다. 다리에 힘이 쭉 빠져나가 버렸다.

"으으~~~ 힘이 하나도 없어. 난 인생 낙오자야⋯ 능력도 없고 배운 것도 없어. 그저 살기가 급박한 하루살이야."

윽~ 하고 신음이 다시 토해졌다. 온몸에 진이 다 빠져나가는 것 같았다.

"내일 아침 5시 30분에는 일어나야 하는데⋯ 직업소개소에 가야 하는데⋯."

"아~ 살길도 막막한데 편히 쉬었다가 내일 아침 일찍 일어나야지⋯."

정신적, 육체적으로 기진맥진한 그는 이를 악물었다.

"여기 된장찌개 하나요."
의자에 털썩 주저앉고 말았다.

컴컴하게 199○년 2월 2일에 차가운 어둠이 사방에 내리고 있었다.

터벅터벅 비틀대며 단칸방으로 돌아왔다. 부엌에 덩그러니 녹슨 연탄보일러에 바람구멍을 열었다. 방문을 열고 기어들듯 몸이 쓰러졌다. 이불을 펴고 그대로 잠에 빠져들었다.

깊어가는 밤, 지구는 어김없이 자전을 하고⋯.

째르릉

째르릉~~~

05:30분.

간단히 세수를 하고 작업복을 챙겨 배낭 속에 넣었다. 인력소개소로 발걸음을 재촉했다. 좁은 계단 위층으로 재빨리 올라가 문을 빠끔히 열었다. 벌써 일당 일 찾는 몇몇이 긴 나무 의자에 앉아 있었다. 성규는 인력소개업자가 일찍 온 사람 순으로 일을 배당한다고 했기에 일어나자마자 이곳으로 바삐 뛰었다.

"안성규 씨."

"네."

"방화사거리에서 김포공항 입구 맞은편 남부순환로 쪽으로 보면 6층짜리 공사장이 보여요. 제일인력에서 왔다고 하면 알 거예요. 거기서 시키는 대로 하면 돼요. 열심히 하시면 내일도 사람을 쓰니 잘하면 계속 일할 수 있을 겁니다. 열심히 해 주세요~"

"네."

"하루 일당 4만 원 받으시고 내일 아침에 나오셔서 5천 원 소개비 주세요. 지금 주셔도 되고요. 계속 일하시려면 소개비를 내일까지 내셔야 합니다."

"네."

방화사거리 김포공항 입구 맞은편을 찾아보았다. 공사장 하나가 보였다.

"저 공사장인 것 같군."

다가가니 여기저기 패널, 형틀, 각목들이 널브러져 있고 모래도 한쪽에 쌓여 있었다.

"일하러 왔습니다."

"소개소에서 왔어?"

"네."

"저기에 가방 놓고 옷 갈아입어."

시멘트벽에는 콘크리트못 몇 개가 박혔고 작업 가방과 옷들이 걸려 있었다.

"좀 있으면 현장소장이 와 7시부터 일 시작이니 앉아 있어."

40대 초반의 키가 작달막하고 공사 일에 티가 배어 있는 거칠어진 얼굴의 사람이 말했다.

잠시 후 한 사람이 들어서며 인사를 건넸다.

"일찍들 나왔소."

"네. 어서 오세요, 소장님."

일꾼들이 하나둘 모여들고 십장으로 보이는 그 사람은 일하러 들어서는 노년의 사람을 보자 "어~ 최 씨, 오늘 이 사람 데리고 써."

제 6 장

현실

합판으로 둘러쳐진 칸막이에서 현장소장이 공사 설계 도면을 들고 나왔
다.

"자 이리덜 와."
십장이 일할 사람들을 불러 모았다.
"자, 봅시다. 인력에서 사람이 왔군."
힐끗 성규를 쳐다보며 말했다.
"한 사람 보냈구만요~"
"자~ 오늘도 잘해 봅시다."
사고 없는 작업을 당부하며 간이 사무실 안으로 다시 들어갔다.

"성씨가 어떻게 되는가?"
"네, 안성규라고 합니다."

"응, 그려~ 열심히 혀. 열심히 혀면 내일도 부를께니. 여그 일이 당분간
계속 있응께."
"네, 열심히 해야지요."

"1층 벽 미장을 혀야 허니, 저기 모래 있지?"

"네."

"채에 쳐서 곱게 하고 시멘트를 골고루 섞어 갖고 오면 돼! 알았제?"

"네."

최 씨는 빨간 목장갑을 가방에서 꺼내 건네주었다.

넓적한 삽으로 퍼 올려 채를 쳐, 시멘트를 섞어 빈 시멘트 종이 포대에 담아 갖다 주는 일이다.

귀환자의 그 겨울 해는 뉘엿뉘엿 저물고, 땅거미는 차갑게 사방을 덮는다. 오후 5시가 지나자 임시 설치한 수도 파이프의 온수 드럼통 앞에서 간단히 세면을 하고 옷을 갈아입느라 분주하다.

"안 씨 내일 나오능가? 내일 나오면 소개소에 다른 사람 보내 달라 연락 안 헐 거니께."

"네, 나옵니다."

"그려. 내일 보자고 잉~"

최 씨는 작업 십장에게 계속 같이 일하겠다고 말하면서 십장으로부터 4만 원을 받아 성규에게 건네주었다. 성규는 꾸벅 인사를 하며 받았다.

그러면서 내심 이런 생각도 들었다. 미장공 최 씨가 그렇게 말한 것은 제일인력사무소에 연락하여 다른 사람을 보낼 필요가 없다는 것을 말하려는 것 같았다. 그들도 최대한 작업량을 잘 감당해 주는 사람이 필요하다는 것을 눈치챌 수 있었다.

오늘 하루가 가는구나….

"된장찌개 하나요."

"네~ 어서 오세요."

실감 났다. 공사판 막일이 결코 만만치가 않다. 떠났던 긴 시간의 결과가 이 꼴이라니! 서울에서 살면서 기술이라도 습득했었더라면 좋았을 걸 하는 생각도 떠올랐다. 그러나 그땐 다른 길이 없었어. 그게 최선이었어. 쓸쓸히 웃음이 입가에 흘렀다.

빵이 없으면 고기를 먹으면 되지 않냐고?
고기가 있는데 빵을 누가 외쳤단 말이오?
"160만 루블짜리 목걸이를 걸고 거울 앞에 선 사람의 생각인 거야. 흐흐… 빵 한 조각이 절실한, 파멸한 집이 어떤 건지 당신은 아시오~?"

갑작스러운 폭풍우에 어느 것 하나 남지 않고 뿔뿔이 흩어지고 파괴되어 살이 찢기고 흑암에 덮여 검붉게 낭자하고 눈물도 말라 버린 그런 집 말이오.

"아줌마~ 여기 빵 한 그릇 더."
허기가 몰려왔다. 분식집 아줌마가 눈을 동그랗게 뜬다.
"엥~ 빵 한 그릇이라고라~~?"
"아, 아니요. 밥 하나 추가! ㅎㅎ"

(… 아픔이란 그것을 겪은 자만 아는 것일 거야.)

누구랴~ 빵 한 조각에 울고,
누구는 160만 루블짜리 목걸이를 목에 걸고,
보라! 선물로 받은 궁전에 연못이 없다고 울더라.

사랑에 울고 만나지 못해 우는구나.
마음으로 울 때 육신의 고통에 우는 자도 있겠으니….

아하~~ 명예에 울고 번민도 고통이라.
이 캄캄한 겨울 길에 대장수(大將帥)가 적벽에서 군사들의 함성 속에서
외마디.
"인생기하비여조로(人生幾何譬如朝露)."

무언가에 사로잡힌 것처럼 성규는 계속 중얼거렸다.

이불을 무릎에 덮고 벽에 몸을 비스듬히 기댔다.
"난 따뜻한 방에 있을 자격도 없구나."
눈을 감았다. 지난날이 나타나곤 하였다. 누구나 있는 그 흔한 앨범은 없
다. 자신의 과거를 보지 않기로 했기 때문이었다. 가평 산골을 떠나면서 다
불태워 없애 버렸다.

하지만 가슴엔 차곡차곡 새겨져 있다. 지우려 해도 고개를 들었다. 감추
려 해도 다가왔다. 마음엔 지난날의 앨범이 켜켜이 녹슬어 있었다. 한 장
한 장엔 좋은 날보단 그렇지 않은 날들이 얼룩져 있었다.

제 7 장

——— 현실 ———

　지난날의 영상을 뇌리에서 꺼 버렸다. 과거의 사진첩을 열어 보지 말아야 했는데. 뒤돌아보지 않으리라 다짐했건만….
　"내일 일 가야 해!"
　"그만 자자."
　05:30분에 알람을 맞추고 이불을 푹 덮어썼다.

　가평 산골을 떠난 다섯 번째 날에 대지는 밝아 오고, 작업 배낭을 들었다.

　"실장님, 여기."
　만 원짜리 한 장. 어제 소개비와 오늘치까지 이틀 치를 건넸다.

　"그쪽에서 계속 일 나오라고 해서 그리로 갑니다."
　"아, 그래요~ 잘됐네요."
　"네."
　"OK~" 소개소 실장은 좋다는 듯이 대꾸했다.

아직 어두컴컴한데 여기저기에 못 박힌 각목들과 합판들이 널브러져 있고, 외벽은 6층까지 올라가 있었다.

"안 씨 왔는가?" 미장공 최 씨가 성규를 보자 말을 건넸다.
"네, 일찍 오셨네요?"
"응, 그려~ 오늘은 어제 못 한 1층 벽도 마무리 짓고, 2층도 시작혀야 혀. 사모래를 부지런히 쳐, 잉~?"
"네."
"안즉 좀 시간이 있구만~ 좀 앉아 있어잉."
"네."
"아! 그리고 6층 외벽에 큰 형틀 하나 붙은 거 봤제?"
"아, 네."
"목수들이 다 떠 내고 끝내야 하는데 일하다 보니 다 끝내지 못하고 그게 남았어. 그거만 떠 내면 되는데, 그것 때문에 목수들 다시 부르기도 그렇고 해서 오늘 먼저 떠 내는 작업부터 할 건데…. 그것부터 하고 2층 미장 들어가야 혀! 안 씨가 외벽 형틀에 올라가 조여진 볼트들을 다 풀어 주어야 해. 크레인이 와서 쇠사슬을 걸 거니까 잉~ 아, 그라고 이런 일 해 봤능가?"

최 씨가 되물었다.
"아뇨, 공사장 일은 처음이라 안 해 봤습니다."
"그려… 조심해야 혀! 떨어지면 끝잉께! 눈 얼은 것들이 쇠 각목 틈에 조금 남아 있을 거니께, 발 디딜 때 조심하고 잉~ 손 미끄러지지 않게 해야 혀!"
"아~ 네…."

이제 와 못 하겠다고 되돌아가겠다고 할 수도 없었다(까딱하단 오늘이 내 초상 날이구나…).

중형 크레인 한 대가 왔다. 붐대를 뽑아 6층 외벽의 형틀에 쇠사슬을 걸었다. 성규는 계단으로 올라가 창문틀을 통해 밖의 외벽에 붙은 형틀에 올라탔다. 허리엔 형틀 목수들의 공구 벨트를 차고, 망치를 꽂고 빼낸 볼트를 담을 주머니도 찼다. 보호 장구란 아무것도 없었다. 미끄러지기라도 하면 그대로 추락.

외벽 형틀에 올라타니 팔다리가 후들거렸다. 몸을 조금 움직여 보았다. 순간적으로 머리에 번쩍 스치는 것.

'두 손을 잘 잡고 두 다리 중 한 발은 디디고, 나머지 한 발을 움직여야 떨어지지 않겠구나.' 순간적으로 직감할 수 있었다.

반대로 팔 하나 손 하나를 이동할 땐 두 발은 잘 디디고 손 하나는 잡고 다른 손을 움직여 이동해야 한다. 두 손 두 발 중, 3착점 1이동.

힐긋 아래를 내려다보니 아찔했다. 머리라도 핑~ 돌면 그대로 추락.

'아래는 쳐다보지 말아야지. 옆만 봐야지.'

몸엔 그 어떤 안전줄도 매어져 있지 않았다.

아래에서 보면 별로 높아 보이지 않았는데… 올라가서 보니 전혀 딴판이었다. 외벽 형틀과 내벽 형틀을 서로 잇는 볼트를 조인 너트를 망치로 쳐서 푸는 일이다. 형틀은 경량 쇠 각목들이 십자의 격자 모양으로 용접되어 형틀 판에 큰 나사못으로 고정되어 있었다.

발을 디디며 천천히 이동하며 너트들을 풀어 나가기 시작했다. 이따금

눈과 얼음의 냉기가 빨간 목장갑을 낀 손에 느껴졌다. 발은 운동화 발끝으로 살살, 촉감으로 살피면서 최대한 눈이 조금씩 붙은 것들을 피해 나가거나 운동화 발끝과 장갑 낀 손으로 헤쳐 제거해 나가며.

한 시간 정도 흘렀다. 볼트 푸는 위험한 일을 무사히 마칠 수 있었다. 6층 콘크리트 벽에 뚫린 창문틀 공간으로 해서 내부 계단을 통해 아래로 내려왔다. 아래에서 지켜보던 미장공 최 씨가 웃으며 한마디 했다.

"잘혔어 안 씨! 이 작업 사람들이 사실 꺼려 해. 형틀 목수들이나 전문적으로 하는 건데, 사고 없이 잘했네 그려! 오늘 일당 조금이라도 더 줄 걸세 잉~ 아, 눈이 듬성듬성 형틀에 남아 있는데 돈 몇 푼에 누가 올라가겠능가?"
"네! 휴~ 밑에서 볼 땐 별거 아닌 거로 보였는데, 올라가 보니 하늘과 땅 차이네요."
"그려, 잘혔어!"

모르면 용감하다고 멋모르고 올라갔는데, 조임 볼트를 다 풀고 내려와 보니 죽지 않고 살아왔다는 게 실감 났다. 성규는 갑자기 등골이 서늘했다. 휴~ 안도의 한숨과 함께 피식~ 입가에 웃음이 돌았다.

작업 나온 사람들이 창문 공간을 통해 긴 장도리로 크레인 와이어를 외벽 형틀의 틈으로 끼워 넣고 외벽에 붙은 형틀을 들뜨게 떼어 내자, 크레인은 매달린 형틀을 아래로 내려놓았다.

잠시 쉬고 다시 작업.
오늘은 2층 계단도 오르락내리락, 속으로 오늘 일거리를 생각했다. 채에 모래를 치기 시작했다. 시멘트를 섞어 빈 시멘트 포대에 담아 운반하기 시작했다. 잠시 후 9시 30분경 되니, 십장이 빵과 팩 우유를 한 봉지 사와 바닥에 펼쳐 놓았다.

"자, 새참 들자고." 빵 하나 팩 우유 하나씩 나누었다. 최 씨는 담배 한 개비 꺼내 들었다.

"안 씨, 담배 하는가?"

"안 피웁니다."

"그려? 먼 재미로 살어? 담배도 안 피우고….."

"체질에 안 맞아서요."

"응, 그랴. 안 맞으면 피지 마. 좋을 거야 없제~"

"자, 일어납시다!" 십장이 먼저 일어나며 말했다. 탁탁 빨간 목장갑을 털면서 하나둘씩 일어났다. 일 층 벽 미장을 마치니 한 층으로 한 계단 더 올라갔다.

어느덧 오후 5시. 각자 연장을 챙기고 간단히 세면과 옷을 갈아입고 귀가를 서두른다. 성규는 기다렸다가 천천히 온수 드럼통이 설치된 곳으로 갔다.

골목 분식집 안쪽으로 자리 잡아 식탁 의자에 털썩 주저앉았다. 다시 단칸방에 털썩~

"흐으~"

신음 소리. 물끄러미 천정을 올려다본다. 여전히 갇혀 있다. 원점으로 돌아왔는데 하루하루 지날수록 절망만이 조롱 섞인 미소로 답할 뿐.

"난 실패했어…. 탈옥? 난 벗어날 힘이 없어. 세상 자체가 거대한 감옥이야."

"어딜 가든지…. 나 같은 놈에겐 어딜 가나 마찬가지야."

"나를 묶고 있는 이 한계를 벗어날 수가 없어. 내가 원한다고? 세상은 나를 비웃고 있어."

"그래~ 알량한 놈. 넌 아무도 만나지 말았어야 했어! 그랬다면 이 고통도 없었을 것을…. 안타까운 놈, 주제넘게."

"그래, 맞아~ 그래야 했어. 세상이 가르쳐 주는 대로 그래야 했어. 그랬다면, 그랬다면…."

"흐흐흑, 아… 흐흐흑…."

"끄으윽~ 꺼억, 꺼억…."

"그녀에게! 그녀에게! 씻지 못할 죄인이야! 차라리 그녀를 만나지 않았다면 이 고통은 있지 않았을 거야. 내겐 감당하기에 너무 커!"

"나 때문에, 나 때문에!"

"나의 한계를 넘어선 일이었어. 그래도 난 희망을 버리지 않았어. 차라리 그때, 그 자리에 나란 존재가 없었어야 했는데. 내게 씌어진 굴레를 그대로 받아들여야 했어. 푸석댕이 돌멩이처럼 되는 대로 살아가는 인간으로 살아가야 했어! 세상엔 없는 '투명인간'으로… 흐흐흑~~~"

"인희야! 인희야!"

"네가, 네가… 왜! 네가 왜! 아… 으흐흐흑…."

북받치는 절규를 토해 냈다.

"으흐흐흑~ 으흐흐흑~"

"끄으윽, 꺽, 꺽~~~"

그녀를 만났던 날들, 그날들… 이….

"성규 씨, 고마웠어요. 성규 씨 아니었으면 전 큰일 날 뻔했어요."
"별말씀을요. 정말 다행입니다. 큰일 없이 지나가서요."

"정말 고마웠어요! 저 때문에 성규 씨가 큰 위험에 처하실 뻔했잖아요! 상처는 어떠세요?"
"네, 많이 나았습니다. 의사 선생님께선 그렇게 깊이 물리지는 않아서 정말 천만다행이라고 하시더군요. 사람 뼈를 부술 정도인데 다행히 뼈는 비켜나갔어요. 곁에 분들께서 도와주셔서 최악의 상황은 피한 것 같습니다."
"어머! 네! 정말 다행이에요!"
인희는 환하게 웃으며 성규에게 고맙다고 인사했다.

티 없는 그녀의 환한 얼굴에 왠지 왼팔에 쑤시는 아픔이 소멸하는 듯하였다. 생활 배경이 좋은 가정에서 자라났다는 것을 단번에 알아차릴 수 있었다. 자신과는 너무나 다르게 살아온 티가 역력히 배어 있는….

자신의 처지를 잘 알고 있었던 터라 여자 친구라고는 생각지도 못한 채, 그날그날 뜻 없이 살아가고 있었다. 그런데 바로 앞에서 환히 웃는 그녀의 얼굴은 잠시나마 마음을 들뜨게 하였다.

"고마웠어요!"
인희는 재차 고마움을 표시하였다. 왠지 모를 쑥스러움과 함께 짧은 조우의 순간에서도 마음 한쪽에서는 혼자만의 괴로움이 스며들었다.

'나하고는 다른 세상을 살고 있을 거야….'

4년 전 사건….

은신자의 주홍글씨 같은 아픔을 숨기고 그 산골 산림원에서 도망자처럼 살아가고 있었다.

그런데 그녀와의 만남은 성규의 자화상을 흔들어 깨워 주는 대사건이었 다.
영영 짊어져야 할 인생길의 짐이자 또한 등불처럼 동행하게 될 줄이야. 그땐 정말 몰랐다.

그리고 홀연히 사라져 갔다.
성규만 남긴 채….

그 아픔을 잊기 위해서라도 그 산골에서 더 이상 머물 수 없었다. 떠나기 로 결심하였다. 서울 방화동에 겨우 방 한 칸 마련하고 그녀를 만났던 시간 을 잊으려 애쓸 뿐이다. 서늘한 골방 벽에 기대어 지그시 눈을 감았다. 저 멀리 이륙하는 밤하늘에 비행기 굉음만이 성규의 귓전을 때렸다.

그는 5일 전에 떠났던 먼지 속 산골길, 아니…… 인희를 만났던 회리 속 으로 되돌아가고 있었다.
아니, 점점 더 선명하게 다가오고 있었다.

이내 가평과 춘천으로 깊이 빠져들어 버렸다.

제 8 장

사고(事故), 노루재

"저놈! 저놈이 내 딸 인희를 죽였어!"
"저놈이, 저놈이… 내 딸을 죽였어, 저놈이!"
"저놈이!"
"저놈이…!"

"아흐흐흑, 인희야! 인희야! 너를 어떻게 키웠는데!"
"인희야, 인희야! 네가 죽다니, 네가 죽다니!"
"아흐흐흑, 인희야! 인희야!"

어머니 박 여사는 붉은 십자가가 그려진 하얀 관보로 덮인 인희의 목관을 끌어안고 실신할 듯 통곡하고 있었다.

아버지 진 사장 역시 딸자식의 관 앞에서 흐르는 눈물을 억제하지 못하고 있었다. 아비의 두 눈엔 굵은 이슬이 가득 차 주르륵 흘러내렸다.

성규는 손에 하얀 국화 두 송이를 들고 있었다. 인희 영정 앞에 놓으려 다가가려 했지만, 차마 발걸음을 뗄 수 없었다.

붉은 십자가의 목관에 잠들어 있는 인희.

그녀가 다니던 석사동 영신교회에서 인희의 장례가 집전되고 있었다. 독실한 크리스천으로 살아온 짧았던 25살 발자국을 남기고, 이 땅에서 마지막 작별을 고하고 있었다.

성규는 한 발 한 발 움직여 인희의 영정 앞에 한 송이 놓았다. 붉은 십자가 관보로 덮인 인희의 목관 위에 다시 한 송이를 놓았다.

박 여사는 여전히 몸을 제대로 가누지 못한 채 실신할 듯이 관을 끌어안고 대성통곡하고 있었다.

영정의 인희는 온화하고 친근히 웃고 있었다.
성규는 북받치는 눈물을 가까스로 참으며 고개를 떨구었다. 그리고 천천히 뒤돌아 예배석 맨 뒤쪽 끝에 서서 애써 진정시키고 있었다.
교회 밖에는 희끗희끗 눈발이 하나둘 보이기 시작했다.

"이 땅에서 시간은 비록 짧았어도 짧지 않은 삶을 살았습니다."
"자기 의복을 벗어 남을 입히는 참 크리스천으로 살았습니다.
"자기 살을 떼어 남을 주는 자는 하늘에 영광이라!"
"빵을 위하여 살지 말라, 헛되고 헛되고 헛되니라. 인생의 시작과 종국을 다 들었으되 이 땅에서 육신의 위함은 결국 허망이라 말씀하셨습니다."
"이 땅에 빵은 먹어도 다시 배고프니, 천상의 떡과 생수를 먹고 마시라."
"육신은 썩어 한 줌의 흙으로 돌아가나."
"한 알의 씨앗이 땅속에서 죽어 썩어야만 비로소 큰 나무로 다시 피어나 많은 사람들에게 열매를 나누어 주듯이, 육신은 썩어 한 줌의 흙으로 돌아가나 영혼은 천상에서 다시 만납니다."

"그곳에서 찬란한 영광체로 옷 입어지게 됩니다. 승화된 영광체의 영혼은 다시는 죽지 아니하며 아픔도 있지 아니합니다. 인희는 씨앗이 되어 죽었습니다. 그러나 그 씨앗은 다시 피어나게 될 것입니다. 그리고 천상에서 영원히 살 것입니다!"

"죽음이 끝이 아닙니다."

"육신은 흙에서 취하였고 흙으로 돌아가지만, 혼은 하늘에서 취하였고 하늘로 올라가니, 이 땅에서 살아온 우리네 사람들은 각각 살아온 삶으로 하나님 앞에 서게 됩니다!"

"우리의 소망은 3층천, 천국입니다. 그곳에 우리의 소망이 있습니다. 이 세상은 잠시 나그네의 여정일 뿐, 오늘 이 자리에서 애통해하는 자의 눈물을 하나님께선 외면치 않으십니다. 말씀 따라 실천하고 노력하며 살아온 우리의 친구 '진인희'가 오늘 우리 곁을 떠납니다. 오늘 헤어지나…."

석사동 영신교회 담임 김 목사는 말끝을 잇지 못하고 눈시울이 젖어 울먹였다.

"천국에서 다시 만날 것입니다!"

각박하고 이기적인 세상, 그리고 교회마저도 세상 사람들에게 불신당하고 손가락질받는 요즘 세태에서 소금과 빛의 작은 역할을 하며 참 크리스천의 길을 걸어간 인희의 짧은 삶을 회고하였다.

가족과 친지 친구들의 오열 속에서 춘천공원묘원으로 떠날 운구 채비를 하였다.

성규는 산림원 성원장의 배려로 산림원 공용 업무 지프차를 타고 영신교회에 도착하였다.

운구차는 서서히 움직이고 교회를 나왔다. 춘천공원묘원으로 향하였다. 성규를 태운 산림원 차는 운구 행렬 맨 끝에서 함께하고 있었다.

인희는 춘천 시내가 내려다보이는 양지바른 언덕에 잠들었다.

며칠 전, 인희네 집.
박 여사는 심기가 거칠어질 대로 거칠어져 있었다.

"인희야, 내 말 좀 들어! 응? 그 사람이 널 위험에서 구해 준 건 사실이야. 그리고 우리 가족도 그 사람에게 충분히 고마움을 표시했지 않니! 우리 할 도리는 다한 거야. 그렇다고 그 사람을 결혼 상대로 보다니? 그건 아니야. 너무 지나쳐. 한두 살 어린아이도 아니고, 일시적 감정에 치우친 행동을 할 나이니? 네가?"
벌써 며칠째 어머니와 말다툼을 벌이고 있었다.

"어머니! 제가 일시적 감정으로 말씀드리는 것 아니에요. 깊게 생각하고 생각한 결정이에요!"
"인희야! 이 어미 생각도 좀 해 다오. 다시 깊게 헤아려라. 어미 근심이 지금 얼마나 큰지 아니?"
"나도 그 성규인가 하는 그 사람 탐탁지 않구나. 네 배필감은 아니야!"
옆에 있던 진 사장은 단호하게 인희에게 말했다.

성규와 결혼을 하겠다는 속마음을 부모님께 털어놓자, 진 사장 역시 심한 충격에 휩싸여 경황이 없는 상태였다. 더구나 인희의 양친은 이미 딸의 맞선을 주변에 가깝고 절친한 춘천 유지 친구들에게 부탁하고 있었다.

3층짜리 건물을 춘천 최고의 번화가인 중앙로 명동 입구에 1채 소유하였고, 석사동 널찍한 땅엔 아담한 2층 양옥이 있고 건축 자재 유통업 사업장도 가지고 있었다.

부모님 두 분 다 대학을 춘천에서 졸업하셨고, 교내에서 만나 연애 끝에 결혼하셨다고 어머니께 들었다. 인희가 맏딸이고 2살 아래로 인태라는 아들도 있는 남부러울 것 없는 가정이다.

어머니 박 여사는 석사동 영신교회에서 권사 직분을 담당하고 있었다.

"너 지금 제정신이니? 내가 너를 어떻게 키웠는데! 그 보답이 지금 겨우 이거야! 이 철딱서니 없는 것아!"

"똑똑한 네가 어찌 세상 물정은 모르냐! 결혼은 감정만으론 되는 게 아니야. 결혼은 현실이야 현실!"

박 여사는 단호하였다.

인희는 양친의 단호한 반대에 며칠째 식사도 거를 정도로 침체해져 있었고, 얼굴도 심히 수척해져 갔다.

"인희야, 이 어미 속 좀 제발 그만 좀 썩이고, 당장 그 성규인가 하는 그놈하고 당장 헤어져!"

박 여사는 화를 더 이상 참지 못하고 버럭 소리를 내질렀다. 그 소리와 함께 인희는 2층 방으로 뛰쳐 올라가 버렸다.

쾅~ 방문을 잠그는 소리와 함께 울음을 터트렸다.

"흑흑흑… 흑흑흑…."

"아이고, 이게 무슨 날벼락이야. 저것이 집안 망신 다 시키네! 아이고, 아이고~~~"

"너 어머니한테 이 무슨 짓이냐! 저것이~"

쨍그렁~

날카로운 소리가 커다란 거실에서 울려 퍼졌다. 분을 참지 못한 진 사장이 냅다 유리컵을 집어 거실 바닥에 내동댕이친 것이었다. 유리컵은 산산조각 나 흩어졌다.

"당장 내려오지 못해!" 박 여사는 버럭 위층을 향해 냅다 소리를 질렀다.

어느 날….

인희네 가족은 언성이 높아져 있었다.

더 이상 부모님을 설득할 수 없다는 것을 깨닫고 잠시 불효가 될지라도 당분간 부모님과 별거하기로 결심하였다. 어찌 아버지 어머니의 마음을 모를 리 있으랴만, 결혼은 자신의 일이니 어쩔 도리가 없다고 결심하였다.

대학을 졸업하고 소양중학교 2학년 과학 선생님으로 부임하게 되었을 때 아버지로부터 은빛 엘란트라를 선물 받았다. 간간이 시내로 차를 몰고 다니기도 하였다. 벌써 운전면허 발급은 2년 전에 미리 받아 놓았고, 사회봉사 활동 때면 가끔 운전도 틈틈이 하였다. 결혼 문제를 분명히 매듭짓겠다고 결심하고 있었다. 이런 자신의 뜻을 부모님과 확실히 밝히는 날로 마음속에 정하고 있었다.

거실엔 침묵이 흘렀다.

인희는 아래층으로 내려와 거실 현관 쪽으로 걸음을 옮겼다.

"아니? 쟤가 지금 어딜 가는 거야~ 여기 와 앉아!"
"어머니, 잠깐만 나갔다 올게요."
"아니, 저녁이 다 됐는데 어딜 가겠다는 거야? 이리 와 앉아!"
"곧 올게요."
"어휴~ 쟤가 또 내 속을 박박 긁어 놓네~! 어이구~"
"인희야, 어딜 가려고 그러냐?"
"아버지. 곧 다녀올게요. 잠시만 다녀올 데가 있어서요~"
"오늘은 얘기 좀 하자."
"아버지, 잠시만 다녀올게요."

인희는 차고지 셔터를 올렸다. 성규를 만나려면 가평 읍내에서 40여 분 비포장길 따라 산속으로 더 들어가야 하니, 자가용을 이용하기로 마음먹었다. 운전석에 앉아 시동을 걸었다. 지금 차로 갔다 오면 시간은 될 거리였다. 차는 석사동을 빠져나와 의암호의 지천(支川)에 놓인 공지천교를 건너 강촌길을 달리고 있었다.

25여 분 달리자 가평 읍내에 다다랐다. 읍내에 진입하자 곧바로 우회전하였다. 잠시 후, 작은 다리를 건너자마자 산길 비포장도로가 시작되었다.

어느 틈엔가 땅거미가 서서히 다가오고 있었다. 가끔 산길에 먼지가 시야를 가리기도 했고 춘천 시내와는 도로 사정이 달랐지만 인희는 이 길을 이미 익히 잘 알고 있었다. 교통 왕래가 거의 없고 눈이 도로 옆에 듬성듬성 보이기도 했지만, 비포장도로 동결 때문에 운행에 지장을 받을 정도로 위험해 보이진 않았다. 간간이 덜컹거리는 운전석에서 인희는 액셀러레이터를 밟은 오른발에 힘을 가했다.

이 길은 초행길은 아니었다.

벌써 4년이 흘렀다. 그때도 지금처럼 새해 1월에 겨울이었는데 인희가 다니는 영신교회에서 가평산림원을 방문하여 선교 행사와 각종 나무에 대한 견학 겸, 겨울 산 산책도 병행할 목적으로 방문했던 적이 있었다.
그때가 바로 엊그제 같은데… 인희는 감회가 새로웠다.

낯설지 않은 길…. 운전하며 가는 것은 처음이지만 이미 버스를 타고 여러 차례 성규를 만나러 가 본 적이 있는.

가평읍을 지나 비포장도로에 접어들자 잠시 후, 저 앞 노루재에 가까워져 가고 있었다.

제 9 장

─── 사고(事故), 노루재 ───

"아… 왜 춥지?"

갑자기 차내로 한기가 몰아쳤다.

히터 스위치를 보았다 최대치로 올려져 있었다.

무언가가 싸늘하게 인희의 얼굴을 스쳤다. 순간 섬뜩했지만….

"바람이 차가워. 아이, 왜 이러지??"

창문도 끝까지 올려져 있었다.

"으, 추워….."

"왜 이런 거지? 어머… 점점 더하네."

"차가… 고장이 났나 봐?? 어휴~~"

조금 전 가평 읍내에 들어서서 작은 다리를 건너 비포장길에 들어설 때까지만 해도 히터에서 따뜻한 공기는 잘 나오고 있었다. 그런데 느닷없이 싸늘한 한기가 차내에 닥쳐왔다.

"아니… 왜 이런 거지?….."

속도를 줄이며 길가로 정차했다.

히터 송풍구에 손을 갖다 대 보았다. 찬 바람이 나오고 있었다.

"어머나! 왜 이러지?"

히터 송풍기는 여전히 돌아가고 있었다. 히터에 온수 연결 파이프가 빠져서 그런가? 차의 앞 보닛 뚜껑을 열어 여기저기 살펴보았다. 엔진룸도 아무 이상 없어 보였다. 무엇 하나 이탈되거나 부러진 것도 보이지 않았다.

"아니, 이게 어떻게 된 일이야?? 엔진도 정상이야. 이상 없잖아? 그런데 찬 바람이 나와….?"

순간 섬찟했다. 하지만 할 수 없다 생각하고 성규를 만나기 위해 그대로 차를 몰기로 마음먹었다. 운전석에 앉은 인희는 핸들을 다시 잡았다.

그런데 싸늘한 공기와 함께 썩는 퇴비 냄새 같은 것이 다시 차내로 들어오더니 소용돌이치는 것이 아닌가?

"이상하다…."

차창도 다 닫지 않았는가?

"아얏~? 으으, 이게 뭐얏!"

그 냄새의 진동이 냉기와 함께 자신의 얼굴을 때리는 것을 인희는 분명하고 확연하게 느낄 수 있었다. 그 냄새와 냉기는 차 안에서 없어지지 않고 오히려 휘감아 몰아치듯 더 하였다. 가속 페달을 다시 밟았다. 차라리 빨리 여기를 지나가야겠다고 마음먹었다. 여기를 지나면 냄새와 냉기도 사라질 거라고 생각했다.

저 앞에 노루재가 있는 것은 이미 알고 있었다. 고개에 다다르자 속도를 줄여야겠다고 생각하고 가속페달에서 오른발을 서서히 뗐다.

"아휴, 냄새."

차내의 악취와 냉기는 점점 더 기세를 떨쳐 갔다.

"아휴, 추워~"

"아아… 이, 이게 도대체 무슨….”

차는 노루재에 거의 다다랐다.

노루재는 가평 읍내에서 가평산림원 방향으로 갈 때는 비포장 평지 길로 이어지다가 좌측으로 급회전 내리막길이다. 그리고 오른편으로는 약 15m 정도의 벼랑이었고 아래로는 가평천이 읍내를 끼고 북한강으로 이어진다. 인희는 속도를 완전히 줄이고 아주 천천히 진입해 들어갔다. 정신을 가다듬으며 서서히 차를 움직였다.

노루재 꼭대기에 이르는 순간….

"으응~ 아 머리야….”

갑자기 머리에 심한 통증과 함께 어지럼이 몰려들었다.

"아아….”

현기증이 머리에 휘몰아쳤다. 갑자기 꼭대기 비포장 산길이 땅 밑으로 꺼져 들어가 버렸다. 그리고 자신도 같이 땅속으로 따라 들어가는 것만 같았다.

"으음… 아아… 으으음….”

몸을 가눌 수가 없었다. 힘을 다해 운전대를 꽉 잡았다. 그리고 눈을 떠 앞을 보려 애썼다. 사방이 온통 안개 낀 것처럼 희미하였고 주변 사물이 찌그러져 보였다.

노루재는 이미 거꾸로 뒤집혀 보이고 있었다.

"으으… 음.”

*****

따르릉~ 따르릉~~

"네~"

"혹시 은빛 엘란트라 강원 3너 5823 차주 댁입니까?"

"네, 그런데요?"

"가평경찰서 교통사고 조사계입니다."

"네에~?"

"교통사고 조사계라고요?"

"아니, 무슨 일이신데요?"

"진인희 씨가 가족이신가요?"

"네, 제 딸인데요. 무슨···."

"빨리 후평동 강원병원으로 가 보세요."

"네에? 병원이라니요? 아니, 왜요! 누가 교통사고라도 났나요?"

"네."

"네에~? 사고라고요? 정말이에요?"

순간 박 여사는 얼굴빛이 파리해졌다.

"네, 알았습니다."

황급히 수화기를 내려놓았다.

"이게 무슨 일이야, 사고라니? 혹 애한테···."

벽시계는 9시 25분을 가리키고 있었다.

아내와 함께 거실에서 인희가 오기만을 기다리고 있던 진 사장 역시 가평경찰서에서 걸려 온 전화를 옆에서 듣고 있다가 사고라는 소리에 흠칫 놀랐다.

"여보, 이게 무슨 일이에요?"

당황한 흙빛 얼굴로 남편을 바라보았다.

"일은 무슨 일… 가벼운 접촉 사고겠지. 너무 걱정 말어."

"인희가 얼마나 야무지고 다부진 앤데 그래. 그렇게 허무맹랑하게 교통 사고 날 애가 아냐!! 쓸데없는 걱정은 하지 맙시다. 뭐 별일 있겠어? 가 봅시다."

안절부절못하는 아내를 진정시키며 걱정 말라 다독이며 짐짓 괜찮다는 듯 말은 했지만, 진 사장 역시 속으론 매우 당황하였고 불안감이 엄습했다.

제 1 0 장

기괴(奇怪)

뉘엿뉘엿 저무는 산길.

야전 수송 교육대의 군용 트럭 행렬이 노루재를 향하고 먼지를 내며 달리고 있었다.

"아앗! 소대장님! 저, 저기 차가 떨어져요!"
뭉게구름 같은 흙먼지 속에 GMC 2.5톤 군용 트럭 대열의 선도차 운전병은 갑자기 소리를 질렀다.
"응? 어디?"
"어엇, 저 저런! 사고다! 차 세워!"

인솔 장교 천 중위는 조수석에 앉은 채 운전병에게 다급히 지시했다. 노루재 오르막으로 다가오던 제6야수교 운전 교육대 실습병들이 오후 야전 실습 운행을 마치고 귀대하고 있었다. 선도 운전병은 뒤따르던 차량 대열에게 멈추라고 비상 깜빡이를 켜면서 급히 트럭을 정차시켰다.
승용차 1대가 가평천 얼음 바닥에 내동댕이쳐지고 있었다.
"야~ 위에 몇 명 내려와!"

"가 보자!"

조수석 문을 젖히고 뛰어내리면서 적재함에 탑승한 운전 교육병들에게 소리쳤다.

가평천으로 급히 뛰어 내려갔다.

"후대열 차량들은 그대로 대기하고 있으라고 해!"

천 중위는 뒤를 돌아보며 소리쳤다. 적재함에서 병사들이 빨간 손 깃발을 쳐들며 소리쳤다.

"전달~"

"현 위치 잠시 대기!"

"현 위치 잠시 대기!"

복귀하던 운전 교육병들도 놀란 얼굴로 가평천 얼음 바닥에 옆으로 뒤집혀 있는 은빛 엘란트라를 바라보고 있었다.

곧이어 뒤따라 내려온 몇몇 병사들과 함께 천 중위는 하천 얼음을 군홧발로 세게 치며 밟아 보았다.

"으음, 두껍구나."

얼음에 올라섰다.

휘익~~~ 바람이 몰아쳤다.

"어어, 웬 바람이 이리 세냐~"

천 중위와 병사들은 멈칫했다.

"어휴, 뭔 냄새가 엄청 나네요, 소대장님!"

얼음 위에 올라선 병사들이 입을 막으면서 말했다. 천 중위 역시 갑자기 몰아치는 차가운 돌풍과 역한 냄새에 걸음을 멈칫할 수밖에 없었다.

"야~ 무슨 바람이 이리 세냐~"

"이 냄새는 또 뭐야~ 어휴~"

천 중위도 코와 입을 손바닥으로 막는 수밖에 없었다.

더구나 찬바람에 몸도 뒤뚱거렸다.

1월 중순, 며칠째 영하 10도를 오르내리고 있었다. 가평천은 이미 꽁꽁 얼어붙었다. 천 중위와 병사들은 사고 차에 다가가려 했지만, 갑자기 불어닥친 돌풍과 역한 냄새에 접근을 망설이고 있었다.

천 중위가 앞장서서 코와 입을 손바닥으로 틀어막은 채 얼음판을 한 발 한 발 걸어, 옆으로 뒤집혀 있는 사고 차로 접근하려 몇 발자국 더 옮겼다.

"쉬이익~"

"으엇~ 어이쿠~"

느닷없이 돌풍이 치더니 그대로 천 중위를 꽈당~ 자빠뜨렸다.

"앗, 소대장님 괜찮습니까?"

뒤따르던 병사들이 소리쳤다.

"아이구, 으음…. 괜찮다…."

얼굴을 찡그리며 일어났다.

사고자를 차에서 끌어낸다 해도 당장 치료할 수도 없지 않은가….

안 되겠다 싶었다.

"모두 탑승! 출발한다!" 빨리 병영으로 귀대하여 행정반에 비상 민간용 전화기로 가평경찰서에 사고 났다고 알리는 것이 급선무라고 판단하였다.

"탑승!"

"출발!" 군용 트럭 대열은 노루재를 서서히 오르고 제6야수교 병영으로 복귀하였다.

가평천.

인희의 얼굴엔 피 흘린 자국이 역력했다.

검붉게 이마에서 턱까지 한 줄기 굳은 핏자국이.

사고 지점에 도착한 가평경찰서 교통사고 조사계 현 반장은 곧이어 도착한 견인차와 같이 작업하여 운전석에 쓰러져 있는 사고자를 끌어내 얼음 위에 눕힌 채 살펴보고 있었다.

사고자의 얼굴을 유심히 쳐다보았다. 자세히 보려고 주머니에서 작은 손전등을 꺼내 비춰 보았다.

이 사고가 운전 실수인지 타살인지 식별해 내는 것도 중요하지만, 매우 심한 중상이라고 판단하였기에 우선 급히 119구급차로 춘천에 있는 강원병원으로 후송하는 것이 급선무라고 보았다.

사고 차의 차량번호를 살펴보려 손전등을 이리저리 비추어 보았다. 그런데 앞뒤에 부착된 번호판을 알아볼 수가 없었다. 앞 보닛과 뒤의 트렁크 모두 심히 찌그러져 있었기 때문이었다.

"이상하다…." 사고 차를 둘러보던 현 반장은 계속 고개를 갸우뚱거렸다. 사고자의 겨울 코트 안주머니를 열어 보았다. 노란 가죽 지갑이 보였다. 지갑을 열어 보았다. 운전면허증을 힐끗 보니 주소가 춘천시 석사동.

"음… 강원병원이 후평동에 있으니 가까운 곳에 자택이 있구나."

지갑을 대충 보는 둥 마는 둥 자기 점퍼 속 안주머니에 넣고 지퍼를 채웠다. 도착한 베스타 119구급차에 사고자를 실어 춘천 강원병원으로 후송했다. 사방은 점점 어둑해져 가고, 현 반장은 다시 앞뒤 보닛을 자세히 보려 손전등을 계속 이리저리 비추었다. 한참을 살피다 고개를 흔들었다.

"참 이상하네…."

"어떻게 앞뒤 부분만 이렇게 찌그러질 수 있지…??"

약 20분 전쯤 교통사고 조사계로 걸려 온 제6야수교 천 중위 말이 언뜻 뇌리를 스쳤다. 돌풍, 역한 냄새… 썩은 퇴비 같은….

갑자기 몰아친 차가운 돌풍. 그것을 맞고 가평천 얼음판에서 나자빠지기까지 했다고 이상하다는 말을 몇 차례나 현 반장에게 토로하였다.

그러나 지금 사방은 바람 한 점 없다. 더구나 역한 냄새는 어디에서도 나지 않았다. 가평 읍내 어디에서도 사람을 쓰러뜨릴 정도의 센 돌풍이 불었다는 말도 처음 들었고, 심하게 역한 냄새?? 퇴비 썩는 것 같은…. 돌풍이야 불 수도 있겠지. 그렇다 하더라도 퇴비 냄새? 지금 이 겨울에 냄새가 날 수가 없는데, 뭔 우사에서라도 돌풍에 실려 오기라도 했단 말인가?

"그것도 아니야!"

노루재 인근 어디에도 우사는 없다. 현 반장은 이곳 노루재 비포장 산길 주변도 익히 이미 잘 알고 있었다. 더구나 겨울에 누가 퇴비를 뿌린단 말인가…. 갑자기 분 돌풍으로 일어난 단순 사고일 거야….

사고 차를 춘천 우두동 대일차량정비창으로 보냈다.

'냄새와 돌풍… 그저 우연의 일치일 거야….'

현 반장 일행은 사고 현장을 떠났다. 교통사고 조사반 자신의 책상 의자에 앉자마자 점퍼 안주머니에 손을 넣었다.

"응~?? 어디 갔어?? 아니~"

"노란 지갑!"

사고자 인적 사항도 보고 사고자 자택으로 전화 연락할 참이었다.

"아아니~"

"없어!"

"지갑! 지갑이 없어!"

"어라??!! 분명히 내 점퍼 속 안주머니에 넣었는데?"

사고 현장에서 사고자의 코트 속에서 노란 지갑을 꺼내어 점퍼 안주머니에 넣고 지퍼를 채웠지 않았는가? 그런데 점퍼 안주머니엔 사고자의 지갑이 없다.

"아니, 아까 분명 내 점퍼 안주머니에 넣고 지퍼까지 채웠는데? 사고자의 가족에게 강원병원으로 가 보라고 전화도 해야 하고, 사고자의 인적 사항과 기타 다른 정황도 있는지 몇 가지 것들도 조회를 해야 하는데."

등골이 오싹했다.

제11장

기괴(奇怪)

"이런 곡할 노릇이 있나?"

바지 주머니도 뒤져 보았다. 같이 출동했던 교통경찰들도 의아한 듯 쳐다보았다.

"반장님, 아까 현장에서 반장님 점퍼 안주머니에 넣었잖아요?!"

"반장님! 혹시 점퍼 주머니가 뜯어져서 빠져 버린 것 아닙니까?"

"아니야, 이것 좀 봐. 내 점퍼 주머니 멀쩡해!"

경직된 얼굴로 같이 출동했던 김 순경과 염 순경에게 점퍼 주머니 속을 끄집어내어 보여 주었다.

"어! 반장님! 반장님 점퍼 안주머니에 넣는 것 아까 봤는데."

김 순경 염 순경은 의아하게 현 반장을 쳐다보았다.

"틀림없이 사고자의 코트 안주머니에서 노란 지갑을 꺼냈고, 내 점퍼 안주머니에 넣었어…! 자네들도 봤지?"

"네!"

"지퍼까지 채웠단 말야!"

"반장님 점퍼 주머니 정말 멀쩡하네요."

"우두동에 전화해! 견인차가 도착했는지? 김 순경! 그리고 말야, 강원병원에 사고자의 코트 안주머니에 혹 지갑이 있는지 전화 좀 해 봐~"

밖으로 나갔다. 담배 한 대 물었다.

"괴이하네…. 허~"

강원병원 응급실로 전화한 김 순경이 사고자 코트엔 아무것도 없다는 연락을 받았다고 보고하였다. 그리고 우두동 대일차량정비창에도 전화했는데 아직 견인차가 도착하지 않았다고 했다.

"그래? 그럼 잠시 후에 다시 한번 전화해. 사고 차 실내 좀 잘 살펴서 사고자 신원 확인할 만한 게 있는가 확인 좀 부탁해 놓고, 뭐라도 찾으면 빨리 내게 연락 좀 해 달라 해~"

"그리고 그 사고 차 차량번호가 식별이 안 돼. 앞뒤 보닛이 모두 찌그러졌단 말야. 견인차가 도착하거든 빨리 보닛을 펴서 차 넘버 좀 알려 달라고 해! 어떻게 앞뒤 보닛 모두가 찌그러지냔 말야?? 이건 뭐~ 일부러 그렇게 하라고 해도 안 될 일이야!"

10분, 20분, 30분… 시간은 흘러갔다.

"아직도 대일에 견인차 도착 안 했대?"

"네, 좀 전에 또 전화 확인했는데요. 아직도 도착 안 했다고 합니다, 반장님~"

"나 원 참… 아니, 사고 지점에서 우두동 대일까지 40분이면 충분한데 왜 이리 늦나??"

"미치겠구만!"

"나 참, 왜 이리 늦는 거야. 사고자 가족에게도 연락해 줘야 하는데…. 사고 차 번호판을 알아야 신원을 조회하지."

현 반장은 아까 그 노란 지갑 속 운전면허증에 주소를 수첩에 적어 놓을 걸 하는 후회도 들었다. 아직 사고자 신원이나 차 번호도 전혀 알 수 없었다. 대일차량정비창에서 빨리 보닛을 펴고 넘버만 알면 차적조회와 사고자 인적 조회를 거쳐 특이한 사항만 없으면 겨울철 도로 결빙 및 이에 따른 급경사 내리막에서 발생한 단순 운전 미숙 교통사고로 종결할 생각이었다.

어느덧 1시간도 더 흘러가고 있었다.

대일에선 견인차가 여전히 도착하지 않았다고 했다. 교통사고 조사계에선 왠지 모를 초조한 적막감에 휩싸였다.

"나 참, 머리 돌것네."

이 무슨 해괴한 일이란 말인가??

"안 되겠다! 내가 직접 대일로 가 봐야겠어. 염 순경, 차 준비해! 같이 가 보자."

현 반장과 염 순경은 급히 경찰차에 올랐다.

현 반장이 처음 노루재 교통사고 소식을 제6야수교 천 중위로부터 접수한 시각은 오후 5시 18분 경이었고, 사고 지점에 도착한 시각은 오후 5시 33분경, 사고자를 춘천 강원병원으로 후송한 시각은 오후 6시경이었다. 사고 지점의 지형을 살펴보고 사고 차를 얼음판에서 끌어내 우두동 대일차량 정비창으로 보낸 시각은 오후 6시 37분이었다.

정상 운행이라면 오후 7시 30분경이라면 대일에 충분히 도착하고도 남앉다. 현 반장이 대일차량정비창으로 출발하면서 시계를 보니 오후 8시 30분을 지나고 있었다. 속도 내서 빨리 가면 9시경이면 충분히 도착할 수 있는 거리였다.

염 순경은 속도를 내서 달리기 시작했다. 우두동 대일차량정비창에 들어서자마자 급히 내리며 큰소리로 양 소장을 찾았다.

"양 소장님 계시오? 밤늦게까지 수고 많아요~ 견인차는 도착했소?"

가평경찰서로부터 교통사고 차를 견인해 갔다는 연락을 받고 대기 중이던 양 소장이 자신을 찾는 소리에 급히 사무실 문을 열며 현 반장을 바라보았다.

"어서 오세요, 반장님~ 그런데 거참 이상하네요. 막 좀 전에 견인차가 도착했고요. 운전 기사에게 왜 이리 늦었냐고 물으니 자기도 무슨 일이 벌어진 건지 도통 감을 잡을 수가 없다네요…?"

"아 글쎄, 오는데 이상하게 길이 헷갈리더니 공지천교에 들어서면서 강원공설운동장 쪽으로 들어간 것 같다고 하네요. 글쎄~ 그 길이… 우두동으로 오는 길로 보였다는 거예요?"

"뭐요?? 강원공설운동장은 완전히 정반대 쪽인데…??"

"글쎄 공설운동장 방향이 대일로 오는 길로 알고 막 들어섰는데 갑자기 졸음이 쏟아져 도저히 운전을 할 수 없어 한적한 길가에 견인차를 세우고 깜박 잠이 들었다는 거예요."

"깨서 두리번거리다 공설운동장인 것을 보고 깜짝 놀라 시계를 보니 오후 8시 48분이 지나고 있어 기겁을 하고 차를 몰아 바로 조금 전에 도착한 거예요!?"

양 소장의 상황 설명을 듣던 현 반장의 얼굴은 또다시 당혹감에 일그러져 갔다.

"우선 급히 차량번호를 식별해야겠소. 우선 찌그러진 앞이나 뒤를 빨리 펴서 차량번호부터 봐야 하니까 작업 좀 빨리해 주시오, 양 소장!"

"네! 이미 작업에 들어갔어요. 그리 어려운 일이 아니고 곧 펼 수 있으니 번호를 알 수 있어요."

"빨리 사고자 가족에게도 연락해야 하니까…. 참, 그리고 혹시 견인차 기사가 사고 차 내에서 노란 지갑 하나 본 것 없소?"

현 반장은 혹시나 찾을 수 있을까 하는 마음에서 양 소장에게 다급히 물어보았다.

"아뇨, 사고 차에서 뭘 보았다는 말은 없어요."

"그래요…."

"소장님, 번호판 거의 다 펴 갑니다. 곧 번호를 볼 수 있어요. 이리 와 보세요~"

정비창 작업원들이 소리쳤다.

"어, 그래~ 반장님. 가 봅시다."

[강원 3너 5823, 현대 엘란트라, 은빛]

"빨리 차적 조회해서 가족에게 알려 줘야지!"

현 반장은 대일사무실로 걸음을 옮겼다. 그때 등 뒤에서 외치는 소리.

"소장님~"

"여기 웬 지갑 하나가 있어요~"

현 반장은 그 소리를 듣는 순간 귀가 번쩍 뜨임과 동시에 소름이 온몸을 강타했다.

뒤돌아보니 작업원 한 사람이 들고 있는 것!

순간 현 반장은 머릿속이 하얘졌다.

"그… 그거 어디서 나왔어??"

"저기 뒷좌석 발판에 까는 패드 말이에요. 그 고무 패드 속에 뭐가 있는 것처럼 불쑥 튀어나와 보이길래 들춰 봤더니 이게 있더라고요~"

"으윽~"

현 반장은 그 자리에서 신음을 토하고 쓰러질 듯 비틀거렸다. 대일사무실로 비틀비틀 걸어갔다. 그리고 힘없는 목소리로 차적조회와 신원조회를 하라고 교통사고 조사계로 통화를 끝내자마자 툭 내리치듯 전화기를 내렸다.

이윽고 결과가 나왔다는 전화를 받고, 사고 차 차주의 주소가 노란 지갑 속에 사고자 주소와 동일 주소, 동일인이라는 것이 확인되었고, 타인 차량 운행이 아닌 자기 소유 차량이었음도 파악되었다.

현 반장은 곧바로 인희 가족에게 전화하였다. 그 시각이 오후 9시 25분경이었다.

"교통사고 조사 20년에 이런 일은 처음이야!"

고개를 연신 흔들며 괴이하다는 생각에 사로잡혔다.

강원병원으로 가서 사고자 가족에게 몇 마디 물어봐야 할 것 같다는 생각이 들었다. 이런 일은 처음 맞닥뜨려서인지 도저히 이대로는 가평경찰서로 복귀 못 하겠다고 생각했다.

마음을 가다듬었다.

"혹시라도 사고자 가족을 만나면 이 괴이한 사고에 무슨 단서라도 나오지 않을까…."

이 기괴한 상황을 가족에게도 말해 주어야 할 것 같았기 때문이었다.

가평경찰서 복귀를 미룬 채 강원병원으로 향하였다.

제12장

── ECG에 나타난 영혼 ──

강원병원.

"인희야! 이게 무슨 날벼락이냐, 응? 아흐흐흐흑~"

얼굴에 흐른 핏자국은 닦여 평소의 얼굴이었지만 호흡기와 심장박동기가 놓여 있었다.

"네가 정말 내 딸 인희가 맞냐! 응? 정말 인희가 맞어? 이 무슨 마른하늘에 날벼락이냐, 아~ 하나님!"

박 여사는 더 이상 말을 잇지 못하고 털썩 주저앉더니 그만 정신을 잃고 바닥에 쓰러졌다.

"앗, 여보! 여보!"

진 사장은 쓰러진 아내를 부둥켜안았다.

"임 간호사! 보호자분 안정제 준비!"

옆에 있던 야간 당직 닥터 민이 소리쳤다. 응급실 바닥에 쓰러진 박 여사를 급히 침대에 뉘었다. 진 사장 역시 심한 충격에 휩싸였다.

세상과도 바꿀 수 없는 사랑하는 딸이다. 얼마나 애지중지 키웠고 보석 같은 딸인가!

"인희야, 이게 대체 어떻게 된 일이냐! 으흐흐흑… 아!"

진 사장도 그만 털썩 주저앉으며 울음을 터트렸다.

응급실에 도착한 현 반장은 조용히 닥터 민에게 다가가 사고자 도착 시간, 사고자의 상태 등을 물었다. 당직 의사 닥터 민으로부터 사고자의 상태가 상당히 위중해 회복은 어렵다는 답변을 들었다. 곧 임종에 이른다는 것은 사고자가 도착한 3시간여 전에 이미 파악되었다고 하였다.

아버지 진 사장은 인희가 회복 불가능이며 곧 임종에 이를 것이라고 당직 의사로부터 듣자, 곧바로 김 목사에게 급히 병원으로 와달라고 전화하였다. 그리고 퇴근한 원장 이 박사에게도 전화하여 와 달라고 급히 알렸다. 서울에 더 큰 병원으로 가 보면 어떻겠냐는 실낱같은 희망을 말해 보려 하였기 때문이었다.

원장 이 박사와는 춘천 유지 모임에서 상견례가 있어 안면이 있는 사이였다. 아내와 같이 건강검진도 이곳에 와서 몇 차례 받았었다.

박 여사는 충격에서 헤어나지 못하였다.

"네에~? 곧 가겠습니다!"

진 사장의 전화를 받은 김 목사는 곧 가겠다 말하고, 읽고 있던 성경책을 놓고 잠시 기도를 하였다. 그리곤 황급히 일어났다.

현 반장은 사고 차량 운전자의 부모임을 알고 진 사장에게 다가갔다.

"무어라 위로의 말씀을 드려야 할지 모르겠습니다. 저는 가평경찰서 교통조사계에서 일하고 있습니다."

그리고 점퍼 안주머니에 넣어 둔 노란 지갑을 만져 보았다.

"이 사고가 왠지 범상치 않아…."

노란 지갑을 가만히 꺼내 진 사장에게 건네주었다. 그리고 계속 생각에 빠졌다. 천 중위로부터 사고 현장에서 겪은 이상한 일, 가평천에 갑자기 닥친 차가운 돌풍, 퇴비 썩는 괴이한 냄새. 거기에다 견인차 기사의 황당한 운행까지.

응급실 문이 급히 열리며 김 목사가 황급히 들어섰다.
"인희 아버님!"
"아, 목사님!"
"이게 어떻게 된 일입니까? 인희 자매가 교통사고라뇨!?"
다급하게 들어오며 김 목사는 심장박동기와 호흡기로 응급처치된 인희를 바라보았다.
ECG(Electrocardiogarm: 심전도) 모니터가 보였다.

"인희 자매 상태가 어떻습니까, 의사 선생님?"
"최선을 다했습니다만 상태가 너무 위중합니다. 임종이 가깝습니다."
김 목사는 그대로 털썩 무릎을 꿇었다.
"오, 하나님! 인희 자매는 이 땅에서 할 일이 아직 많습니다. 무엇 때문에 이리 급히 데려가시려 하시나이까!?"
"진 사장님!"
원장 이 박사가 다급히 병실 문을 젖히며 소리쳤다. 그리고 야간 당직인 닥터 민에게 얼굴을 돌리며 황급히 물었다.
"닥터 민! 환자 상태가 어떤가?!"
"네, 최선을 다했지만…."
닥터 민은 인희의 ECG 모니터를 가리켰다.

원장 이 박사는 닥터 민이 가리키는 ECG를 바라보았다. 순간 이 박사의 표정은 굳어 버렸다.

인희의 ECG는 이미 정상적인 파동을 그리고 있지 않았다. 더구나 일직선에 가깝게, 아주 미약하게 여린 파동을 이어가고 있었다. 이 정도의 미약한 파동이라면 곧 임종을 뜻한다.

힘차게 그리는 정상 파동에서 이런 파동으로 바뀌게 되면 대다수 모든 환자는 7~8분 내에 ECG는 일직선을 그리게 되고 의학적 사망 판단을 내리며 곧바로 영안실로 이동하게 된다. 지금 바라보고 있는 ECG가 임종 직전의 아주 미약한 파동을 그리고 있지 않은가. 이 박사는 체념한 듯 침통했다. 그리고 진 사장에게 다가갔다.

"진 사장! 미안허이! ….. 곧 임종이니 마음의 준비를 하게나! 미안허이. 어찌할 다른 방도가 없네"

그 말을 들은 박 여사와 진 사장은 다시 바닥에 털썩 주저앉아 버렸다. 그렇게 3분, 7분, 아니 10분, 12분도 17분도 더 넘어가고 있었다. 그러나…. 여전히 ECG는 아주 미약하지만 그 미약한 파동을 여전히 그리고 있는 것이 아닌가! 원장 이 박사는 흠칫 놀랐다.
"아니, 이럴 수가…."

그때였다. 그때까지 잠잠이 입을 굳게 다물고 있던 닥터 민이 입을 열었다.

"저… 원장님…."
"왜 그러는가, 민군!"
"말씀드릴 것이 있습니다."
"뭔가??"

"저도 도저히 믿기지 않습니다."

"뭔가? 빨리 말해!"

닥터 민은 인희의 ECG 모니터를 가리키며 말을 이었다.

"벌써 3시간을 넘게 사고자의 ECG가 저렇게 미약한 파동을 계속 그리고 있습니다!"

"뭐, 뭐라고?"

"아, 아니, 이 친구가?? 자네 그걸 말이라고 하는가!"

처음 사고자가 도착하고 즉시 심전도를 체크했을 때 몇 분 약한 파동에 있었지만, 곧바로 급격하게 떨어지더니 지금까지 3시간이 넘게 저렇게 일직선에 가까운 임종 직전의 심전도 파동이 줄곧 끊어지지 않고 이어지고 있다는 것이었다.

"아니, 이 사람이… 그럴 리 있는가?"

이 박사는 두 눈을 동그랗게 뜨고 당직 닥터 민을 뚫어지게 쳐다보았다.

"네! 틀림없습니다, 원장님! 일직선에 가까운 임종 직전의 파동이 3시간 넘게 줄곧 보이고 있습니다. 원장님! 저만 본 것이 아닙니다. 임 간호사와 최 간호사도 같이 보았고요."

"아, 아니, 이럴 수가….." 이 박사는 자기 눈을 의심했다.

"아냐, 이럴 수가!"

"내가 의료계에 발 디딘 지 30년일세. 그간 수많은 임종을 지켜봤네. 그리고 ECG 파동이 임종 직전을 그릴 때면 누구나 어김없이 7~8분을 못 넘기고 일직선으로 변했네. 그리고 의학적 사망을 판단 내렸네. 그런데 지금 3시간이 넘게 저 상태가 지속되고 있다고??"

…. 원장 이 박사는 초점을 잃었다. 그 어떤 경외감 속에 사로잡히는 것

같았다. 이 박사는 ECG 모니터를 보는 자기 눈을 의심하고 있었다. 아무 말 없이 이 박사와 닥터 민의 대화를 옆에서 듣고 있던 김 목사가 조용히 진 사장에게 다가왔다.

"인희 아버님, 인희 자매의 영혼이 떠나질 못하고 있습니다."
"네에? 무슨 말씀입니까? 목사님!"
"인희 영혼이 누굴 기다리고 있는 것 같습니다."
"네?? 누굴요?"
"안성규라고 아시죠?"
순간 침묵이 흘렀다.

진 사장은 침통하였다 잠시 몇 분이 흘렀다. 이윽고 아버지 진 사장은 무겁게 입을 열었다.
"알겠습니다… 무슨 뜻인지. 지금 성규 그 사람에게 제가 전화하겠습니다."
"아닙니다, 제가 전화해 이곳으로 오라고 전하겠습니다."
"네. 그래 주시겠습니까, 목사님!"

<<히스꽃 질 때>>

눈물을
흘렸습니다.

두 눈에 맺히는 눈물 아니야

가슴에 흐르는
깊은 땅속에서 뜨겁게 살아있는

심연에서
터져
마음을 까맣게 태우고

산에 나무들을 태우고 들판을 안아 버릴 것같이
뜨겁게 흐르는 눈물입니다.

하늘에 빗방울처럼 떨어져서
어느 풀과 꽃들을 적시고
광야로 배어드는 빗물의 눈물입니다.

종이에 쓴 글씨 아니야
손바닥에 휘갈긴 글씨 아니야
허벅지에 그은 몇 마디 아니야

살을 뚫고 들어가
피로 닿아 빨간 잉크로 변해
뼈를 긁어 버린 글씨 말야

눈물과
글씨가
한 장의 노래로 다시 흐를 때

그 노래는
아픔이 아픔으로 남지 않고
가슴에서 가슴으로 이어지고

대지를 가로지르는
마음의 철로로 놓여

성규를 태운 택시는 강원병원을 향하여 전속력으로 내달리고 있었다. 바로 오늘 오후에 만나기로 약속하지 않았던가. 그런데 병원에 있다니? 이 무슨 일이란 말인가! 택시 속에 성규는 오직 무사하기만 애타게 바라며 달리는 택시 속에서 기도하고 있었다.

택시가 강원병원에 도착하자 응급실로 뛰어 문을 열어젖혔다. 인희 부모님과 김 목사가 보였다. 성규는 걸음을 옮겼다. 인희의 얼굴이 보였다.

"인희야, 인희야~!!"
세차게 흔들었지만 아무 말이 없었다. 그저 고요히 잠들어 있는 것 같았을 뿐.
"아흐흐흐흑, 이 무슨 일입니까? 네? 목사님! 인희 아버님! 아~"
성규는 다시 인희의 손을 꽉 부여잡았다. 그리고 인희의 얼굴을 내려다보았다.
그 순간이었다!
갑자기 "삐~" 하면서 인희의 ECG가 일직선을 그렸다.
그 순간 김 목사는 그 자리에서 그대로 무릎을 꿇었다.

희끗희끗, 하나둘… 눈발이 흩어지는 춘천공원묘원.

성규는 인희의 묘소에 큰 절을 3번 올렸다.

그리고 인희 부모님에게도 인사를 드렸다. 아무 말 없는 인희 부모님을 뒤로하고 이제 영영 작별을 해야 한다. 마음속에서는 통곡이 흐르고 있었다.

"나 때문에, 나 때문에!"

"나 같은 아무것도 아닌 놈을….."

"왜? 왜?"

"아흐흐흐흐흑~"

"목사님…. 그간 고마웠습니다."

김 목사는 성규를 바라보며 할 말이 있는 듯한 표정을 지었다.

"안성규 씨, 꼭 전할 말이 있습니다."

"네? 무슨 말씀이신지…?"

"며칠 후 제게 전화 좀 해 주시고 시간을 내어 만나서 얘기 나누는 것이 좋겠습니다!"

"네, 그렇게 하겠습니다!"

인희가 잠들어 있는 이곳을 떠나야 하리.

그녀를 만난 날이 내게 비수로 박혔다.

제 1 3 장

—— Shofar, 만남 ——

가평산림원에서.

그녀는 오른손에 양뿔나팔(羊角나팔, Shofar)을 잡고 있었다.

뚜우우우우우우~~~
뚜우~ 뚜우~ 뚜우~ 뚜우~
뚜뚜뚜뚜뚜뚜뚜뚜뚜~~~~~~~
뚜우우우우우우우우우우우우~~~~~~~~~~~~~~~

"오는 일요일 새해 들어 첫 선교 활동지로 가평산림원을 택했습니다. 산림녹화 보전에 애쓰시는 분들께 점심을 대접해 드리고 나무와 숲에 대해 견학 겸 야외 산책도 하고 선교 활동도 합니다. 형제자매님들께서 참석하시어 하나님의 뜻이 가평산림원에서도 이루어지는 시간이 되길 기도합니다.

"맛있게 점심도 제공해 드려야 하니 김밥도 특식으로 잘 만들어 주시고, 다른 메뉴도 같이 준비하여 주십시오."

석사동 영신교회 담임 김 목사는 오는 일요일 예배 시간을 오전에 일찍 앞당기고, 예배를 마치는 대로 대절 버스로 가평산림원을 방문하는 선교 행사가 있다고 교우들에게 알리면서 설교를 마쳤다.

인희는 다음 주 일요일 산림원 방문을 은근히 기대하고 있었다. 그간 학업하랴 성경 공부하랴 시곗바늘처럼 살다 보니, 야외 숲속 산책도 거닐어 보고 싶은 마음이었다.

"안 팀장~ 이번 일요일 춘천 석사동 영신교회에서 산림 견학 겸 선교 활동 차 방문이 있어 손님들 오시면 산책 코스를 둘러보기로 예정되어 있으니, 잘 안내하도록 준비 잘해야 해! 그리고 산책로 정비 좀 해놓게~"
"네, 알겠습니다."
이곳에 발을 디딘 지 벌써 6년이 흘렀다.

그럭저럭 지내다 군대부터 일찍 다녀오자 해서 미리 앞당겨 입대하였고, 전역 후 다시 이곳으로 오게 되었다. 달리 갈 곳이 없었다.

6년 전 아버지께서 갑작스럽게 쓰러지셨고 이후 집은 풍비박산(風飛雹散)으로 내몰리고 입 하나 덜기 위해 도피하듯 왔다. 가평산림원에서 잡일하는 말단직으로 시작해서, 영림 기능사 자격이라도 따는 것을 목표로 오게 되었다. 가평산림원 성 원장은 어린 성규를 볼 때 가끔 이런 말을 했다.

"음…. 자네 아직 나이가 어리니 틈틈이 공부해서 산림기술사 자격을 따도록 해."
"네~ 원장님!"

하지만 이런 생각이 들곤 했다….

"이곳은 다급해서 왔지만 언젠가는 다시 서울로 돌아가야 할까 봐…. 하지만 세상사 꼴 안 보고 오히려 지내기에는 좋기도 해."

이런 위안감 속에서 세월만 속절없이 가고 있었다. 산산이 부수어진 집안, 가족은 뿔뿔이 흩어지고 갈 곳이 없었다. 기댈 곳이라고는 대명천지 어디에도 없었다. 이곳에서 지내면서 각종 책을 사서 읽는 것을 낙으로 삼고 숨어 지내듯 세상과는 등진 채 산속에서 살아가고 있을 뿐….

어느 날 새해가 가까워지고 있었다. 선교 방문 온다는 말을 들었다.

"선교? 선교가 뭐야 뭐… 교회에서 하는 무슨 활동? 하나님 말씀 어쩌고 저쩌고 하는 것?! 어이구, 먹고살기 넉넉한 사람들이나 하는 거지 젠장~~ 나 같은 놈하곤 아무 상관 없어!"

"하나님? 하나님이 계시면 세상이 왜 이래? 엉~? 세상에 많은 고통, 그것을 보고 왜 가만 계시지? 왜 아픔과 고통이 이 세상엔 이다지도 많냐 말야! 우리 집안이 겪은 아픔 말야!"

절망하듯 툭~ 내뱉었다.

한 해의 끝 날이 가고 해가 바뀌어 새해가 찾아왔다.

"자, 모두 식당으로 모이세요!"

중급 산림원이지만 식당을 강당 삼아 사용하곤 했다.

"잠시 선교 말씀을 전하고 교회에서 준비해 온 점심을 들고, 산림원 견학 및 마지막 행사로 산책 걷기를 하겠습니다."

오늘은 영신교회에서 방문 견학 오는 날.

일요일 오전 11:00경 교회에서 대절한 버스가 산림원 앞에 도착했다.

산림원 성 원장은 교회 담임 김 목사와 인사를 나누었다. 산림원 직원들과 그 가족들까지 이미 모여 있었다. 버스가 도착하고 영신교회에서 싣고 온 점심과 과일, 과자, 음료수들을 식당으로 옮겼다. 인희도 그 틈에 끼어 음식, 과일 상자를 날랐다. 준비해 온 물품들을 다 나르자 교우들과 산림원 직원들이 식당에 모였다. 일부는 앉았고 좁은 식당이어서 나머지는 서 있었다.

김 목사가 점심 식사 전에 앞에 나가 설교하기 시작했다.

"반갑습니다, 여러분! 오늘 날씨가 청명합니다. 바람도 없어 산책하기도 좋네요! 자~ 여기 모이신 분들 제가 질문 하나 해 볼까요? 열두 고개 넘기 답을 찾아봅시다~ 아시는 대로 말씀해 보셔도 좋습니다~"

"……."

"하나님은 어떻게 생기셨을까? 궁금하시죠? 이렇게 말씀하시는 분들 있으시죠… 아니, 안 믿는 사람들 앞에 나타나셔서 내가 하나님이다, 이젠 알겠느냐? 이리 하시면 이 세상에 안 믿을 사람들이 누가 있겠습니까?"

"네, 왜? 하나님은 사람들 앞에 모습을 나타내어서 보여 주시지 않을까요? 참 궁금들 하시죠…??"

그러자 작은 식당 안에서는 몇몇 사람의 웃음이 터져 나오기도 하였다.

"이유가 있습니다. 자~ 여러분들! 어떤 회사에서 입사 시험을 본다고 합시다. 그 회사에서 여러분들에게 시험을 치를 터인데 미리 시험의 답을 가르쳐 주고 시험을 치를까요? 가르쳐 주지 않고 시험을 치를까요? 아시는 분 말씀해 보세요~"

"답을 안 가르쳐 주죠, 하하~!"

모여 있는 사람들 중에 누군가 말하자 웃음이 또 터져 나왔다.

"네, 답은 나왔습니다. 신입사원 채용 시험에 답을 절대 가르쳐 주지 않지요. 하나님께서도 그러하십니다. 지구라는 별, 이 땅에 살고 있는 우리 사람들에게 그 답을 가르쳐 주시지 않고 시험을 치르게 하십니다. 바로 그러하시기에 사람들 앞에 모습을 보여 주시지 않으십니다!"

"이것이 첫째 이유요, 둘째 이유는 비유하자면~ 한나라에 왕이 있다 합시다. 그런데 그 왕을 백성들이 아무나 시도 때도 없이 항상 왕 얼굴 보고 싶다고 볼 수 있습니까? 아니지요. 왕 얼굴을 똑바로 못 보죠. 고개도 못 들죠. 왕 납시오~ 하면 거리에 백성들 넙죽 엎드려야죠. 그러나 국가 정사에 꼭 만나야 할 필요가 있을 땐 백성을 만나 주시겠죠?"

"세 번째, 신(神=하나님)과 인간(人間). 하나님과 인간의 크나큰 차이가 있기에 그렇습니다."
"유일하신 신(神=靈=하나님)이십니다. 하나님 외에 다른 신은 없습니다. 하나님은 창조주요, 조물주요, 만물을 지으신 온 우주 하늘과 땅의 주인이십니다.
인간이 이만큼은 내 땅이다, 등기부에 내가 부동산 소유자로 등기되었다고 해서 그 땅을 사람이 만든 것은 아니지요. 사람은 흙을 만들 수 없고 돌도 바위도 뒷동산에 소나무도 만들 수 없어요."

"사람은 어떻습니까? 사람은 하나님이 지으신 모든 만물 중에서 으뜸가는 피조물입니다. 주인은 피조물에게 명령할 수 있습니다. 주인께서 너희는 이 지구 땅에서 이러이러하게 살라고 주인이 만든 법이 있습니다. 그 법대로 살라고 하나님께서 하명하셨습니다. 그 내용을 적어 놓은 것이 바로 이 책 성경책입니다." 하며 김 목사는 가지고 온 성경책을 번쩍 들어 올려 보였다.

"사람은 하나님을 감히 바로 쳐다볼 수조차도 없습니다. 하늘에 빛나는 저 해를 맨눈으로 쳐다볼 수 있습니까? 몇 초도 바로 쳐다볼 수 없습니다. 계속 쳐다보면 눈이 멀 것입니다.

태양도 하나님께서 창조하신 피조물(창조물) 중 하나입니다. 피조물 중 하나인 저 태양도 사람이 바로 못 쳐다보는데, 태양을 만드시고 그 빛이 지구 땅을 비추게 하사 만물이 소생케 하시고 곡식이 익어 사람들이 먹도록 하시는 높고 높으신 삼라만상의 주인이신 창조주 하나님을 사람들이 아무나 시도 때도 없이 만날 수 있겠습니까?! 하나님을 인간이 마음대로 만날 수 있나요?!"

김 목사는 계속 말했다.

"원숭이가 진화되어 사람이 되었다고 하시는 분 손 들어 보세요? 고양이가 호랑이와 비슷해 보인다고 기다리다 보면 고양이가 호랑이 됩니까? 참새가 아무리 날갯짓을 열심히 한들 어느 날 독수리로 변할까요? 미꾸라지가 헤엄을 열심히 치다 보면 세월이 흘러 흘러 고래로 변할까요?"

김 목사는 성경 구약에 '욥기 25장, 26장, 38장'을 들어 힘차게 설교하였다.

제14장

──── 겨울 산보 ────

점심도 들었고 산림 전시관도 보고 탐방로 걷기 시간. 김 목사와 인희는 앞장섰다. 산림 관리팀장 안성규도 앞에서 합류했다.

"겨울 산은 여름 산하고는 느낌과 풍경이 다르네요."

"그렇지요. 자연 속에서 사람은 살기 좋은 터전을 얻지요. 자연이 없으면 사람은 살 수가 없습니다. 조물주께서 주신 선물이죠. 자연이 저절로 생긴 것이라고 말합니다만, 저 산 나무와 꽃이 벌과 새와 동물들이 저절로 생겨났을까요? 집도 그 집을 설계하고 지은 이가 있어야지요. 저절로 집이 지어지는 것 봤습니까? 산과 나무와 동물과 만물이 얼마나 오묘합니까? 과연 우연히 저절로 생겨날 수가 있을까요?"

"네, 정말 그래요."

두 사람이 나누는 대화에 성규는 한마디 끼어들었다.

"목사님! 목사님 말씀 오늘 식당에서 들었는데 처음 들어 봤습니다. 듣고 보니 참 배운 것도 많았습니다."

"그래요?! 좋은 시간이 됐길 바랍니다.

성규는 궁금한 듯한 표정으로 다시 물었다.

"그런데 우리가 알기로는 사람이 진화되었다고 하잖아요? 학교에서도 그렇게 배우고….”

“하하하~”

김 목사는 크게 웃었다. 옆에서 걷던 인희도 빙그레 미소를 띠었다.

“진화론이야말로 어처구니없는 허구입니다. 허구도 그런 허구가 없죠. 성경에는 동식물들을 각각 그 종류별로 창조하셨다고 쓰여 있습니다. 벌이 백억만 년 지나면 독수리로 진화될까요, 하하하~~

벌은 벌로서 하는 일이 있고 독수리는 독수리로서 살아가는 방법이 다릅니다.

어떤 분들은 냇가에 조약돌이나 해변에 자갈을 보고 이렇게 말하죠. 오랜 세월 물에 씻기고 깎여서 그렇게 동글동글하게 되었다고…. 생각해 보십시오. 아무리 물에 부딪혔다 한들 그렇게 되겠습니까? 설악산에 울산바위는 처음부터 그렇게 큰 바위로 만들어져 있고 조약돌은 처음부터 조약돌입니다. 모래는 처음부터 모래로 해변이나 냇가에 있게끔 만드셨죠. 해변에 어떤 큰 바위가 있었는데 오랜 세월 부서지다 보니 그렇게 모래사장이 됐겠습니까?”

“아, 네! 저도 그렇네요. 이런 생각이 들긴 들어요. 사람들이 공중을 날면 얼마나 좋겠어요. 그래서 날아 보고 싶어서 몇십 년 몇백 년 천년만년을, 양팔을 벌리고 아무리 퍼덕퍼덕 세차게 흔든다고 사람 겨드랑이에서 어느 날 날개 깃털이 생겨날 것 같지는 않아요….”

그러자 옆에 있던 인희가 성규를 바라보았다.

“어머! 참 유머가 있는 분이시네요~ 호호호~”

인희는 이어서 말했다.

“사람들은 사람의 육신이 수많은 세월이 가면서 조금씩 진화해서 오늘날에 이르렀다고 생각해요. 그리고 사람의 정신은 옛날에는 미개했는데 그것이 수많은 세월을 거쳐 조금씩 진화하여 사람의 정신이 점점 발달하여 오늘날의 문명이 이루어졌다고 생각해요.

그러나 그렇지 않아요. 처음부터 사람의 신체는 사람의 신체 이대로, 처음부터 그렇게 만들어진 것입니다. 또한 사람의 정신(IQ, EQ, 감정, 분석력, 판단력, 기타 등등)도 처음부터 사람의 정신 이대로 처음부터 이렇게 만들어진 것이지요. 이렇게 사람들이 묻지요. '아니지… 사람이 점점 발달해서 지금의 높은 빌딩, 자동차, 비행기도 만들지 않냐고? 옛날에는 그렇지 않았느냐고?' 이렇게 반문해요.

언뜻 보면 맞는 말 같아요. 옛날에는 말 타고 마차 타고 돛단배 타고 다녔으니…. 그러나 사람의 뇌는 처음부터 고차원으로 만들어졌어요. 거의 무한대처럼요. 그런 소질을 신(하나님)께서 부여하셨어요. 처음부터 무한대에 가까운 고용량의 뇌(정신, 혼)를 부여하셨어요. 다만, 처음부터 100% 다 찾아 쓰지 못하고 있는 거예요. 사람은 배우는 존재예요. 배우면서 점점 더 알게 하도록 그렇게 창조하신 거예요. 그러나 동물을 보세요. 아무리 동물을 가르쳐도 동물이 국어책을 읽을까요?"

이렇게 인희가 말하자 성규는 그만 폭소를 터트리고 말았다.

"하하하~~~ 어떻게 동물이 국어책을 읽겠습니까?"

"네… 바로 그거예요. 동물은 이미 처음부터 그렇게 만들어졌어요. 그러나 사람은 배움에 따라 같은 나이의 사람이라도 배운 사람은 더 알고 못 배운 사람은 모를 수밖에 없는 것이죠. 못 배워서 모른 것이지, 미개해서 그런 것이 아니잖아요?"

"아… 네…. 말씀 듣고 보니 정말 그렇네요. 그러니 죽자 살자 좋은 대학 들어가야 사회에서 출세한다, 잘 된다, 이러는 것이겠지요…."

그러나 성규는 도저히 알아들을 수 없었다…. 그저 난감할 뿐….

인희는 계속 말을 이었다.

"사람별로 능력, 소질, 적성, 그릇의 용량은 다 다르게 만드셨지요. 사람마다 소질과 적성, 능력 등등에 차이가 있지요. 천차만별로 창조하셨습니다. 그래야 사람들이 사회를 이루어서 누구는 농사짓고, 누구는 소 키우고, 누구는 장사하고, 누구는 정치하고, 누구는 군인하고, 옷 만드는 사람, 집 짓는 사람 이렇게 있지 않을까요?"

"음… 그렇네요…."

"각 사람의 그릇과 소질에 차이지요. 못 한다고 그 사람이 미개해서 그런 것은 아니지요. 그리고 사람의 육체도 강한 사람 약한 사람이 있듯이, 사람의 혼(정신)도 그 능력과 소질, 적성이 다 다르죠. 그릇의 차이가 다 다르지요. 그렇게 다양하게 사람들을 창조하신 거예요."

"아~ 네…."

그녀는 계속 말을 이었다.

"동물은 처음 만들어진 본능에서 동물의 뇌를 확장하지 못하죠. 그렇게 만들어졌으니까요. 그러나 사람은 배움에 따라 사람의 정신, 혼도 확장하도록 그렇게 처음부터 세팅(Setting)해 놓으셨지요. 이것이 하나님께서 동물과 사람을 다르게 창조하신 차이점입니다.

사람들은 생각하길 옛날에는 아주 미개했다고 생각하는데, 그렇지 않아요. 먼 옛날에도 사람들은 현재처럼 모든 걸 생각할 수 있었어요. 어떤 발견을 못 했을 뿐이지요. 에디슨이 전기를 발명하기 전까지, 퀴리 부인이 X-RAY를 발견하기까지 몰랐을 뿐이지 미개했기 때문에 몰랐던 것이 아니에요. 미개했다면 새로운 발견, 발명을 못 하지요. 발견이 늦었을 뿐이죠. 이를 이해하시려면 좀 더 공부가 필요해요…."

"아, 네~"

이어서 김 목사는 이렇게 말했다.

"사람들은 사람의 육신과 정신(魂)이 본래부터 하나로 일체화되어 있다고 생각합니다만, 그렇지 않습니다.

사람의 육체와 정신(魂, 혼)은 따로따로 존재합니다. 태아는 처음부터 육과 혼이 하나로 되어 있지 않습니다. 정자와 난자가 합쳐져 잉태하게 되면 임신(태아 초기) 되자마자 정신(혼)도 같이 있을까요? 그렇지 않습니다. 태아가 발육하여, 즉 사람의 인체가 어느 정도 모태에서 자라야 그때 정신(혼)이 생깁니다. 이 '혼', 즉 사람의 정신은 외부에서 태아로 들어가 합쳐진 것입니다.

정자와 난자가 만나자마자 사람의 혼이 생성될까요? … 사람의 혼은 사람 신체의 외부, 즉 산모의 몸 밖, 외부에서 산모의 태아에게로 들어간 것입니다. 사람의 혼은 하늘(천국)에 이미 존재하고 있다고 봐야 할 것입니다. 사람의 혼은 눈에 보이지 않습니다. 사람들이 본래부터 육체와 혼은 같이 하나로 존재한다고 봐 왔었고, 죽으면 육신과 함께 소멸한다고 봐 왔지만, 그렇지가 않습니다."

"아, 아…. 너무 어렵습니다, 목사님. 무슨 말씀이신지 도저히 감을 잡을 수가 없네요…."

성규는 말끝을 흐렸다.

"좀 더 시간이 필요합니다, 안성규 씨."

"으음…." 성규는 여전히 혼란스러워졌다.

"저, 혹시 성경은 읽어 보셨나요?"

인희가 다시 물었다.

"아뇨."

"읽어 보세요. 사람이 갖는 선입견이나 개념과는 전혀 다른 이야기가 쓰여 있어요."

"네, 한번 읽어 보겠습니다."

"네, 그러세요. 성경책은 있으시고요?"

"아니요, 없습니다."

"그럼 제가 하나 드릴까요?"

"아닙니다. 제가 춘천에 가서 서점에서 구입해도 됩니다."

"네, 꼭 읽어 보세요. 그리고 의문점이나 잘 모르는 부분들은 목사님께 알려달라 전화하셔도 된답니다."

김 목사도 말했다.

"네, 그러세요. 부담 갖지 마시고요."

교회에서 만나도 좋으니 언제라도 방문해도 좋다고 성규에게 말을 건넸다.

"네! 그렇게 하세요."

인희도 그렇게 하라고 성규에게 말해 주었다.

"자~ 출발합시다! 천천히 걷지요~"

김 목사가 말했다.

성규는 앞장섰다.

겨울 산의 정취를 잠시나마 느끼며 산책이 무르익어 갔다.

김 목사와 인희는 간간이 대화를 나누며 걸었다.

성규는 두 사람의 대화에 귀가 솔깃했고 흥미가 솟구쳤다. 그러다 이렇게 물었다.

"저… 목사님, 사람은 왜 존재하게 되었나요? 하나님께서 사람들을 왜 만드셨나요? 사람들을 어디에다 쓰시려고 만드셨나요?"

"글쎄요… 참, 저도 목자[1] 이지만, 모든 것을 어찌 다 알겠습니까? 지구 땅은 조물주께서 사람들 보고 살라고 만드신 것이지요. 인간에 대한 일종의 계획하심이 있으시지요. 그 크신 뜻을 어찌 다 알 수가 있겠습니까? 그저 조금씩 배우는 것이지요…. 이유 없이 헛되이 창조하지 않으십니다. 다 각각의 용도가 있는 것입니다. 그런데 그중에서도 사람은 특별합니다. 하나님께서 가장 아끼시고 사랑하십니다. '신묘막측'하게 사람을 지으셨다고 성경에 쓰여 있지요."

간이 쉼터가 보였다.

"하늘에 천사들보다도 사람(인간)을 더 귀하게 여기신답니다!"

옆에 앉아 있던 인희가 이렇게 말하자, 천사라는 소리에 성규는 귀가 번쩍했다.

"네에~? 천사라고요? 그, 그럼 천사가 정말 있단 말입니까!?"

"네, 실제로 존재합니다. 이 역시 하나님께서 만드신 피조물 중 하나입니다." 김 목사가 말하자

"그럼 그 천사들은 어디에 있단 말입니까?"

성규는 놀란 얼굴로 김 목사와 인희를 쳐다보았다.

"네, 저 북편하늘 제3층천 천국에서 살고 있습니다."

"네에?? 북편하늘 3층천요??"

"안성규 씨는 천사란 말을 처음 듣나요?"

놀란 성규를 보며 인희가 물었다.

"네, 전 그저 만화나 동화에 나오는 가상의 존재로만 알고 있습니다."

"아뇨! 실존하는 존재입니다."

"실제로 있다면 왜 우리 사람들 눈에는 안 보이죠?!"

---

1) 목자(牧者): 羊 치는 사람 = 목동 = 목사 = a shepherd=a pastor.
사람을 양에 비유. 양은 선도자, 즉 양치기를 따라 이동하므로. ≠ a minister)

"영물(靈物)이기에 그렇습니다. 사람하고는 차원이 다르죠."

"네?? 차원이 다르다고요?"

"우리 인간들은 제3차원의 한계적 생활을 하고 있어요. 그러나 천사들은 제4차원을 넘어서 그 이상의 생활을 하는 고차원의 피조물, 즉 영물(靈物)들이기에 그렇습니다."

"사람들은 3차원의 세계, 천사들은 4차원 그 이상의 고차원에서 산다고요??"

성규는 의아한 얼굴로 되물었다. 그리곤 난감한 표정을 지었다.

김 목사는 성규의 표정을 보자 다시 말했다.

"안성규 씨는 아직 성경을 깊이 있게 읽어 본 일이 없으시니 잘 이해가 안 될 것입니다. 시간이 좀 걸립니다. 일반적으로 직장 다니시는 분들이 최선의 노력을 병행하여 성경을 공부한다고 볼 때 약 4년 정도의 기초 성경 공부와 영적체험(靈的體驗), 방언은사(方言恩賜)도 받으시고 더 깊게는 기초 공부 시간을 지나서 좀 더 공부하시면 영적 체험 정도에 따라서 영적 이해도가 다릅니다.

약 10년 정도 꾸준히 공부하시고 여러 영적 신비 체험도 하시면 하나님께서 실제로 계심을 이해하게 됩니다. 유체이탈[2] 체험도 하시면 이해가 빠르실 것입니다. 그러기까지는 하나님 앞에 바로 서야 합니다. 이 기간이 초신자들에게 아주 중요한 주춧돌이 되는 시점이지요."

성규는 어떻게 대답하고 무엇을 물어봐야 할지, 그저 어안이 벙벙할 뿐이었다. 성경이 어떻게 생겼는지 펼쳐 본 일도 한 줄 읽은 일조차도 없다.

---

[2] 유체이탈(幽体離脱): Out-of-Body Experience, 자신의 혼이 자신의 신체에서 분리되어 빠져나와 혼만 별개로 움직인다.

인희가 말문을 열었다.

"산림 팀장님은 이제 막 걸음을 걸어 보려는 젖먹이 아기에 속합니다."

"네, 그렇지요. 초신자가 영적으로 성숙하는 단계를 6단계로 나눕니다."

김 목사가 이어서 말했다.

"네? 여섯 단계라고요?"

성규는 눈을 동그랗게 뜨고 김 목사와 인희를 바라보았다.

그녀는 계속 말을 이었다.

"참고삼아 들어 보세요~"

"네~"

'첫째 단계: 영적 젖먹이(유아기)'

'둘째 단계: 유치원 초등학생기'

'셋째 단계: 청소년기(중고등학생)'

'넷째 단계: 청년(대학생)'

'다섯째 단계: 아들'

'여섯째 단계: 아버지'

"이 중에서 팀장님은 이제 겨우 1단계 젖먹이(유아기)에 속하십니다."

"네? 제가 젖먹이라고요? ㅎㅎ 아이고, 제가 지금 몇 살인데요."

"호호호~ 팀장님은 빨리 성장하실 분 같네요~"

"열심히 성경 공부하셔서 대학생이 되셔야 하겠습니다, 하하~"

세 사람은 가까운 친구라도 된 듯 대화를 나누었다.

어느덧 선교 행사도 마무리되어 가고 있었다.

제 15 장

———— 위험 ————

"목사님, 기념사진 하나 찍죠?"

"아~ 그래요."

돌아갈 시간….

인희가 김 목사와 성규를 보며 잠깐 짬을 내어 기념사진을 찍어 주겠다고 했다.

농로 다리가 있고 승용차나 사람들이 산림원으로 건너다녔다. 아래쪽으로는 냇물이 흐른다.

"목사님과 팀장님, 저 아래쪽 냇가에서 포즈를 취하세요. 제가 한 장 찍어 드릴게요~"

"그럴까요~" 김 목사와 성규는 약간 비스듬히 경사진 아래쪽으로 걸음을 옮겨 내려갔다.

"자~ 찍을게요~"

찰칵~

"자, 이번에는 인희 자매 차례예요~ 한 장 찍어야죠~?"

"네, 목사님."

"아참, 목사님은 돌아갈 준비를 하셔야 하니, 팀장님이 한 장 찍어 주실 수 있죠?"

"네, 그럼요!"

인희는 큼지막한 니콘카메라를 건네주었다.

성규는 갑자기 난감해졌다.

"저, 사실은 카메라를 사용해 본 일이 전혀 없어서… 찍는 방법 좀 알려 주세요~"

"네, 그래요~"

성규는 큼지막한 카메라를 건네받으며 속으로 생각했다.

'어이구~ 굉장히 비싸게 생겼네… 언제 한번 만져나 봤나… 잘사는 사람들은 카메라도 좋은 거 가졌네.'

"여기 뷰 안에 피사체를 잡고, 자동이니까 이게 셔터예요. 누르시면 돼요."

"네, 알겠습니다."

"팀장님~ 포즈 취했어요~ 찍어 주세요~^^"

비스듬한 언덕 아래쪽 냇가로 내려간 인희가 성규에게 소리쳤다.

"네, 찍습니다~"

성규는 조심스레 카메라를 만지면서 냇가로 내려간 인희를 뷰 안에 잡고 셔터를 눌렀다.

찰칵~

"찍었습니다~"

그러자 인희가 다시 말했다.

"한 장 더 부탁해요~^^^"

"네~"

인희가 이번에는 냇가 건너 숲 가까이 얼음판 위에 올라섰다. 성규가 다시 카메라 뷰 안에 냇물 얼음판 위에 올라선 인희 모습을 담으려 각도를 잡는 순간,

"어엇!"

"아아!"

"앗! 위험해요!!"

"빨리 올라오세요, 빨리욧!!"

다시 찍으려고 뷰에 눈을 대는 순간, 뒤쪽 숲속에서 물체 하나가 움직였다. 드러난 물체는 송아지만 하였다. 등에는 갈기가 거칠게 솟아 있었다.

"빨리 이리로 올라와요! 빨리욧! 뒤에 멧돼지!" 다급히 소리쳤다.

어느 여름날, 휴무일 혼자 산림원 숲에서 더 깊이 들어가 보려 흐르는 냇물 따라 거슬러 무작정 들어간 적이 있었다. 그때 조약돌 깔린 냇물 계곡 따라 산속으로 깊이 들어갔는데, 어찌나 깨끗하던지… 사람 발자국 닿지 않은 곳 하늘에는 오후의 햇빛이 이글거리며 냇물을 비추고 수면이 햇빛을 받아 반짝거리는데, 마치 보석을 쫙 깔아 놓은 것 같았다.

그리고 냇물 속까지 훤히 보이는데 물속에 자갈들이 흐르는 은빛 물결의 반짝임 속에서 굴절되어 마치 살아서 움직이고 있는 것 같았다. 그리고 조약돌들이 이렇게 말하는 것 같았다.

"이곳까지 왜 오셨나요? ^^"

"천국이 있다면 아마 이곳 같을 거야!"

이런 생각이 문득 들었다.

"아니! 아냐… 천국이 이곳보다 더 좋을 거야. 훨씬 더~~~"

싱긋 웃었다. 속으로 그렇게 생각하였던 것이다.

이보다 더 아름다운 보석은 세상에 없을 것 같았다. 어떤 발길도 닿지 않

은 깊은 산골에 은빛 투명하게 찬란하던 그때의 냇물과 사람(성규 자기 자신), 평생 잊지 못할 하나의 추억으로 남아 있었다.

그런데 되돌아오는 길에서 커다란 수놈 멧돼지와 맞닥뜨렸던 것이다. 기겁을 하여 무작정 옆에 나무 위로 기어 올라가 멧돼지가 가 버릴 때까지 기다렸다. 그야말로 구사일생으로 살아서 돌아온 일이 있었다. 그때 생각하면 아찔하였다. 그 후 여태껏 산림원 근처에서는 멧돼지를 본 일은 없었기에 그때 일은 까마득히 잊고 지내왔다.

"쇠스랑!!"

순간 쇠스랑이 생각났다! 익숙한 작업 도구! 처음 와서 가장 먼저 손에 쥔 것이었다. 삽처럼 생겼지만 평평한 삽날 대신 기다란 쇠창살이 4개 달렸다. 작업 차에 낙엽 더미, 잔 나뭇가지 더미들을 퍼 올릴 땐 제격이었다.

카메라를 쥐었던 성규 손엔 어느 틈엔가 쇠스랑이 꽉 쥐어져 있었다.

옆에 모아 놓았던 낙엽과 나뭇가지 더미에는 늘 쓰던 몇 개가 꽂혀 있었기에 재빨리 하나를 뽑아 움켜쥐었던 것이다. 그와 동시에 번개같이 뛰어 내려갔다. 냇가 건너편 숲에 거대한 멧돼지는 얼음판에 서 있는 인희를 향하여 돌진해 오기 시작했다.

인희는 성규의 고함을 듣고 뒤를 돌아보다가 그만 놀라 어찌할 줄 몰랐다.

"아악~"

빨리 올라오라는 성규가 외치는 소리에 냇물 얼음판을 지나 몇 발짝 급히 오르다, 그만 경사진 냇가 둔덕에서 미끄러지며 쓰러지고 말았다.

"꺄아악~~~"

몸을 제대로 가누지 못하였고, 송아지만큼 큰 멧돼지는 냇가 언덕에 쓰러진 인희를 향하여 무섭게 돌진하기 시작했다.

"이야아! 아아~~~"

쇠스랑은 어느 틈엔가 성규의 오른손에서 번쩍 치켜져 올랐다! 성규는 아래쪽 냇가 둔덕에 쓰러져 어찌할 줄 모르는 인희를 응시함과 동시에 가로질러 달려드는 멧돼지를 향하여 아래쪽으로 비호처럼 내달려 갔다.

사람 손가락만 한 송곳니를 드러내며 인희에게 달려드는 순간 비호처럼 뛰어 내려온 성규가 몸을 날리듯 오른손에 움켜쥔 쇠스랑의 긴 쇠 촉으로 먼저 멧돼지의 머리통에 힘껏 내리찍었다.

"퍼억~~~"

"꽤에에엑~~~"

괴성을 지르며 멧돼지는 경사진 아래쪽으로 나뒹굴었다. 동시에 성규도 멧돼지와 같이 뒹굴었다. 그러나 성규의 오른손엔 여전히 쇠스랑이 꽉 쥐어져 있었다. 쇠스랑을 놓치는 순간 멧돼지가 재차 공격하면 죽음밖엔 없었기에, 그 위급한 순간에도 악착같이 쇠스랑을 놓치지 않으려 있는 힘을 다해 꽉 쥐고 있었다.

멧돼지와 성규가 같이 얼음판 쪽으로 뒹구는 바람에 쇠스랑이 멧돼지 머리에서 뽑혔다. 성규는 여전히 쇠스랑을 굳게 움켜쥐고 있었다.

멧돼지는 약간 빗맞았는지, 다시 일어서더니 머리통에서 피를 흘리면서도 성규를 노려보았다.

"푸푸, 컥커커커~~" 멧돼지는 거칠게 숨을 고르는가 싶더니 그대로 성규를 향하여 튀어 오르듯 달려들었다.

쓰러진 성규는 바로 일어설 틈도 없었다. 그대로 무릎을 꿇은 채 상체를 일으키며 동시에 쇠스랑을 다시 높이 치켜세웠다. 달려드는 멧돼지를 향하여 온 힘을 오른팔에 집중시키는 순간, 튀어 오르듯 달려들었고 동시에 뻐근한 통증을 느꼈다.

"으윽!"

멧돼지에게 왼팔을 물리는 순간, 오른팔에 힘을 다해 꽉 움켜쥔 쇠스랑을 멧돼지의 머리통에 다시 힘껏 내리찍었다.

"꽤에에엑~~ 푸푸, 큭큭, 푸푸~"

멧돼지는 더 이상 성규에게 달려들지 못하고 펄쩍펄쩍 제자리에서 뛰면서 괴성을 질러 댔다. 그때 돌멩이들이 멧돼지에게 날아들었다.

위쪽에 있던 성 원장과 산림원 직원들이 돌멩이를 멧돼지에게 던졌고, 모여 있던 산림원 직원들이 쇠스랑을 들고 멧돼지를 공격하며 내쫓았다. 큼지막한 멧돼지는 머리통에 피를 흘리며 그대로 냇가 숲속으로 줄행랑쳤다.

"안 팀장, 괜찮나?!"

성 원장이 뛰어 내려왔다.

"네."

성규는 대답하며 일어서려다가 그만 왼팔을 움켜쥐고 그대로 주저앉듯 쓰러지고 말았다.

"으윽, ㅇㅇㅇ~~"

"박 총무, 빨리 응급구급낭 가져와! 그리고 갤로퍼에 시동 걸어놔!"

"안 팀장님! 괜찮습니까!? 안 팀장님!!"

김 목사가 소리쳤고 인희도 소리쳤다.

"어머나, 팔에 피가!! 빨리 병원에!"

"구급낭 응급조치하고, 가평읍에 성심외과. 우선 거기로 가자."

성 원장이 소리쳤다. 순식간에 일어난 일이라 모두 정신을 차릴 틈도 없었다. 그러나 인희는 그 순간 성규가 자신을 구하려 몸을 던져 멧돼지와 싸운 것을 이내 알아차릴 수 있었다.

*****

성심외과.

"어떻습니까? 의사 선생님!"

"네, 다행히 뼈에는 이상 없습니다. 살갗만 찢어졌습니다. 음… 멧돼지는 뼈를 부서트릴 만큼 치악력이 무시무시하죠. 천만다행입니다. 왼팔에 뼈까지 물렸다면 매우 큰 부상을 당하실 뻔했습니다. 치명상은 다행히 없는 듯합니다. 3주 정도 치료하면 정상 생활이 가능하겠군요."

"아, 천만다행입니다. 성규 팀장, 다행이네. 방문하신 여자분이 안 팀장 아니었으면 목숨도 위태로울 뻔했네. 장하네, 안 팀장!"

성 원장은 성규가 막아 준 것에 대해 내심 매우 고맙고 자랑스러운 마음이 들었다.

김 목사와 인희가 급히 성심외과로 들어왔다.

대절한 버스의 교우들을 춘천으로 먼저 보냈다.

"안 팀장님 고마웠어요. 팀장님 아니었으면 전 큰일 날 뻔했어요."

"별말씀을요. 정말 다행입니다. 큰일 없이 지나가서요."

"정말 고마웠어요! 저 때문에 큰 위험에 처하실 뻔했어요! 상처는 어떠세요?"

"의사 선생님께서 그렇게 깊이 물리지는 않아서 천만다행이라고 하시더군요. 뼈까지는 물리지 않았다고 알려 주셨습니다. 다행히 곁에 분들께서

도와주셔서 위험은 비켜나갔습니다."

"네, 정말 다행이에요!"

인희는 환하게 웃으며 성규에게 고맙다고 인사했다. 티 없는 그녀의 환한 얼굴에 왼팔이 쑤시는 아픔이 소멸되는 듯하였다.

생활 환경이 좋은 가정에서 자라났다는 것을 직감적으로 알 수 있었다. 자신과는 너무나 다르게 살아온 티가 역력히 배어 있는 그녀의 모습….

자신의 빈약한 처지를 잘 알고 있는 성규는 여자 친구라고는 생각지도 못한 채 그날그날을 살아가고 있었다. 그런 그에게 앞에서 환하게 웃는 그녀는 잠시나마 마음을 들뜨게 하기에 충분하였다.

"고마웠어요!" 인희는 재차 고마움을 표시하였다. 왠지 모를 쑥스러움과 함께 그 짧은 조우의 순간에서도 마음 한쪽에서는 혼자만의 괴로움이 스며들고 있었다.

'나하고는 다른 세상을 살고 있을 거야….'

*****

춘천.

크진 않지만 공지천을 낀 의암호반에 위치한 정감 있는 도시. 강촌길은 각양의 카페들이 있고, 가평으로 연결되고 끝에는 남이섬이 있는….

성규는 '로즈'로 발걸음을 옮기고 있었다.

카페 로즈.

춘천에서 번화가인 중앙로의 명동 입구 근처에 있다. 그리고 젊은 층에서 자주 찾는 곳으로 청춘들의 장소로 잘 알려져 있다.

둥근 원탁과 체크무늬 테이블보, 그리고 투명한 유리병에 꽂힌 붉은 생화 장미 한 송이가 일품이었다.

성규는 카페의 싸리문을 천천히 열었다. 이런 곳은 말로만 들어봤고 성규에겐 난생처음이었다. 분위기가 물씬~ 낯설지만 이내 정감을 느끼기에 충분하였다.

어색한 몸짓으로 사방을 둘러보았다.

창가 테이블에 그녀가 앉아 있었다. 인희는 로즈의 출입구 싸리문을 열고 막 들어선 성규를 보았다. 그리곤 환한 미소로 바라보았다.

제 16 장

Say Say it

천천히 걸음을 옮겼다.

"안녕하세요!"

"네!"

기품 있어 보이고 티 없이 자란 상류층 집안의…. 그런 모습에 다소 충격을 받았다.

"인희 씨도 무사하시고, 저도 상처도 잘 아물고 다 나았습니다."

"네! 정말 고마웠어요! 오늘 꼭 차라도 한잔 대접해 드렸으면 하는 마음에서 뵙자고 전화했어요."

"네! 그간 감사의 말씀, 전화 잘 받았습니다. 이제는 이렇게까지 안 하셔도 됩니다만…."

"아… 그렇지만 어찌 몇 마디 전화로 끝날 일이겠어요? 제 생명의 은인이시잖아요!?"

그녀는 눈을 동그랗게 뜨며 성규를 응시하였다.

"차는 무엇으로 하시겠어요?"

"글쎄요… 별로 마셔 본 일이 없어서… 같은 걸로 하지요."

"네, 그럼 모카로 하죠."

"네."

"저… 이런 질문 드려도 되나요?"

"괜찮습니다. 하시고 싶으신 말씀 있으시면."

조용하고 담담히 무표정한 태도로 대답했다.

"성규 씨는 왜 산림원에서 일하시게 되셨는지요…?"

"네?"

"성규 씨에게 어울리지는 않는 것 같다는 느낌이 들었어요…. 무슨 이유라도? 제가 불편한 질문을 드렸나 봐요…."

"아닙니다, 괜찮아요…. 인희 씨는 제가 보기에는 아픔을 모르고 지내오신 분 같군요. 저와는 다르게 살아오신 것 같습니다."

"음… 저라고 특별난 것 있겠어요? 저도 평범한 사람 중 하나일 뿐이죠."

"그러나 제가 보기엔 가정적으로 큰 어려움 없이 살아오시고, 하고 싶은 것 하실 수 있는 그런 여건에 계신 분 같네요."

그녀는 잠시 미소를 띠더니, "부모님께서 저에게 지원하실 수 있는 정도의 형편은 되셨어요. 경제적으로 큰 어려움은 솔직히 거의 모르고 살았어요. 제가 원하는 것도 다 들어 주셨죠."

"네, 그러시군요. 축복된 가정이신 것 같군요…."

"별말씀을요. 남들과 다르진 않아요."

성규는 묵묵히 입을 다물고 있었다.

"어머니께선 영신교회에서 권사 직분을 담당하세요."

그 말에 성규는 뭐라고 대답해야 할지 순간 앞이 깜깜하였다. 교회란 곳에는 한 번도 가본 일도, 관심 가져 본 일도 전혀 없었다.

"저… 부모님께서는 저를 만나는 것에 그다지 호의적이지 않으실 텐데요. 부모님께서도 제게 직접 전화하셨고 직접 병원까지 오셔서 고맙다는 인사까지 해 주셨고."

성규는 더 이상의 만남은 이어지지 않을 것이라고 직감하고 있었다. 그녀는 묵묵히 들을 뿐.

이윽고,

"저 솔직히 말할게요. 성규 씨와 좀 더 대화나 만남의 시간이 필요할 것 같아요."

"… 그게 무슨 뜻인지…."

"친구나 오빠처럼 지내면 안 될까요?"

"네에~?? 진심이에요?" 아니…?? 그, 그게 가능하지가 않아요."

"왜요?!"

"그냥 그럴 것 같네요."

성규는 인희의 물음에 무겁게 대답했다.

"음… 너무 세상 사람들 시선에 신경 쓰지 않으면 되죠?!"

"……."

성규는 여전히 묵묵부답으로 있었다.

그녀가 다시 운을 뗐다.

"성규 씨! 너무 자기를 비하하지 마세요."

이 말에 깜짝 놀란 성규는 인희를 바라보았다.

왠지 야무진 데가 있는 여자로 보였기 때문이었다.

인희는 말했다.

"아직 시간은 많이 있잖아요."

"세상이나 사회는 냉정합니다. 피도 눈물도 없죠. 인희 씨는 그걸 모르는 것 같군요." 성규는 계속 말을 이었다.

"난 그런 환경 속에서 살았어요. 어린 시절부터 이런 나와는 다르게 인희 씨는 아픔이 무언지 그걸 아직 모르시는 것 같군요…. 전 아버님도 일찍 돌아가시고 집안은 풍비박산 났고요….".

그녀는 묵묵히 앞에 있는 남자가 하는 말에 귀를 기울이고 있었다.

"다 말하죠. 인희 씨 보기에 내가 어떻게 보일지는 모르지만, 난 아무것도 없는 빈껍데기 놈이요. 난 고등학교도 졸업 못 했고 고교 입학한 그해 여름에 아버지께서 쓰러지셨고, 집안은 비극의 연속으로 고교 1학년에 자퇴했어요. 세상의 쓴맛을 너무 일찍 맛봐야 했고….

아버님 돌아가시고 가족들 모두 뿔뿔이 흩어질 정도였어요. 겪어 보지 않은 사람은 몰라. 이 정도만 말할게요. 난 희망 없는 놈, 배운 것도 가진 것도 그야말로 최악의 상태인 놈입니다."

그녀는 계속 묵묵부답으로 듣고만 있었다.

잠시 시간은 흐르고….

"하지만 시간이 아직 많이 남아 있어요. 빈손에서 자수성가한 사람들 우리 주변에 많잖아요. 넉넉한 환경에서 태어난 사람들보다도 더 성공한 사람들도 많아요."

"난 그저 세상사 안 보고 조용히 산골에 묻혀, 내가 보고 싶은 책이라도 사서 읽는 낙으로 하루하루 그렇게 살고 있는 세상 도피자일 뿐입니다. 그게 나의 전부이고… 이런 나를 누가 좋아하겠어요?!"

거칠게 대답했다.

"너무 자신을 비하하지 마세요. 너무 비관적으로 세상을 보는 것 같아!"

"그렇지만 내겐 갈 길이 없어요."

"누구나 자신만의 소질과 재능이 있는 법이에요. 하나님께서는 누구에게나 다 각각의 능력과 특성과 소질을 주셔요."

그녀는 조용히 미소를 지었다.

"난 속 빈 강정이요. 추켜세우지 마요."

성규는 퉁명스럽게 말했다.

"하나님? 난 그런 데에 관심 둘 만큼 여유 없어욧!"

단호하게 대꾸했다.

"성규 씨는 마음씨도 좋은 것 같아. 외모뿐만 아니라, 호호호!

더구나 나를 죽음에서 구해주셨잖아요! 그 같은 급박한 상황 속에서 자기 몸을 던져 남을 구하는 행동은 아무나 쉽게 할 수 있는 것이 아니에요! 아무리 배운 것 많고 돈 많고 그러면 뭐해요? 위급한 순간에 등 돌리는 남자, 그런 남자 난 싫어. 자기 몸을 던질 수 있는 성규 씨 같은 사람이 난 좋아!"

진솔한 그녀 앞에서 깜짝 놀랐으나 아무 말도 할 수 없었다.

긴 침묵 속…. 테이블 창가는 땅거미가 붉게 물들어 가고 있었다.

감미롭게 퍼지는 Bette Midler의 〈The Rose〉.

아무 말도 하지 않았다.

흐르는 음악에 기대었을 뿐.

<<Say Say it>>

창가에 커튼

저녁놀 물들고

붉은 체크무늬 원탁 위엔

청아한 순정이

땅거미가 창문을 연다.
만나자는 약속은 하지 않았다.
재회의 새끼손가락을 걸진 않았다.

흐르는 음악에 몸을 기대며
저 오솔길목에 서 있다.

마음의 끈을 쥐었고
빨간 장미 한 송이가 힘차게 주먹 잡고
말은 없었지만 소곤소곤
내일을 꿈꾸었다.

누군가 하는 말 들리진 않아도
반짝거리는 눈으론 듣는다.

떠나야 한다 하지만 돌아와야 하리

그래!
언젠간 말야

그립다.

장미꽃 가지 하나 꺾어 내게 주오
그 자리에 놓으리라
투명한 유리병 한 송이 꽂으며
외롭다.

말하진 마세요

… 아무도 바꿀 수 없다고 그때
당신도 그렇게 말했어요
바로 당신이었지 않나요?

… 다시 돌아가요 이렇게 잃어버릴 순 없어요!
없어진 길에 서서
식어 버린 꿈 슬픈 추억을
이젠 잊었나요?

이해해요 하지만 싫어요
소리치세요!

붉은 체크무늬 원탁에 그리움
지금도
그 자리에 있어요

한 송이 꿈
빨갛게 물들였던
우리가

제17장

Say Say it

두 사람은 카페를 나왔다.

"인희! 어디로 가는 거니?

"응, 오빠! 공지천에 가서 저녁 살게~"

"공지천?"

"응, '로키하우스'라고 있어. 스테이크 잘하는 집이야. 수프 맛이 최고야
~"

"그래?"

"오늘 많이 먹어야 해! 오빠를 위해 특별히 가는 곳이야!" 하며 씽긋 웃
었다.

인희는 대학 2년생 21살, 성규는 23살.

성규는 군대부터 일찍 다녀오자 해서 전역 후 서울에서 정착해 보려 했
으나, 갈 곳 없고 집안은 여전히 풍비박산에서 헤어나지 못하고 차라리 산
속 생활이 속 편하리니… 이곳으로 다시 오게 되었다.

공지천교를 건너자 바위가 장식되어 있는 레스토랑 겸 술집. 초저녁이

지만 드문드문 몇몇 테이블에 사람들이 보였다.

"오빠! 수프 먹어 봐. 여기 수프 맛이 최고야. 춘천에서~"

인희 말에 성규는 말없이 스푼으로 떠 입에 가져갔다. 양식이 뭔지? 수프란 것도 처음 먹어 본다.

포크와 나이프를 어느 손에 쥐어야 하는지도 몰랐다. 입속에선 여태껏 맛본 일 없는 색다른 이국의 맛이 감돌았다.

"음, 맛나네."

"응. 맛 괜찮지?" 인희도 수프를 뜨며 물었다.

"맛 좋다!"

비프스테이크란 것도 난생처음이고. 이국적 색다른 맛….

어느덧 땅거미가 사방에 내려앉았다.

"맥주 두 병만 시킬까?"

"응, 그래."

"오빠 주량 세?"

"아니, 거의 못 해. 체질적으로."

"나도 잘 마시지는 못하지만 한 병은 마실 수 있어."

"응, 나도 한 병은 마셔."

"생맥주보단 병맥주가 더 순한 것 같아. 마시기도 좋고."

"응."

흰 셔츠에 나비넥타이를 맨 웨이터가 맥주 두 병을 갖고 왔다. 인희가 맥주를 가득 따라 하나를 성규 앞에 내밀었다.

성규는 인희가 내미는 잔을 받으며,

"자, 건배하자! 인희의 건강을 위하여!"

"오빠의 건강과 앞날을 위하여!"

"쨍그랑~!"

"오빠! 자책하거나 기가 죽거나 하지 마."

"응, 고맙다! 그렇게 말해 주니. 그러고 보니 인희가 나보다 더 어른 같다."

"뭐~ 어른은~ 나도 세상을 아직 몰라. 그리고 내게 너무 거리감 가지지 마??"

"그러나 내 처지가 초라하지, 솔직히."

"아냐. 그날 그 위급한 순간에 몸을 던질 수 있었던 거, 아무나 쉽게 못 해…." 인희는 여전히 진지한 표정을 지었다.

"사람은 교육받는 기회도 가져야 사회에서도 뒤떨어지지 않아. 그렇지만 그보다 더 우선하고 귀한 것이 있어."

"으음 그래? 그게 뭔데!"

"배우는 것도 필요하고 돈도 벌어야겠지만, 자기 이득 계산하고 오로지 그 계산 속에서만 사는 것이 삶의 전부는 아냐. 오빠를 만난 것이 자꾸 운명 같다는 느낌이 들어. 나 많이 생각해 보고 하는 말이야!"

성규는 인희가 하는 말을 묵묵히 듣고만 있었다. 인희의 표정은 심각하였다. 인희는 잠깐 말문을 닫았다.

"……."

"왜 아무 말이 없어!"

잠시 시간이 또 흘렀다. 이윽고 성규가 입을 떼었다.

"인희, 우리 사이에 벽이 있어."

"무슨 벽?"

"살아온 방식이 달라. 그리고 처한 환경도."

"난 오빠가 너무 자책하며 앞날을 외면하듯 사는 거 싫어. 사람 잘나 봐야 얼마나 잘나겠어? 엄마 배 속에서 다 배워서 나오는 사람 없어. 무일푼에서 부를 일군 사람들도 있고, 독학으로 배운 사람들도 많고 발명품도 개발하잖아. 대학 졸업했다고 다 잘되는 것도 아니고, 대학원 나왔다고 인생사 전부 아는 것도 아니고, 다 성공하는 것도 아니잖아?"

성규는 아무 말도 하지 않고 묵묵히 그저 듣고만 있었다.

성규는 인희를 바라보았다. 그러자 인희도 성규를 바라보았다.

그리고 한마디가 던져졌다.

"눈물 흘려 봤어?"

성규의 예상치 못한 물음에 인희는 갑자기 말문이 열리지 않았다.

"눈물??"

"……."

"그게 무슨 뜻이야?!"

"이 허벅지 뼈를 긁어 버린 눈물 말야…."

"오빠 허벅지 뼈를 긁었다구? 아… 니…. 그게 무슨 뜻이야??"

성규는 말끝을 흐렸다.

인희는 잠시 생각 속으로 들어가는 듯했다.

잠시 후….

"음 … 알겠어. 무슨 뜻인지…."

인희는 알아차렸다는 듯 고개를 끄덕였다.

"하지만 너무 아픔만 생각하지 마. 내일의 꿈도 있잖아?"

"응, 그렇지. 근데 내겐 너무 커 아마 평생을 짊어져야 할 아픔이 되겠지…."

"무슨 아픔인지는 모르겠지만 밝은 태양도 바라볼 수 있는 현명함도 필요해."

"그래 인희 말이 맞지. 이제 잊고 내일을 향해 가야 하는데 그게 잘 안 돼. 그러다 보니 세상사 보기 싫을 때도 많고…. 그래서 산림원에서 나무하고 숲속에서만 사는 게 속 편했는지도 몰라. 벌써 6년 전 일이야. 내가 처음 발 디딘 게 17살 때야 그때가…."

인희는 흠칫 놀랐다.

"17살?! 응… 그랬었구나. 그래서 학업도 포기하고 그런 상황이 됐었구나 오빠가…. 음, 오빠 마음 알겠어. 이해가 돼. 내가 너무 내 생각만 했나 봐. 내가 그런 상황에 처했다면 나도 많이 괴로웠을 거야."

그녀는 그제야 바로 앞에 앉아 있는 성규라는 남자를 조금 이해하는 듯했다. 인희는 비워진 성규의 술잔을 다시 채웠다. 심각한 듯 서로 간에 몇 잔이 오갔다.

"시간이 많이 갔네. 이만 집에 가 봐야지."

"응, 다음에 또 만나. 약속하는 거지?"

인희는 미소 지으며 말했다. 성규도 웃으며 말했다.

"그래, 또 만나면 좋은 얘기도 하자. 오늘 너무 어두운 얘기만 한 것 같네."

"응, 그래. 다음엔 우리 가까운 데 놀러 가자! 아니면 같이 영화 보러 갈까?"

"영화? 영화 좋지. 나도 영화 보는 것 무척 좋아해. 영화광이야. 내가 표 살게."

"응, 육림극장에서 만나면 되겠다. 거기에서 만나 오빠!"

"그래, 그러자."

"택시 타고 가."

로키하우스를 나와 도롯가에 택시 승강장으로 걸었다.

"어서 타, 택시비 내가 낼게."

인희는 택시 기사에게 가평산림원까지 비용을 물어보면서 먼저 지불하였다.

"택시비 내게 있는데…."

"내 성의야. 거절하면 나 화낼 거야."

"그래. 그럼 잘 타고 갈게."

"응, 그럼 다음에 또 만나는 거야! 알았지!"

"그래~"

인희는 손을 흔들어 작별을 하였다.

성규도 창밖으로 손을 내밀고 흔들며 미소 지었다.

뒤 창문을 통해 인희를 바라보았다.

인희는 택시 속 성규에게 계속 손을 흔들고 있었다. 택시가 커브 길을 들어서자 성규는 그제야 몸을 바로 돌려 앉았다.

지나온 인생길…. 암흑의 먹구름이 많았다. 성년이 된 지금까지 그 먹구름 속에서 아직 벗어나지 못하고 있다. 세상 도피자일 뿐, 그런 그에게 생각지도 못한 만남. 그녀는 정말 나를 가장 가까운 사람으로 보는 걸까….

총총 별밤, 강촌길을 지나서.

택시는 까맣게 어둠 내린 가평 산골로 빨려 들어갔다.

제 18 장

조소(嘲笑)

뒷좌석에 푹 파묻혀 골똘히 생각에 빠져들었다. 택시는 까맣게 변한 밤하늘 먹구름이 짙게 내린 비포장 산골을 달리고 있었다.

"강촌길 지날 때만 해도 하늘에 총총 별도 많건만, 여기 하늘은 왜 이리 어둡지? 잔뜩 흐리고 우중충하네. 달도 안 보이고 별도 안보이고…." 기사가 한마디 내 던졌다.

"네, 정말 그러네요." 성규도 차창을 통해 밖의 하늘을 보았다.

"거 괜히 으스스하네, 그려."

"기상 상태가 이쪽으론 좋지 않은가 보네요."

"음, 그런가 보이. 내가 이 산길 밤손님 태우고 여러 번 다녔는데 오늘처럼 깜깜한 밤 앞을 분간 못할 정도의 흐린 날도 처음이구먼. 오늘 왠지 유난스럽네그려."

나이 지긋해 보이는 기사는 얼굴을 찡그리며 말을 토해냈다.

산림원 입구 냇물다리 앞에 도착했다.

"조심히 가세요. 잘 왔습니다."

두 줄기 헤드라이트는 까만 밤을 헤치며 멀어졌다.

숙소 침상에 누운 성규는 오늘 만남을 조용히 떠올리며 잠을 청했다. 꿈을 꾸었다. 꿈속에서 왼쪽 다리를 절뚝대고 있었다. 정처 없이 길을 걷고 있었다. 어디인지는 모르지만 환하게 웃는 사람들을 만났다. 그들은 멋진 옷을 입고 장식으로 잘 꾸며진 무대 위로 올라가고 있었다.

"저기가 어디야?"

저 무대에 올라가야겠다고 생각해 절뚝대며 다가갔다.

계단은 대리석으로 호화스러웠고 잘 만들어져 있었다.

성큼 첫 계단에 발을 디뎌 오르려 했다. 그런데 올라갈 수가 없었다. 절뚝대는 한 다리로선 디딜 수가 없었다. 첫 번째 대리석 계단에 절뚝대는 왼 다리부터 올려 오르려다 그만 와당탕~ 뒤로 나자빠졌다. 다시 이번엔 절뚝대는 왼 다리로 서서 오른쪽 다리를 먼저 계단에 올려놓으려니 절뚝대는 왼 다리가 버텨 주질 못했다.

"으음… 안 되겠다. 다른 통로는 없나?"

두리번거리는데 다른 사람들은 옆을 무심히 지나치며 무대 계단으로 재잘거리며 즐겁게 올라갔다. 그런데 비아냥거리는 소리가 들려왔다.

"아니 저 사람은 뭐야? 왜 여기 왔지?"

"길을 잘못 들었나 봐, 호홋~"

"저런 사람이 올 곳이 아닌데."

"누가 좀 가르쳐 줘야겠어. 뭘 모르는 사람 같아."

"저 꼴이 뭐야, 에이~"

그러더니 큭큭 웃는 소리가 성규 귀에 들려왔다. 어느새 사방은 조소 섞인 눈빛이 에워쌌다. 다른 계단을 찾았다. 그러나 없었다.

무대 벽으로 곧장 기어 올라서기로 마음먹었다. 왼 다리를 절뚝대며 무대 난간 벽으로 다가섰다. 그러곤 두 손과 팔로 무대 난간을 꽉 부여잡아 끙끙대며 오르려 애썼다. 그렇게 어느 정도 오르니 올라갈 것 같았다. 마지막 안간힘을 썼다. 그렇게 거의 상체가 올려지고 이제 오른 다리만 위로 걸치면 되는 것이다.

그때, 멋진 제복을 입은 남자가 다가왔다. 그러곤 성규의 손과 팔을 발로 꾹 밟았다. 그러곤 툭 쳐냈다.

"악~~"

성규는 아래로 나가떨어졌다.

"으앗~" 몸을 추스르며 잠자리에서 부스스 일어나 앉았다.

"으음… 기분 나쁜 꿈이네!"

세면실로 향하였다. 차가운 물에 세수를 했다. 순간 인희가 오는 일요일 춘천 육림극장에 영화 보러 가자고 한 약속이 떠올랐다.

산림원 성 원장이 보너스 휴무일을 더 주기로 했기에 시간은 낼 수 있었다. 창문을 열었다. 아직 산속 사방은 까만 어둠이 짙게 내려 있었다. 다시 창문을 닫았다.

"이상한 꿈이었어."

"음…." 왼쪽 다리를 만져 보았다.

"온전하잖아?" 손으로 만져 보고, 일어났다 앉았다 걸어도 보았다.

"아무렇지도 않잖아?"

이런 꿈은 처음이었다. 그녀를 만나고 꿈을 꾸고 "무대가 참 멋졌는데 그 무대를 올라가려 했는데…."

사방에서 날아오는 조롱과 야유 무대 벽에 겨우 기어올라 거의 다 올라

갔는데, 웬 사람이 나타나 내 손을 꽉 밟았어. 은둔한 도피자일 뿐 푸석댕
이 같은 놈, 그런 놈이 어느 날 고상한 집안의 딸과 애인이 된다고? 가당찮
아 이루어질 수 없어! 빨리 정리하고 내가 사는 이대로 이렇게 조용히 살면
되는 거야. 그래! 어떤 날에 잠깐 졸았는데 꾼 홍루몽(紅樓夢) 같은 것이야.
러브스토리? 현실은 러브스토리를 인정 안 해!

　환경과 역경을 뛰어넘으라고? 난 그런 특별한 사람이 못 돼.

　인희를 만나게 되면서 요 며칠 사이 심각하게 자주 생각하게 되었다. 자
신의 정체성 따위를 생각해 볼 틈도 없었다. 그저 살기 바쁘고 못다 한 공
부를 틈틈이 하랴, 읽고 싶은 책 사서 읽으랴 바쁘게 지내 왔지만 말이다.

　그런 성규에게 인희와 만남은 일대 사건이었다.

　이건 현실이다. 꿈이 아니다.

　그녀가 구원의 밧줄이라도 던지고 있는 것일까?

　그녀는 나침반을 갖추고 든든한 철선의 엔진을 가졌지만, 난 작고 낡고
난파된 목선에서 떨어져 나가 떠다니는 판자떼기일 뿐야.

제 19 장

악령(惡靈)

"낄낄낄~~~"
"낄낄낄낄낄~~~~~~"

악령들이 웃고 있다.
그것들은 킥킥대며 조소 섞인 비아냥을 퍼붓고 있었다.

"저기 저놈 꼴 좀 보라구~"
"제깟 주제에, 깔깔깔~"
"깔깔깔~"
"깔깔깔~~"

"담무스(Tammuz), 우리의 왕이시여! 경배받으소서~!"

악마 떼거리들은 담무스 앞에서 게걸대며 납작하게 엎드렸다.

"오, 그래. 낄낄낄~~~ 내 너희들의 경배를 매우 기뻐하노라~!"
"왕이시여~ 오랜 옛적부터 이 땅은 우리의 왕 담무스(Tammuz)의 소유였

나이다!"

악마 떼는 크게 소리쳤다.

"왕이시여~ 저딴 놈, 단숨에 없애시지 왜 놓아두시나이까? 이 땅 지구와 2층천까지는 담무스 왕께서 주인으로 다스려 오지 않았나이까! 주저하지 마소서!"

"저 성규란 놈 저대로 놔두면 반드시 나중에 우리의 왕 담무스께서 하시려는 크신 계획에 걸림돌이 될 것이 분명하나이다. 검은 하늘의 왕이시여, 저놈을 치소서!"

악령 떼는 더욱 소리를 드높였다.

"어서 치소서! 어서 치소서!"

악령들은 계속 성규를 없애라고 그들의 왕 담무스에게 상소하고 있었다.

"으~~~ 내 너희들의 원(願)을 잘 아노라. 잠시 좀 더 두고 볼 게야. 저것 '둘'을 유심히 관찰하고 있노라~"

담무스는 새까맣게 모여든 악마 떼에게 크게 소리 질렀다.

"우리들의 왕 담무스께서 하시는 역사에 경배드리나이다."

악령 떼는 담무스에게 연신 조아리며 경배하였다. 담무스는 새까맣게 모여든 악마 떼에게 크게 소리쳤다.

"나 담무스는 광대하고 억겁의 시간 복수의 칼을 갈며 이 땅과 세상을 지배하여 왔노라. 난 지구를 사람에게 내어주지 않을 것이야. 사람으로부터 온전히 빼앗을 책략을 세웠노라. 나의 뜻대로 그 동산의 두 사람을 완전히 속였고, 내 계략대로 이 땅 지구별을 내 손아귀에 넣었다. 그런데 나 담무스가 이루고자 하는 완전한 나의 목적에 거부하며 나에게 항거하는 사람들이 생겨났다. 바로 저 '인희'처럼 살아가려는 사람들이다!"

"그… 나사렛(Nazareth)의 목수(木手), 인자[3]만 아니었다면…. 으으으~~~
이 땅에 속한 모든 창조물은 이미 다 내 소유가 되었을 텐데! 우~~ 우우우
우~~~"

담무스는 이를 빠드득 갈며 주먹을 불끈 쥐었다.

"으으으~~ 난 나의 나라를 다시 되찾을 것이야~~~ '선악을 알게 하는
나무'와 '생명나무'가 있는 그 동산의 중앙에서 나의 계략은 적중했고, 인
간의 조상과 후손들까지도 완전히 내 수중으로 떨어지게 하였노라.

사랑하는 나의 악령 군병들아! 너희들은 인희 같은 인간들보다 두 배나
더 노력하라! 알겠느냐!"

"오, 담무스 왕이시여! 경배받으소서!"

새까맣게 모여든 악마 떼는 다시 발광했다. 그리고 떠들어 댔다.

"우리 악령들은 두 배, 세 배 더 노력하여 인간들을 하나도 남김없이 '멸
망의 장소'로 끌어 오겠나이다. 하찮은 인간보다야 우리 악마들이 훨씬 우
월하지 않습니까?"

그러더니 악령들은 자기 몸에 상처를 내고 흉기로 온몸을 그으며 괴성
을 내고 발광하며 드세게 날뛰었다.

"오 우리들의 체룹[4] 이시여, 천상에서 대천사장으로서 우리들의 지도자
셨습니다. 하늘에 온 천사들을 호령하셨지 않았나이까~~! 어서 이 땅 지구
에 모든 사람을 우리 악마들의 손에 떨어지게 하소서!"

"내 너희들의 소원을 꼭 성취시켜 주겠노라. 그 동산에서 쫓겨난 인간들
을 우리의 세상으로 얼마나 떨어지게 하였는지 너희들도 보았지? 난 거기
에서 늘 기다리고 있노라, 낄낄낄~~~~"

---

3) Nazarene = 나사렛 사람 = 人子 = 사람의 아들 = the Son of Man

4) 체룹(Cherub): 케룹 = 크룹 = 그룹(한국식 발음), 가장 상위급 천사, 대천사.

"엘로힘(ELOHIM, 하나님, 여호와, 야훼)의 창조물들을 끝까지 파멸시킬 것이야. 그 동산을 회복 못 하게 막아야 해. 떨어지는 사람들…. 그 멋진 광경을 나 담무스는 즐겨 보고 있노라. 으흐흐흐흐~~~ 내 눈에 가시, 매운 연기인 '인희' 저것을 그냥 놔두지 않을 것이야! 낄낄낄낄~ 으흐흐흐흐~~ 그리고 성규 저것은 나사렛(Nazareth)의 인자(人子)가 전하는 길 '천상의 장막절(帳幕節, Sukkot)'에서 벗어나게 만들어야 해. 그래서 '후매네오'나 '필레토'처럼 비속하고 하늘의 도(道)에서 벗어나서 속이는 말을 종양처럼 퍼뜨리는 그런 배도한 자로 만들어야 해! '모세'를 대적한 '얀네'와 '얌브레'같이 부패하게 만들어야 해! 얘들아, 알겠느냐?"

"아무렴요, 그렇고 말굽쇼~"

악마 떼는 서로 맞장구치며 큰소리로 대답하였다.

"우리들의 왕이시여, 이 하늘과 이 땅은 담무스께서 소유하소서! 인간 누가? 담무스의 지배나 명령을 거부할 자가 누구니이까? 담무스가 주는 그 능력을 누가 외면하겠나이까 인간들에게 뿌리소서! 뿌리소서!"

악마들은 소리를 더더욱 드높였다.

"얘들아~ 너희들은 먼 먼 옛적 창세 때, 1층천인 이 지구 땅을 야훼[5]가 펼쳐 놓기 그 이전부터 셋째 하늘(제3층천, 천국)에서 나의 뜻에 따라 나와 같이 행동하지 않았느냐?"

"네 아무렴요~ 그렇고 말고요."

"너희들과 나는 천상에서 큰 전쟁을 치렀노라. 천군 천사들과 맞서서 힘을 다해 싸웠노라. 비록 패퇴하여 2층천과 1층천인 지구로 내쫓겨났지만 말이다. 그 전쟁 때 미가엘(Michael The ArchAngel) 천사장 그에게 패퇴한 걸 생각하면 지금도 속이 부글부글 끓는다! 패퇴하고 쫓겨난 너희들과 나

---

5) 야훼(YHWH): YAHWEH = ELOHIM = 하나님 = 여호와(Jehovah)

는 아름다운 천사의 지위를 모두 박탈당하였고 이 처참한 꼴로 바뀌었으니 이 얼마나 통탄할 일이더냐 ~"

"천국에서 체룹(Cherub)이었던 나는 너희들과 힘을 다하여 창조주 엘로힘(하나님)에게 계속 대들었고, 결국 엘로힘으로부터 쫓겨났다. 그 후 이렇게 2층천[6]과 1층천(지구)에서 떠돌이로 현재 살고 있지만 말이다.

엘로힘(하나님)으로부터 쫓겨난 그 화풀이를 2층천과 1층천(지구 땅)에 퍼붓고 저주하고 또 저주하고 다 망가뜨리자 얘들아~~ 으흐흐흐흐~"

"2층천의 모든 별을 파괴하고 지구 땅에 인간들까지 모두 다 파괴하는 것이 나와 너희들의 유일한 낙이지 않으냐? 안 그러냐, 얘들아~~~"
그러자 악령 떼는 더더욱 길길이 날뛰었다.

"그렇지요, 그럼요. 그렇고 말굽쇼~"

천상(3층천, 천국)에서 하위급 천사들로 담무스(사탄, 배도한 체룹, 대천사 중 하나)와 함께 하나님께 대들며 배도에 같이 참여했다가 담무스와 함께 천상에서 쫓겨난 하위급 천사들(졸개 악령들)도 연신 떠들어 대며 길길이 날뛰었다.

"나는 나의 이름을 인간들이 신처럼 떠받드는 담무스(Tammuz)로 바꾸었다. 내가 왜 담무스로 바꾸었는지 너희들도 잘 알고 있겠지?"
악령 떼가 일제히 합창하듯 대답하였다.

---

6) 2층천: 3층천(천국)과 1층천(지구)의 사이.

"그것은 '담무스'가 '하나님의 아들'이라고 인간들이 알고 있기에 그렇지요. 인간들을 속이기 위함입니다요~ 낄낄낄~~~~~~"

악령 떼거지들은 음흉하게 게걸대며 소리치고 웃고 떠들었다.

"2층천과 인간들이 사는 1층천인 이 지구별을 나 담무스가 신(神, 하나님)으로 행세하며 오랫동안 지배하여 왔노라. 먼 억겁의 옛적 천상에 우리가 있을 때 미가엘(Michael The ArchAngel)과 천군 천사들과 큰 전쟁을 벌인 그때 너희들은 나를 완전히 따랐노라.

비록 분하게도 패주하여 쫓겨났지만 말이다. 이제 2층천과 지구 땅(1층천)마저 '미가엘'과 '천군 천사들'과 인희 같은 사람들에게 패하면 우리는 갈 곳이 없다. 분발하여야 하느니라, 나의 악령 군대들아~!

그리고 나사렛의 인자 그에게 '인희와 성규' 같은 인간들이 하나둘 점점 그 숫자가 늘어나고 있으니, 이대로 가면 우린 끝장이다. 이대로 물러설 순 없다. 이러할진대 너희 악마들아 두 배 세 배 힘써 분발하여 인간들을 꾀어내고 속여 '영벌의 장소'로 열심히 던져 넣어야 한다. 알겠느냐~~~!?"

"예~ 열심히 일하여 인간들을 모조리 우리 악령들이 거하는 '절망과 흑암의 늪(멸망의 장소, 영벌의 장소)'에 떨어지도록 최선을 다하겠나이다, 우리의 왕 담무스시여!"

"나 담무스가 말하노라. 내 뜻을 따르는 인간들에게는 이 지구 땅에서 사는 동안 자고(自高)를 줄 것이요, 내게 거역하여 나사렛의 목수 그 인자에게 돌아서서 그에게로 가는 사람들에게는 '욥의 집안'처럼 처절하게 파괴시킬 것이야~"

그러자 마귀(악령, 악마)들이 합창하듯 목청을 드높였다.

"누가 담무스가 주는 그것을 거부하겠나이까? 그걸 거부하는 사람은 없나이다. 그리하소서, 그리하소서."

"인희 저것은 내가 직접 나서겠다. 저놈 성규는 내가 쳐 놓은 덫에 걸려 넘어질 게니 너희들은 구경만 하면 된다. 내 술수에 안 넘어간 인간들이 있더냐? 으흐흐흐~ 제 놈 처지가 고생스럽고 빈궁하고 인간 사회에서 천시, 무시받는 낙오자이니까, 그 점이 저놈의 약점이니 그걸 계속 공략하면 제 깟 놈 버텨 봐야 얼마나 버티겠느냐. 안 그러냐?"

"오~ 왕의 지략이 넘치나이다~ 그대로 하소서, 그대로 하소서."

"인간 공략법을 크게 외쳐 볼 나의 충복이 어디 있느냐?"

그러자 악령들의 대장 '바벨(Babel)'이 성큼 나섰다.

"오, 바벨(Babel)아! 나의 수제자, 내 너를 매우 아끼노라!"

"오, 왕이시여! 왕께서는 이렇게 하명하셨나이다. 사람의 혼과 육신을 공략하되 특히 혼의 공격법 중 으뜸은 '자고(自高)'와 '속임수'이니 이 '자고(自高)와 속임수'야말로 인간 공략의 최고 책략이라고 가르쳐 주셨나이다."

"특히 인간들에게 악마, 악령, 마귀, 사탄은 없다고 속여라. 하나님은 없다고 속여라. 천사는 존재하지 않는 가상의 동화 같은 상상물이라고 속여라. 지옥이나 천국 따위는 그 어디에도 없다고 속여라. 계속 속여라, 속여라, 속여라! 인간은 진화되었다고 말하고 끊임없이 그렇게 가르쳐라. 진화론을 모든 학교에 널리 널리 퍼뜨려라~~~

인간을 항상 바쁘게 하라. 돌아볼 틈을 허용치 말라.

인간이 서로 시기하고 분파 파벌을 만들어 서로 싸우고 전쟁하게 하여 서로 살육하게 하라. 인간의 육신을 공격해 각종 병을 유발케 하고 정신을 공격해 두려움에 떨게 하고 미치게 만들어라. 인간의 욕심을 더더욱 부풀게 하라. 또는 실패케 하여 희망의 끈을 놓게 하여 낙담하여 미쳐 죽게 만들어라."

바벨과 악령 떼는 연신 떠들어 댔다.

담무스는 흡족한 듯 손을 내밀었다.

"그만하면 충분하노라. 인간들에게 던지는 최고의 미끼이지, 낄낄낄
~~~"

"그럼요, 그게 최고지요. 아무렴요, 그렇고말고요, 으흐흐흐~~~"

그들의 왕 담무스 옆에 있던 바벨(Babel)과 아레스(Ares)는 기가 살아서
더욱 음흉하게 낄낄거렸다.

악령 떼는 짙게 흐린 가평 산골 하늘에 잔뜩 몰려들었고, 성규를 뚫어져
라 노려보고 있었다.

"저놈, 저놈을 잘 이용해야 할 텐데…."

*****

춘천 공지천의 밤하늘은 맑고 총총하였다.

인희는 천천히 공지천교를 걸으며 의암호를 바라보았다. 밤 호숫가의
불빛들이 맑은 하늘의 별들과 서로 잘 어울려 멋진 밤 풍경을 연출하고 있
었다. 여름이었으면 촛불을 켠 밤 보트엔 연인들이 노를 젓고 있을 텐데….
성규랑 저 밤 보트에 연인이 되었을 텐데….

오늘 성규와 첫 만남이나 다름없었다.

공지천교 중간에 이르자 잠시 야릇한 감정에 빠져들어 갔다. 공지천교
오른쪽은 의암호의 지천, 어렸을 때가 문득 떠올랐다.

"우리 인희는 나중에 크면 춘천에서 제일 좋은 집안에 듬직한 사윗감을
만나야지~!"

세상은 장미꽃 만발한 넉넉한 꽃밭의 아늑함이라고 생각하며 자랐다. 빨간 피겨스케이트를 사 달라고, 의암호지천에서 어렸을 때부터 피겨스케이트 타던 때가 생각났다.

춘천에서 제일 좋은 집안 듬직한 남자? 최악의 처지에 놓인 남자를 만났다. 그 남자를 오빠 삼겠다고 먼저 선언하지 않았던가?
"호호호~~~"
인희의 입가에 슬며시 웃음이 흘렀다. 로키하우스에서 택시 태워 보낸 그 남자. 정반대의 그런 남자. 그런데 그 남자와 다시 만나기로 약속했다. 그 남자와의 만남이 단순히 그칠 것 같지 않았다.

택시 승강장을 지나쳐 걸었다. 다른 때 같았으면 서슴없이 택시를 이용하였건만 버스정류장으로 걸음을 옮기고 있었다. 넉넉한 마음으로 천천히 집으로 가고 싶어졌다. 시내버스에 올랐다. 갑자기 낯선 사람들처럼 보였다. 광주리를 갖고 귀가하는 노점상 아주머니들 허름한 옷의 중년들 그다지 밝아 보이지 않는 젊은이들도….

인희는 총총 별밤 속에서 버스 차창 밖 하늘을 바라보았다.

그다지 멀지 않은 석사동엔 더욱 맑은 밤하늘로 바뀌었고 반짝이는 총총 별들이 그녀의 발길을 따라서 집 앞까지 사뿐히 내려오는 것 같았다.

제 20 장

바람과 라이언

오후의 일요일, 육림극장.

몰래 뒤에서 다가가 성규 팔에 팔짱을 꼈다.
"엇~"
육림극장 앞에서 둘은 다시 만났다.
오후 2시, 〈바람과 라이언〉.

성규는 춘천에 도착하자 먼저 명동서점에서 《삼국지》 전집을 샀다. 《수호지》, 《초한지》\도 사고 월간지도 한 권 샀다. 남미 남쪽에 근대판 전설로 찬사와 혹평 속에 있었던 책도 고서적 판매점을 뒤져 겨우 구할 수 있었다.

《천로역정(天路歷程, The Pilgrim's Progress)》도 샀다. 그리고 책 중의 책이라는 《성경》을 난생처음 손에 쥐었다.

준비해 간 가방에 담으니 묵직하였다. 전부 다 1년은 족히 걸릴 것이라 생각하며 어깨에 둘러메었다. 산림원 당직 근무가 없는 휴무일에는 독서가 일과였다. 당직 근무 때라 해도 특별히 할 일이 없는 날이 많았다. 자리만 지키는 때가 많았으니 시간은 넉넉하였다.

산림원 성 원장도 성규의 요즈음 상황을 잘 알고 있었던 만큼, 호의적으로 편리를 봐주었다. 서점에서 책 구입을 마치고 육림극장에 도착해 입장권 2장을 끊고 인희를 기다리고 있던 중, 인희가 몰래 다가와 팔짱을 꼈던 것이다.

'리바이벌 절찬 상영 중'

"바람과 라이언? 무슨 영화일까… 오빠가 내용 좀 알아맞혀 봐!" 짐짓 어색한 분위기를 바꾸려는 듯 즐거운 표정으로 생기 있게 말을 걸었다. 여전히 모를 거리감은 있었지만….

"음, 한쪽은 바람, 다른 쪽은 라이온이라는 뜻 같아. 실제 있었던 이야기래."

출입구 외부 한쪽에 진열된 영화 전단지를 뽑아 들었다. 1900년대 초 유럽 및 열강 세력의 영토 확장 때 모로코에서 벌어졌던 사건. 모로코 부족 중 한 족장이 미국인 저택을 습격하였고 상당수의 미국인을 죽이고 미국인 갑부인 한 젊은 여자와 그녀의 어린 아들을 납치했던 실제 사건을 영화화하였다고. 강국인 미국에 항거하여 대항한 사건이었다고.

인희는 성규가 들고 있는 영화 전단지를 같이 붙잡으며 쭉 살펴보다가 미소를 지었다.

"아이, 호호호~ 어느 여자의 납치 사건 얘기래. 그런데 실제 있었던 실화? 열강들의 영토 확장? 남녀 간에 사랑 얘기는 아닌가 봐~ 음… 그런데 자신을 납치한 그 남자를 사랑하게 된다는 얘기도 있네. 아참, 재미있겠다

~ 호호호~~~"

인희가 웃음을 터트리자 극장 앞에 모여 있던 쌍쌍의 청춘남녀들의 시선이 두 사람에게로 갑자기 쏠렸다. 성규와 인희는 다른 연인들 틈에서 다정히 극장 안으로 들어갔다.

인희가 초콜릿 2개를 사 왔다.

"아까부터 그 가방 묵직해 보이는데, 책이야?"

"응. 몇 권 샀어. 전부터 읽어 보고 싶었던 책들인데 오늘 다 구입했어."

"음, 독서열! 좋은 일이야. 사람은 책 좀 읽어야 해, 그치?"

"음. 그렇겠지. 정신수양에 좋겠지."

"아, 참! 성경책!"

"응. 샀어! 성경책도 읽어 봐야지. 정말 하나님이 계신지 알아봐야지!"

성규는 진지하게 말했다.

성경책도 구입했다는 말에 기분이 좋아서인지 인희가 바짝 다가서며 말했다.

"모든 책을 읽었어도 성경을 안 보면 헛된 독서라고, 오빠도 그런 말 들어 본 일 있지?"

"응? 그런가? 들어본 것도 같아. 그런데 정말 성경책이 그 정도로 중요하니?"

"그럼, 그렇고말고! 장구한 세월에 걸쳐서 쓰인 책이야. 현재도 수많은 사람들이 읽고 있어. 몇천 년을 계속해서 말야!"

"뭐, 뭐라고? 몇천 년을 계속해서? 그, 그게 정말이니!"

"인쇄술은 독일에서 구텐베르크가 1400~1500년경 발명한 거로 알고 있는데?"

"으응~ 인쇄술 발명은 그래. 책으로 인쇄되기 전 옛날에는 양피지라고 양의 가죽이나 파피루스 같은 것에 일일이 사람 손으로 썼고, 여러 장으로 묶여 전해져 왔어. 낱장 또는 부분적으로 합해져 있기도 하면서 오랜 세월을 내려왔어. 그러다가 중세 때 인쇄술이 발명되자 책으로 대량 인쇄되기 시작했어."

"아, 그렇구나."

고개를 끄덕였다. 성경책이란 것이 있다는 것만 귀동냥으로 들어서 알 뿐, 여태껏 성경의 첫 장도 펼쳐 본 일조차 없었다. 어떤 부류의 사람들이 일요일만 되면 손에 소중히 들고 엄숙한 태도로 교회란 곳으로 가는데, 허리춤에 끼고 정숙한 모습으로 걸어가는 그런 귀히 여기는 책인가 보다 하였다.

그저 오늘 굶지 않고 사는 것이 최선이었다. 교회 가는 사람들을 보면 이런 생각이 들곤 했다.

"젠장… 교회?? 어이구, 팔자 좋은 사람들이나 가는 곳이지. 교회가 밥 먹여 줘? 뭐 십일조를 내라고 한다지? 내야 들어갈 수 있다잖나?? 제길~"

"그런 델 왜 가지? 뭐 살기 넉넉하니, 그런데도 폼 잡고 가는 거겠지!"

"하나님?? 하나님이 있으면 왜 세상 꼴이 이런데?! 먹고살 것도 없는 사람들을 왜 보살펴 주시지 않냐고? 전지전능하다며…? 세상의 비참함… 들…… 하나님? 도대체 어디 계신단 말인가!"

어느 날 한 여자가 친구로 다가왔다.

그런 한편, 궁금하기도 하였다. 도대체 이 책에 무슨 이야기가 쓰여 있다는 것인지.

상영 시간 벨이 울리자 위층에 자리 잡았다.

이국적 풍경과 낯선 분위기 속에서 스펙터클 하면서도 경쾌하게 영화는 전개되었다. 작고 힘없는 한 부족의 족장이지만 자기네 땅을 침범한 열강인 미국을 과감하게 공격하는 주마(走馬) 위의 검객 같은 남주인공의 기품 있는 행동과 용기가 강렬하고 멋지게 그려지고 있었다.

　납치 당한 미국인 여주인공은 언제 죽을지 모르는 상황 속에서도 무서움에 떨거나 살려 달라고 애걸하는 대신, 자신과 자신의 아들을 납치한 적장 앞에서 야무지고 당당하게 처신한다.

　이러한 상황 속에서 두 주인공은 납치자와 피랍자로 조우하였지만 서로를 존중해 준다. 납치당한 미국인 갑부 부인인 여주인공의 마음에는 어느 틈엔가 알 수 없는 연민의 묘한 감정도 싹트게 된다. 또한 같이 납치된 그녀의 어린 아들도 어머니와 자기를 납치한 족장과 같이 지내며 점점 그 족장이 보여 준 용기와 기개 있는 결단력과 행동을 보며, 비록 적이지만 자기 어머니와 자신을 대할 때 기품 있는 언행과 신사다움에 어린 마음에도 그 족장을 공경하는 마음마저 싹트게 된다.

　특히 영화의 압권은 그 족장이 그녀와 그녀의 아들을 납치에서 풀어 주고 돌려보낼 때, 피랍된 그녀가 그 족장을 향한 눈물을 보이고 그녀의 어린 아들 역시 헤어지는 순간 속에서 말 타고 자기 옆을 스쳐 지나가는 그 족장에게 그 족장의 칼을 집어 들어 건네주는 장면은 쉽게 잊지 못할 명장면으로 남았다.

　성규는 감명 깊게 그 영화를 보고 있었다.
　바람… 저 영화 속의 바람??
　라이언~~?

영화가 끝나고 아직 해는 밝았다.

"오빠, 차 한잔해."

극장 옆에 다가온 택시 문을 열면서 인희가 말했다.

"어디 가는데?"

"봉의산자락에 세종호텔. 닭갈비와 막국숫집 있는데 거기로 갈까 해. 찻집도 있어."

'호텔?'

호텔이란 말에 성규는 갑자기 기가 죽었다. 음식값이나 찻값이 매우 비쌀 것 같다는 생각이 순간적으로 성규를 압박해 왔다. 머뭇거리자 인희는 성규를 바라보며 "그다지 비싸지는 않아. 호텔이라고 해서." 인희가 먼저 택시 뒷좌석 안쪽으로 앉았다. 따라 앉을 수밖에 없었다.

성규에겐 호텔은 전혀 다른 나라 이야기처럼 들렸다. 귀족들이나 드나드는 먼 페르시아 왕실 어느 곳처럼.

둘 앞에는 수정과가 놓였다.

쌉싸름한 계피 맛이 마음을 쌩긋~ 씻어 주는 듯하였다.

"오빠, 영화 재밌게 봤어? 어때?"

"한쪽은 바람인데 그 바람은 머물지 않고 흐른다고 하는 남자 주인공의 대사가 인상적이야."

"그럼 라이온은~?"

"미국. 미국이 강국이니까 사자처럼 주변을 호령하여도 바람은 결코 사자를 두려워하지 않는다는 메시지가 있는 것 같아."

"사자가 아무리 강하고 주변을 점령한다 해도??"

인희가 재차 물었다.

"남자 주인공을 왜 바람이라 했을까?"

"음… 아마도 어떤 비유 같아!"

인희는 정색하며 다시 물었다.

"비유? 그게 어떤 의미인데?"

"외면적인 부분과 내면적인 부분을 말하는 것 같아. 강국이라도 언젠가는 소멸된다고. 바빌론 제국도 페르시아 제국도, 그리스 로마제국도 처음에는 강했으나 점차 부패하고 나태하여 쇠락의 길로 가게 됐다고 해. 이 영화는 약소국의 족장이지만 정신만큼은 강국에게 지지 않겠다는 기백을 담은 영화 같아."

"오, 영화평이 멋져! 오빠 독서력이 오늘 제대로 발휘되는 것 같아! 호호호~~~"

성규는 그저 멋쩍다는 듯이 빙긋 웃으며 수정과 잔을 입에 가져갔다. 인희도 찻잔을 들며 미소 지었다.

"그럼 영화 속의 여주인공은 나! 그리고 오빠는??"

"글쎄다, 하하~"

웃으며 수정과 한 모금 넘겼다.

"호호호~~~"

"하하하~~~"

제 21 장

─── 영적 6단계 ───

성규는 여전히 난감하였다.

"얼굴 표정이 왜 그래?"

"너무 두껍고 읽기가 어렵게 보여서."

"어려운 책이야. 읽는다고 알게 되는 그런 책은 아니야. 어려운 구절들이 많아."

"갑자기 성경부터 읽으려면 잘 안 읽힐 것 같아. 좀 더 천천히 마음의 여유를 가져야 되겠어. 다른 책들도 몇 권 샀는데 그 책들도 읽어야 하니까, 성경은 틈틈이 진도가 늦더라도 다른 책들과 병행해서 읽어야 할 것 같다."

"응, 급하다고 알게 되는 것은 아냐. 성경에 쓰여 있는 이야기가 실제라고 체험적으로 느껴지기 전까지는 시간이 걸려. 뒤따르는 '성령 체험'을 하게 될 때, 그제야 성경이 사실임을 알게 되는 거야.

겪는 체험 속에서 천천히 깨닫게 되는 거야. 성경은 소설책이 아니야. 실화야. 내가 어디에서 왔고, 왜 존재하는지 알려 주는 책이야."

"으음… 그렇니…."

"사람들 중에는 성경 읽을 시간이 어디 있냐? 성경 읽는다고 내게 무슨 이익이 오냐? 성공을 따라가기에 바쁜 거지 성경이 내게 무슨 도움이 있냐? 그러다 영영 안 보고 안 읽게 되는 것이야. 멀어지게 되지.

현실을 봐라. 인간의 문제는 인간이 스스로 해결하는 수밖에 없지, 신이 어디에 있고 무엇을 해결해 주단 말이냐? 기도해서 인간의 문제가 다 해결되면 얼마나 좋을까? 그런데 하나님께 기도한다고 기도대로 되진 않아. 현실과 믿음과의 거리인데 쉽게 말하자면 신(하나님)과 사람 사이의 차이에서 오는 커다란 간격이 있어."

"신과 사람과의 커다란 거리감? 못 알아듣겠다….."

"산림원 방문 선교 행사 때 오빠도 들었지?"

"으음… 그때 식당에 사람들이 모였을 때, 나도 설교라는 것을 처음 들었어. 난생처음 그때 재미있게 말씀해 주셔서 지금도 기억이 나."

"그럼 그때 오빠가 기억나는 것 좀 얘기해 봐!"

성규는 피식 웃었다.

"응, 글쎄. 생각 좀 해 보고…. 아… 그렇지, 이런 기억이 난다. 개인 기업 사장에 비유하셨던 말씀이 기억난다."

"그때 기억나는 대로 말 좀 해 봐?"

미소 지으며 물었다.

"아… 그게, 어떤 회사에 사장이 있는데 그 사장이 사원이나 신입사원에게 회사의 나아갈 방향에 대해서는 알려 주지만 하나서부터 열까지 사장이 일일이 개인 사원들에게 다 말해 주지는 않는다고, 그런 뜻으로 말씀하셨지."

"호호호, 그것이야. 그것이 신(하나님)과 사람의 거리야."

"그리고 또 이런 말씀도 하셨지. 신입사원이 되려면 그 회사 입사 시험을 치러서 합격해야 입사하는데, 답을 가르쳐 주고 시험 보지 않는다고. 입사했다 해도 곧바로 승진하는 것도 아니고, 근무 성적도 좋아야 하고, 근무 경력도 필요하다고. 그래서 한 발 한 발 올라가는 것이라고."

"바로 그것이야. 시간이 걸리고 그런 과정을 누구나 다 겪게 돼. 신입사원(초신자)이 그 회사를 다 아는 것이 아니잖아? 입사한 때부터 진짜 시작이지!"

인희가 이렇게 말하자 성규는 머리를 긁적였다.
"성경 말씀 깨닫는 여섯 단계는?"
"아… 그게… 첫째 단계는 영적으로 젖먹이 유아 단계라고 말했지."
"둘째 단계는?"
"초등학생 같은 어린아이 단계."
"다음은??"
"… 중고등학생 단계. 하하~"
"호호호~ 맞았어요, 오빠!"
"넷째 단계는 청년, 대학생."
"다섯째 단계는 아들."
"여섯째 단계는 아버지."

"첫째 단계 : 영적 젖먹이(유아기)."
"둘째 단계 : 유치원 초등학생기."
"셋째 단계 : 청소년기(중고등학생)."
"넷째 단계 : 청년 대학생."
"다섯째 단계 : 아들."
"여섯째 단계 : 아버지."

"100점! 합격입니다~^^"

제22장

지구 연수원(地球研修院)

"인희한테 배워야 하겠어."

"뭘… 먼저 알 수 있는 환경에 있었다는 것뿐이야. 어머니께서 나를 업고 교회에 다니셨어."

"집안 환경이 나하곤 전혀 딴 세상이구나!"

"……."

"난 궁금한 것이 하나 있어. 왜? 공평하지가 못한 거지?"

"응? 무엇이…?"

"넉넉하고 하고픈 것도 할 수 있는 환경에서 태어나는 사람이 있는가 하면, 정반대에서 아프고 눈물과 고통스러운 삶을 살아간 사람들도 많잖아. 왜 하나님은 사람들에게 이렇게 불공평하게 대하시냐구? 난 그게 제일 궁금해."

성규는 매우 의미심장하게 인희에게 말을 던졌다.

"음… 뭐라고 해야 할지 나도 모르겠어. 내 생각으로는 야훼(하나님)께서는 천편일률적으로 인간들을 만드시지 않으셨어."

"천편일률적으로?"

"사람마다 얼굴이 다 다르잖아? 그런 것이 아닐까? 성품, 능력, 역량, 소질, 적성도 다 달라. 자기가 자신을 결정짓는 것이 아니잖아. 자신이 나를 이렇게 만들어야지 하고 태어나진 않잖아."

"그건 그렇지."

"또한 신체적 힘의 능력 정신적 혼의 능력 역량도 다 달라."

"음… 그렇지."

"축구는 잘하지만 레슬링은 못해. 수영은 잘하지만 축구는 못해. 축구는 잘하지만 수영선수만큼 수영은 못해. 혼적 능력도 마찬가지야. 수학은 잘하지만 역사나 문학은 못해. 어떤 사람은 그림은 잘 그리지만 군인 하라면 적성에 안 맞을 거야. 어떤 사람은 군인이 적성에 맞지만, 슈퍼마켓 장사 하라면 적성에 안 맞아 못 한다고 할 거야.

엘로힘(ELOHIM, YHWH, YAHWEH, 하나님)께서는 천태만상으로 각각 다 다르게 사람을 만드셨어. 이는 피조물인 인간이 자기 자신의 주인이 아니라는 것이지. 내가 나를 이런 모양으로 만들지는 않았잖아?!

내가 나를 내 마음대로 만들 수 있다면 누구나 자기 자신을 최고로 남보다 더 낫게 일등으로 만들겠지. 어떤 분야에 뛰어나길, 능력, 역량 좋은 인간이길 원하잖아. 자신의 역량에 불평불만인 사람들이 얼마나 많아? 가정 환경도 말야."

"으음…."

성규는 조용히 듣고 있었다.

"태어나면서부터 장애인인 사람을 생각해 봐. 그 사람들 얼마나 불평불만이 크겠어? 얼마나 하나님께 원망이 크겠어. 그 사람들이 장애를 가진 것은 그 사람들 잘못도 아니고 부모의 잘못도 아니고, 하나님께서 세상에서 행하시는 일에 하나님의 뜻을 보이시려 함이라고 성경에서 말씀하셨어.

사람이 다 똑같이 생기고 다 똑같은 능력, 취미에 하는 일도 똑같고 얼굴 성격마저도 다 같다면 아마 세상 사람들이 미쳐 버리겠지. 그건 축복이 아니라 저주야.

하늘에 나는 새도 어떤 새는 크고 어떤 새는 작고, 같은 종류의 새라도 어떤 새는 가장 힘이 세다든지 앞에 나가서 리더가 된다든지, 철새 떼를 보면 이동하는 철새 떼 중에서도 맨 앞에서 이끄는 새가 있지.

산에 나무를 봐도 어떤 나무는 우람하고 커서 목재로도 쓰이고 어떤 나무는 가냘프고 작고, 잡목에 불과한 나무도 있고."

성규가 다시 물었다.

"그럼, 인희야. 자신의 환경을 신이 만들어 주신 그대로 불만 없이 살아야 하는 거니?"

"호호호, 오빠 그것이 가장 궁금하구나?"

"응, 난~ 그것이 가장 궁금해. 어떤 사람은 남보다 못하고 능력도 없고 신체도 허약하게 꼴찌 인생으로 만드셔서, 태어나면서부터 그러면 그 사람만 너무 억울하고 불공평한 거 아니니?"

"참 난해하고 오묘해! 난들 어찌 알겠어? 자기 머리에 머리카락이 몇 개인지 세어 볼 사람은 없어. 헷갈려 알 수가 없게 될 테니까. 하나님(야훼, 여호와, 예수아메시아)께서는 하나님 말씀(성서, 성경)에서 이렇게 말씀하셨어. 태어나면서부터 소경, 절름발이, 불구자, 그 외에도 최악의 환경에서 태어나 살아가는 사람들이 있다고. 그들은 천국에서의 상급이 크다고 말씀하셨어. 그러한 환경이 그렇게 태어난 사람들이 원해서 그렇게 태어났겠어? 하나님께서 행하시는 세상의 운행(다스림) 하심의 계획에 따라 이 땅 지구에서 나타내 보이실 야훼의 신비(The Mystery of God)라고 말씀하셨어.

이 지구 세상에서 살았던 사람들의 신분이 차후 천국에서는 다르게 바뀔 수 있다고 알려 주신 거야. 세상에서 비천한 자가 천국에선 귀한 자로 바뀔 수 있다고 말씀하셨어. 물론 자기 처지 때문에 사회와 세상에 화풀이하면 좋게 보시지 않는 거야. 다만 인간은 자기 처지에서 출발하여 착실히 노력하며 성장해 나아가는 거야. 가정 환경도 그렇다고 볼 수밖에 없어.

'하늘은 스스로 돕는 자를 돕는다'는 속담이 있잖아. 이 땅에서 눈물과 고통 속에서 산 사람들에겐 그만큼의 보상을 해 주신다는 뜻이야. 반대로 사회에서 악을 행한 자는 누구든지 그에 합당한 벌을 내리신다고 하셨어. 공정, 공평, 공의의 하나님이셔.

2,000년 전에 예수아메시아(야훼)께서 이스라엘의 갈릴리(Galilee) 지방의 나사렛(Nazareth)이란 작은 마을에 인자(人子, Nazarene, 나사렛 사람, the Son of Man from Nazareth)로 오셨어. 신이 사람의 모습으로 오셨어.

2,000년 전 그 당시에 수많은 병자와 장애인들을 치유하셨어. 현대 의학 과학으로 할 수도 없는 영적 고차원의 행함이시지. 더구나 오늘날에도 그런 고차원의 행함은 말씀을 따르는 사람들에게 나타나지. 현시대에서도 말야. 변함없이 병 고침이나 기타 신비는 여전히 실제로 나타나고 있어. 사람들이 관심이 없어 모르거나 못 보거나, 관심 밖으로 지나치기에 초과학, 의학, 생물학적인 신비한 일이 발생하고 있는데도 못 보고 지나쳐 가고 있을 뿐이야.

하나님의 피조물인 인간이 '나를 왜 이런 꼴로 만드셨나요?' 이렇게 하나님(신=토기장이)께 따질 수가 없는 것이야. 사람이 그릇을 만들었는데 금그릇 은그릇으로 만들기도 하고, 그보다 못하게 흙그릇으로 만드는 것은 그 그릇을 만든 그 사람 그 토기장이의 권한이야.

조물주, 창조주 하나님은 토기장이시라고 말씀하셨어. 토기장이가 금칠한 금그릇도 만드시고 그렇지 못한 흙그릇도 만드시지. 호리병도 만드시고 납작하게도 만드시지. 사람은 하나님께서 만드신 온 우주의 삼라만상 중에서도 특별한 존재, 신묘막측한 피조물이야."

"아니, 그게 무슨 말이니?"
"사람을 지으실 때 신묘막측하게 만드셨다고 성경에 쓰여 있어."
"신묘막측, 그게 무엇인데?"

"사람이란 존재는 하나님께서 지으시되 '일회용으로 한 번 쓰고 버리는 값싼 존재'가 아니라는 뜻이야!

뒤뚱뒤뚱 걷기 시작한 아이가 부모 앞에서 방긋 웃으며 재롱떨며 어설 피 춤춘다고 해도 그 부모는 그 아이가 얼마나 사랑스럽겠어? 특히 '이스라 엘은 예수아메시아(엘로힘, 하나님)의 눈동자이다.' 이렇게 말씀하셨어!"

"이스라엘? 그게 무슨 뜻이니? 중동에 어떤 나라 얘기 아니니? 알아듣게 얘기해 줘!"

성규는 안달이 난 듯 인희에게 바싹 다가갔다.

"이스라엘에 대해서는 공부가 있어야 해. 그냥 쉽게 알기는 어려워. 중 동에 있는 이스라엘이란 하나의 국가(HEBREW, 히브류, 나그네, 순례자, 유대 인)에 대해 나중에 얘기 나눌 기회가 올 거야."

인희는 계속 말을 이었다.

"오빠는 사람이 왜 죽는다고 생각해?"

"그거야 나이 먹으면 늙으니까 죽는 것이지."

"오빠는 인생이 뭐라고 생각해?"

"태어났으니까 사는 것이지."

"삶에서 무엇이 가장 중요해?"

"그거야 잘 먹고 잘살고, 공부 잘하고 경력도 잘 쌓고, 높은 자리에 올라 가고 명예도 얻고 즐겁게 부요하고 안락하게 사는 것이지. 거기에 건강까 지 있으면 금상첨화겠지."

"음, 물론 그렇게 사는 것도 좋고 복 받은 사람이 되겠지. 그렇게 사는 것이 잘못되거나 나쁘다는 것이 아니고, 정말 그렇게 되길 바라지. 나도 그 래. 사람은 누구나 그러길 바라. 한편, 삶의 질이란 것이 있어."

"삶의 질?"

"사람마다 삶의 질 그 기준이 달라."

"음, 그렇지. 삶의 질도 사람마다 다 다른 시각을 갖고 있겠지."

"수많은 사람마다 다 다른 인생 목표가 있고, 삶의 질도 다 다르다고 볼 수 있어. 그런데 누구에게나 공통되는 공통분모가 있어. 그것이 뭔지 알아?"

"공통적인 것, 공통분모? 음… 그것은 아… 잘나나 못나나 잘사나 못사나 학식이 많거나 적거나 약한 자나 강한 자나 결국엔 인생 80이라고 거의 모든 사람이 백 년 넘기기 어렵다. 인간은 다 죽는다는 것이지. 안 그러냐, 인희야? 안 죽는 사람 있어??"

"바로 그것이야. 왜 사람은 죽는 걸까? 안 죽으면 좋을 텐데…."

"글쎄 안 죽는 사람 여태껏 본 일 없잖아?"

"죽으면 사람은 그것으로 끝이라고 생각해?"

"글쎄다. 난들 그걸 어찌 알겠니? 그걸 아는 사람이 세상에 있지도 않고."

"아까 오빠에게 인간은 일회용으로 만들어지지 않았다고 내가 한 말 다시 생각해 봐?"

"엉?? 일회용으로 만들어지지 않았다?? 응, 그래 아까 인희가 그렇게 말했지. 근데 그게 무슨 뜻이니? 어렵다."

"사람 눈에 보이지 않는다고 없는 것은 아니야."

"사람 눈에? 응, 그렇지. 사람 눈에 안 보여도 있는 것들 많겠지. 그리고 갈릴레오가 지구가 돈다고 하니까, 태양이 돌지 지구가 돈다고 말했다고 갈릴레오를 죽이려 했다잖아?"

"사람 눈으로 보면 분명 해가 동쪽에서 뜨고 서쪽으로 이동하는 것을 매일 보니까 당시 사람들에게는 그렇게 보였지. 사람의 시각적 정신적 혼적 영역은 극히 제한적이야. 우주 밖으로 나아가면 무엇이 있는지 사람들은 몰라. 모른 채 그저 살기에 바쁜 거야. 마치 연못이나 어항 속의 붕어처럼.

연못, 어항 속밖에 모른다는 것이지… 그런데 성경에는 놀라운 말씀이 있어.

갈릴레오, 콜럼버스가 살던 시기에도 지구가 둥근지 확신이 없었던 때인데, 성경에는 이미 이 땅이 둥글고 하늘에 떠 있다고 말씀하신 거야. 아주아주 오래전, 약 3,800년 전에 '욥기'에서 말씀하셨어."

"욥기?" 성규는 되물었다.

"욥은 약 3,800년 전 사람으로, 고대 중동의 바빌론 인근, 오늘날에 이라크 지역에 살았다고 하는데 '욥기'에 쓰여 있는 이러한 이유와 근거 때문에 성경은 하나님 말씀이라고 믿는 거야. 욥기 외에도 이와 같은 예는 성경에 많이 쓰여 있어. 왜냐하면 하나님이 우주 만물을 만드셨으니 당연히 아시지.

삼라만상을 만드신 '조물주 창조주'께서는 토기장이이시다. 조물주의 작품이 온 우주 삼라만상인 거야. 지구 땅과 사람 포함 하늘에 모든 별들도 다 창조주 하나님의 작품이야.

집마다 그 집을 지은 이가 있는 것처럼, 세상만사에 저절로 생긴 것은 아무것도 없어. 모든 것들은 창조주 조물주 하나님(토기장이)의 피조물(토기그릇)들인 거야.

앞으로 미래에 일어날 세상의 큰일들도 이미 성경에서 미리 계시하여 알려 주셨어. 그러한 일들을 써 놓은 성경 말씀을 '계시의 말씀(계시록, 요한계시록)'이라고 해. 미래에 닥쳐올 일들도 다 하나님의 손아귀에 있는 것이고, 하나님께서 그렇게 인간의 미래 세계를 세팅해 놓으신 거야. 먼먼 옛적에 이미 그렇게 세팅해 놓으셨어.

하나님의 계획대로 세상은 돌아가고 있는 거야. 오늘도 내일도….

크리스천들이란 그 예언의 말씀(요한계시록)을 믿고 따르려 노력하는 사람들이지. 물론 요한계시록 외에도 창세기부터 요한계시록까지 성경 전부를 믿고 따르려 노력하는 사람들이야.

크리스천이라 해도 허점과 온전치 못함이 일반 사람들과 크게 다르진 않아. 크리스천이든 비크리스천이든 다 같은 사람일 뿐야. 다만 부족하더라도 믿고 따르려 노력하는 사람들이지. 그 외 다른 것들은 다른 사람들과 다 마찬가지야. 온전하지는 못해. 하나님 말씀을 듣고 공부하며 믿고 노력하고자 하는 마음가짐을 가졌고, 노력하고 있는 사람들일 뿐이야.

예수아메시아(여호와 하나님)께서 온 삼라만상을 다스리시는 계획이 있으신데, 그 계획의 일부분으로 지구를 만드신 것이야. 그리고 사람이라는 피조물인 인간들을 한시적으로 지구로 보내셨어."

"야아~ 너무 어렵다." 하며 성규가 얼굴을 찡그렸다.

"너무 어렵다!"

"어떤 목적을 수행하기 위한 곳, 그곳이 바로 우주 하늘의 2층천과 2층천의 중심인 이 지구 땅(1층천)이야. 물론 3층천 천국은 3층천에 실제로 있어.

우리가 지구 땅에 사는 그 목적이 뭔지 깨닫고 알아가는 것, 그것이 이 지구로 사람들을 보내신 하나님의 뜻이셔. 사람들이 살아가는 이유인 것이지. 사람들이 지구에서 살아가면서 지구 땅으로 사람들을 보내신 하나님의 뜻과 목적을 배우고 깨달으며 그 목적과 이유에 합당하게 살도록 노력하는 거야. 그리고 그런 사람들을 크리스천이라고 부르는 거야."

"어떤 목적 수행?? 어떤 목적을 수행하는 곳이 이 땅 지구라는 뜻이니?"

"응, 그래!"

"그게 무슨 뜻이니? 도대체 너무 어려워서! 휴~~~"

성규는 한숨을 쉬었다.

즐겁던 표정이 어느새 굳은 얼굴로 바뀌어 갔다.

"어떤 목적, 그것이 뭔데?"

재차 얼굴을 찡그리며 다시 물을 수밖에 없었다.

인희는 이렇게 대답했다.

"마치 학생들이 수련회나 신입 직장인들이 연수원에 입교한 것과 비슷하다고나 할까….."

제 2 3 장

──── 애벌레와 나비 ────

"자기 집(3층천, 천국)을 떠나 연수원인 이 세상(지구)에 입교(출생, 태어남)하여 정해진 시간 동안(한 사람의 일생) 실제 체험적 교육 훈련을 받는다, 이렇게 생각해 봐."

"어휴~ 꿈같은 얘기로 들려."

황당한 표정으로 입을 다물지 못했다. 꿈같은 얘기를 듣고 있는 것만 같았기 때문이었다.

"지구 연수원에 입교(출생)하면 수련하는 교재가 있어야 하겠지?"

"그렇겠지."

"그 교재가 무언인지 맞혀 봐?"

"음… 교재라… 글쎄다."

"힌트 줄게. 오빠 가방에 있어."

"응? 내 가방에?"

가방을 열었다.

"아하~ 성경책을 말하는구나."

"호호호~~~ 정답입니다."

"아… 그럼 신(하나님)께서 성경책을 교재로 입교생(태어난 사람들)들에게 주셨다는 뜻이구나!"

"응! 바로 그거야!"

"휴~ 그럼 나도 이 연수원의 교재를 공부해야 된다는 얘기네. 내가 알 수 있을까….."

"쉬운 책은 아냐. 그렇다고 못 읽을 정도로 어렵지도 않아. 그 책이 무엇 인지 알아보겠다는 이유를 알게 되면 말려도 알려고 해."

"음… 나도 궁금하긴 해. 교회란 곳이 대체 무엇 하는 곳인지? 성경, 성 경, 하는데 남 얘기로만 듣기보다는 내가 직접 읽어 보아야 '아, 이게 이런 거구나!' 하고 알게 될 것 같아. 그런데 내 사정상 교회 출석은 어렵고, 교 회는 안 나가더라도 산림원에서 읽어 보면 되겠지?"

"음, 좋은 방법이야! 그렇게 해도 돼."

"최대한 시간 내서 잘 읽어 볼게."

인희는 빙그레 웃었다.

"알 수 없는 말씀도 있으니 내게 전화하거나 휴일에 시간을 잡아서 가평 이나 춘천에서 만나 얘기 나누면 될 거야."

"음… 내가 당직 근무 없는 휴무일에 열심히 읽어야 할 것 같다. 당직날 이어도 특별히 해야 일은 거의 없고 대기 상태로 있으니까 시간은 있어."

"좋아! 약속이다."

인희가 새끼손가락을 내밀었다. 인제 와서 무를 수도 없고, 새끼손가락 을 걸었다.

저녁 식사를 마치고 봉의산자락을 뒤로하고 중앙로 로터리 쪽으로 둘은 걸었다.

겨울 해는 이미 서쪽으로 모습을 감추고 있었다. 왠지 모를 따뜻함이 컴컴해진 거리엔 남아 있는 것 같았다.

　춘천시외버스터미널을 향하여 천천히 걸었다.

<<파편>>

스치는 사람이 있었습니다.
이름은 모릅니다.

몇 살인지 어디에 사는지 어떤 언약도 없었습니다.
그 모습 목소리는 그러나 또렷합니다.

까마득 현실을 잊어왔을 뿐인데 손바닥으로 때리듯 편린들… 을….

해와 달이 바뀐 이제서야
깨닫습니다.

조각 하나 줍듯이 잊지 않을래요
만약
우연히라도
만날 것입니다.

그러면 보내진 않을 겁니다.
허무히 보내진 않겠어요

모퉁이 길에서 한 마디 기억하고 있어요

세월이 지나도 순간과 영원의 미소

그 얼굴을

지금도

생생히

난 그 거릴 걷고 있습니다.

산림원에 도착하자 숙소 관물대에 어깨에 둘러멘 책 보따리를 풀었다.

"성규 팀장! 책벌레 팀장이란 별명이 맞구만, 그래. 또 책이야? 하하~"

당직 박 총무가 성규를 보자 한마디 던졌다.

"네, 총무님. 저야 뭐 이렇죠. 당직 근무하시느라 수고가 많으시네요~"

"뭐 수고는, 나도 당직 땐 안 팀장처럼 독서 좀 해야 될 텐데 말야. 그게 말처럼 쉬워야지."

"그냥 틈틈이 읽는 거죠. 그러다 보면 다 읽게 되더라고요…."

"아이구, 그게 어디 쉬운 건가? 안 팀장이야 쉽지만 생각처럼 그렇게 간단치가 않더라고."

"양손에 떡은 쥘 수 없으니 한쪽은 버려야죠. ㅎㅎ"

"완전 철학자 다 됐구만, 안 팀장!"

"아이구, 비행기 태우지 마요. ㅎㅎ"

"잘 자 안 팀장!"

"네, 총무님! 수고하셨어요."

오늘 두 번째 만남으로 한층 그녀와 거리가 좁혀져 왔다. 성경책도 샀고 이젠 좋으나 싫으나 성경책 읽기에 돌입해야 한다고 마음을 추슬렀다.

날이 밝자 산림전시관, 식물수종실 및 산책로 점검 정비 등등, 평상시 업무를 마치니 다시 일과 후 자유시간이 돌아왔다. 취사 아주머니는 점심때만 출근해서 반찬은 갖추어 놓으니, 저녁과 아침 식사는 밥만 하면 되었다.

사 온 책들을 펼쳐 놓았다. 무엇부터 읽을까? 마음 같아선 삼국지부터 읽고 싶었으나, 아무래도 성경책부터 읽는 게 좋겠다고 마음먹었다.

오늘 난생처음 성경책을 펼쳤다. 훑어보니 역시나 읽기가 만만치 않아 보였다. 재미도 없고 딱딱하고 소설처럼 흥미로 읽히는 책이 아님을 첫 장을 펼쳐 보니 곧바로 알 수 있었다.

"아…이 책 읽으려면 고생 좀 해야 되겠군."
성경책을 다시 덮었다. 아직 마음의 결심이 덜 된 건가…?
밖으로 나가 서성거리며 마음을 추슬렀다. 결정을 내려야지. 인희하고 새끼손가락까지 걸었는데….
다른 책은 미루고 일단 성경부터 읽자. 그리고 차후 춘천 석사동 영신교회도 가 보자. 성규는 이렇게 마음먹었다. 숙소로 들어가 다시 성경책을 펼쳤다.

"음…. 이런 책은 처음 보네. 천지가 창조되고 흑암이 깊음 위에 있고…."
"흑암? 흑암이 뭐야??"
"빛과 어둠을 나누시고 궁창(穹蒼, 하늘)을 있게 하셨다. 물이 한곳으로 모이고 뭍이 드러나게 하셨다. 식물들을 종류별로 창조하셨다. 그리고 하늘에 별들을 창조하셨다. 바다에 물고기와 하늘에 새들을 창조하셨다. 동물을 그 종류별로 창조하시고 사람을 창조하셨는데 남자와 여자로 창조하셨다….”

“흠….”

성규는 난생처음 성경책을 펼치고 읽어 내려갔다.

알든 모르든, ‘모르는 구절은 차후 인희에게 물어보는 수밖에….’

이런 생각을 하며….

창세기 1장을 읽었다. 그러나 전혀 그 뜻이 무언지 도통 감을 잡을 수가 없다.

“대체 뭔 말이지?”

첫 장부터 막혔다. 이래서야 이 두꺼운 책을 어찌 읽는단 말인가?

소설이야 재미로 읽어도 무슨 내용인지 아는데, 이 책은 어떤 학술 논문도 법률 서적, 규범 서적도 아닌 것 같았다.

참 특별한 책….

다시 한번 창세기를 열어 보았다.

‘창세기 1:1, 태초에….’

이 말씀은 그렇다 하더라도 두 번째가 문제였다.

‘1:2 … 흑암이 깊음 위에 있고…’

흑암이 깊음 위에? ‘흑암’이 대체 무엇이지? ‘깊음’은 또 무엇인가? 2절에서부터 난관에 봉착하였다.

흑암이란 말에 무언가 좋은 것은 아니라는 것을 칭하는 것 같았다. 그러나 알 수가 없다. 더 어려운 것은 그다음 ‘깊음’ 위에 있고.

‘깊음’이 무엇이란 말인가?

"휴~ 첫 장부터 막히니, 이를 어쩌지! 큰일 났네."

*****

"아레스(Ares)! 나의 전우(戰友)!"
바벨(Babel)이 악령 군단의 선봉장(先鋒將) 아레스에게 눈짓했다.
아레스!
아레스의 전투력을 발휘할 때가 드디어 왔다.

우리의 왕 담무스께서 특별히 아레스(Ares)란 이름을 부여하신 것은 억겁의 먼 옛적 천상에서 천군 천사들과 전쟁할 때 용맹을 떨쳤기에 하사하신 이름 아닌가?

"황송하옵니다, 사령관님!"
"저 성규란 놈 갈수록 태산이네. 점점 일이 어렵게 되는 것 아냐? 이대로 놔두면 안 되겠어!"
악마 군대의 대장 바벨이 선봉장 아레스와 함께 성규를 노려보았다.

"대장 각하! 우리의 왕 담무스께서는 참소를 하셨다 합니까?"
"그럼, 하셨지… 그게 참 우리 계략대로만 수용된다면 무슨 걱정이 있겠냐만, 우리 악마들의 왕 담무스께서도 기필코 성취시키려 했지만 천지 만물의 주권은 '예수아메시아(하나님)'의 손에 있으니 이를 어쩌겠나? 난 요즘 발만 동동 구를 뿐이야…
담무스 왕께서 인간들에게만 너무 일방적인 은혜를 내려 주시면 이건 하늘과 땅의 질서가 어지럽혀지는 것이라고, 아무리 하나님께 상소문을 올려도 그것이 차단당하고 있네.

이게 다 그 나사렛(Nazareth)의 목수(木手), 그 인자(人子, the Son of Man from Nazareth) 때문이다! 으으으~~~ 분하고 분하다….”

바벨은 두 주먹을 불끈 쥐고 하늘을 향해 휘둘렀다.

인희와 성규를 공격하려고 노리고 있던 아레스도 아쉽다는 듯 머리를 쥐어뜯으며 버둥거렸다.

새까맣게 몰려들어 게걸대던 졸개 악마들 역시 자기들끼리 쑥덕대며 주먹을 쥐고 하늘로 올려보며 주먹을 휘둘렀다.

“자, 가자.”

바벨과 아레스는 휘하 졸개 악마 떼와 함께 가평산림원 상공에서 떠나갔다.

하루를 마친 산골엔 한겨울 찬바람이 숙소 창문을 덜커덩~ 두드리고 성규는 늘 그러하듯 이 고요를 친구로 삼았다. 성경책을 펴 놓고 잠시 자신의 질문들을 꺼냈다.

세상은 왜 좋은 것보다 나쁜 것이 많은 걸까? 먹고 살기 위해서 발버둥 쳐야 한다. 무슨 이유로 나는 세상에 왔는가? 어디서 와서 어디로 가는가?

모르겠다.

인희가 말한 대로 이 성경책에 답이 있는 걸까?

난 나비가 됐으면 호랑나비처럼 큰 날개를 펴고 펄럭펄럭, 그래서 속박과 가난과 슬픔과 고통과 아픔과 다툼과 경쟁과 속임과 멸시와 비난의 삶을 떠나 찬란한 평화와 영광의 아름다움이 있는 곳, 저 산 너머 그런 나라가 있다면 그런 곳에 가고 싶다.

가끔 이런 상상을 하곤 했다.

난 기어다니고 있다.

난 날 수가 없다.

난 꿈틀거린다.

난 내가 애벌레로 태어나길 원하지 않았다. 그런데 기어 다녀야 한다.

"나비야, 넌 어떻게 해서 나비가 됐니? 네가 다시 애벌레로 돌아가게 된다면 너도 끔찍하겠지?"

"나도 나비가 될래~"

"난 나비가 되고 싶다~ 어서 나를 구출해 줘!"

그때였다.

갑자기 성규 눈앞이 환해지며 반짝반짝 보석들이 빛나는 것 같았다. 그러더니 커다란 호랑나비가 나타났다.

성규는 깜짝 놀랐다.

나비가 말했다.

"성규야! 넌 나비가 되고 싶은 게로구나!"

"으으… 나비가 말하네…?! 이… 이게 도대체 무슨 일이야!"

나비가 다시 물었다.

"성규야~ 나비가 되고 싶니?"

"그… 그래! 난 나비가 되고 싶어! 희망과 평화의 나라가 있다면 그곳으로 날아가고 싶어!"

"그렇구나~ 큰 날개로 훨훨 날아가고 싶은 게로구나. 그래! 그런 꿈은 당연하지! 그 꿈을 잃지 마. 그럼 찾아갈 수 있어!"

"성규야 나를 따라와~"

"엉? 따라오라구? 나비야! 네가, 네가 그 길을 아니?"

"어서 따라오렴."

호랑나비는 어느 틈엔가 창문 밖에서 날개를 펄럭이고 있었다. 성규는 재빨리 숙소 출입문을 박차고 뛰쳐나갔다.

"엇? 나비야, 어디 있니…? 안 보이네! 나비야, 나비야! 어디 있니? 어서 그 길을 가르쳐 줘! 나비야! 너를 따라가려고 나왔어."

호랑나비는 어느틈엔가 산림원 앞산위에서 날개를 펄럭이고 있었다. 성규는 고함쳤다.

"나비야, 그렇게 빨리 날면 난 갈 수가 없어! 이리 내려와~"

"넌 나를 따라올 수가 없단다."

호랑나비가 소리쳤다.

"뭐라고? 네가 길을 가르쳐 준다 했잖니!"

"너를 덮고 있는 두꺼운 고치에서 탈피하는 시간이 필요해. 고치를 찢고 나오는 아픔을 지나야 비로소 나비로 승화된단다~"

호랑나비는 산림원 앞산 너머로 더 멀리 날아가 자취를 감추어 버리고 말았다.

"아앗~~나비야! 가지 마! 가지 마!"

성규는 비몽사몽간에 정신이 번쩍 들었다. 눈앞에는 성경책이 펼쳐져 있었다.

제 24 장

— 어린아이와 몽당연필 —

석사동 인희네 집.

인희 어머니 박 여사는 심기가 편치 않다.

박 여사는 새해 들어 가평산림원에서 있었던 선교 방문 행사에는 참가
하지 못했었다. 춘천 유지 신년모임과 날짜가 겹쳤기에 박 여사는 인태를
데리고 남편과 함께 세종호텔에서 열린 신년 하례회에 나갔다.

그런데 인희에게 그런 돌발사건이 발생했던 것이다.

박 여사는 인희와 함께 가평 성심외과에 입원해 있는 성규에게 감사의
표시를 하려고 직접 찾아가기까지 했었다. 그리고 그 정도면 끝날 일이라
고 생각하였다. 허나 딸의 생각은 달랐다. 성규가 퇴원하면 차라도 한 잔
대접해야 한다고 주장을 굽히지 않았다.

그럼 그렇게 하라고, 그것으로 됐겠지 했으나 둘의 만남이 계속 이어지
고 있음을 눈치챘다.

그것이 박 여사를 불편하게 만들었다. 더구나 김 목사까지 성규에 대해
호의적으로 말하기까지 했다.

'알고자 하는 열성이 있다고….'

성규는 산림원 일과가 끝나면 숙소에서 성경책을 펼쳐 난생처음 읽어 보려 했지만, 첫 장부터 무슨 뜻인지 알 길이 없었고 끙끙대다가 결국 인희에게 전화 걸었고, 인희가 석사동 영신교회를 방문해 달라 요청하였다. 담임 김 목사와 만나기로 약속하였다.

이번 주 일요일은 당직이므로 다음 주 일요일 교회에서 예배 끝나고 담임 김 목사와 면담 겸 성경 창세기에 대해 물어볼 생각이었다. 성경을 독학하는 방법도 물어볼 참이었다.

박 여사는 딸애가 가끔 늦은 시간에 가평산림원으로 성규와 통화하는 것을 자주 보게 되었다. 일이 이렇게 진전되자 그것을 달갑지 않게 생각하고 있었다.

"오빠, 나야~ 내일 교회에서 만나."
"응, 알았어! 내일 오전 11시 40분까지는 도착할 것 같아. 음… 예배 시간은 못 맞추지만 점심 식사 때 목사님을 만나면 되겠다."
"응, 그래. 내일 점심 같이 먹자. 목사님이 내일 시간 좀 내어 주신다고 하셨어."
"알았어! 성경을 나 혼자 읽으려니 잘 안돼!"
"응! 잘 봤어. 독학은 어렵지만, 틈틈이 도움을 받으면 가능해."
"음, 그럼 그렇게 해서라도 끝까지 잘 읽어 볼게."
"응! 그렇게 해서 가면 길이 나와!"
"그렇다면 안심이다. 내일 보자~"
"오빠 잘 자~"

"인희도 굿나잇~"

오늘은 일요일, 성규를 교회에서 만나기로 한 날이다. 성규가 오기로 하였다. 오전 예배를 마치고 세 사람이 점심도 같이할 예정이었다. 인희와 석사동 버스정류장에서 만나기로 약속했다.

성규는 난생처음 교회에 발을 디뎠다.
세 사람은 점심식사를 같이했다. 그리고 자연스럽게 성규에게 관심이 맞추어졌다.

"성경을 읽기 시작하셨다고 인희 자매에게서 들었어요. 무슨 말씀이 쓰여 있는지 이해가 됩니까?"
"보름 전에 성경책을 구입했고 이제 읽기 시작한 지 14일째입니다. 그런데 난해하고 딱딱해서 흥미로 읽어서는 안 될 책이라고 생각이 듭니다. 첫장부터 알아들을 수가 없었습니다."
성규는 김 목사에게 성경 읽는 데에 어려움을 토로하였다.

"음… 그렇지요. 성경은 퍼즐 맞추기와 같다고 할 수 있어요. 앞부분에서 몰랐던 말씀 뜻이 나중에 알게 되고, 나중에 그런 일이 일어날 것이라고 앞에서 말씀하셨고 그 말씀대로 나중에 실제로 일어났습니다. 일어난 일이 먼저 앞부분에서 이미 말씀하셨다는 것입니다."
성규는 알쏭달쏭한 듯 고개가 갸우뚱했다.
"1,600여 년에 걸쳐 부분적으로 쓰였는데, 유럽 중세기 때 금속활자가 발명되면서 대량 책으로 발간됐지요. 책으로 발간되면서부터 고위 성직자가 아닌 일반인들도 성경을 접하기가 쉬워졌습니다."
"하루에 각 말씀의 5장 이상은 읽어야 할 것 같습니다. 그러면 금년 말에는 읽기가 마쳐질 것 같습니다. 그런 후에 한 번 더 깊이 있게 읽으면 어느 정도 이해가 될 것 같고요. 우선 모르는 말씀은 그냥 넘어가고, 메모해 놨다 목사님이나 인희에게 도움을 구하겠습니다."

"네, 그러세요."

"그런데 목사님?"

성규가 입을 열었다.

"창세기 1장 2절 말이에요. 첫 페이지부터 막히네요. 도저히 무슨 뜻인지 감을 잡을 수가 없어요. '흑암이 깊음 위에 있다' 2절에 이 말씀이 무슨 뜻입니까?"

"난이도 높은 질문이군요. 그 구절은 목사님들이나 성경학자들도 난해하게 생각하는 구절이지요."

인희도 흠칫 놀랐다. 창세기 1장 2절의 뜻을 잘 모른 채 지내고 있었기 때문이었다. 김 목사의 대답을 잘 들어 봐야겠다고 속으로 마음먹었다.

"흑암은 당연히 사탄과 그의 휘하 악령들을 지칭하지요. 흑암의 세력 또는 공중 권세 잡은 자로 지칭하지요. 천국에서 살았었는데, 쫓겨난 천사들을 말합니다."

"네에~?? 천국에서 살았다고요? 천국에서 쫓겨났다고요?"

"네, 그렇습니다!"

"쫓겨나서 어디로 갔단 말입니까?"

"2층천과 1층천인 이 땅 지구로 내려왔습니다."

"네에~ 지구로 왔다고요? 아, 아니, 그… 그럼…. 우리 인간들은 어떻게 되는 겁니까?"

성규는 소스라치게 놀랐다.

"그래서 문제가 되고 있는 것입니다!"

김 목사는 심각한 표정으로 얼굴이 바뀌었다.

옆에 있는 인희도 귀를 쫑긋 세웠다.

성규는 혼란스러웠다. 도대체 뭐가 뭔지?? 천사라니? 그리고 왜 쫓겨났다는 것인지? 지구로 왔다면 우리 인간 세계에 어떤 일이 닥친다는 것인지….

김 목사는 천천히 말하였다.

"창세기 1장 2, 땅이 혼돈하고 공허하며 흑암이 깊음 위에 있고 하나님의 영은 수면 위에 운행하시니라."

"이 땅 지구가 만들어지기 이전에 사람보다 먼저 사탄과 악마 악령 마귀들이 있었다는 것입니다. 다시 말하면 천국에서 천사들이 하나님께 배도하여 반란을 일으켰고 천국에서 쫓겨난 일이 멀고 먼 옛적에 먼저 있었습니다. 그때 지구 땅은 이미 창조되어 있었으나 형체만 있었을 뿐 지구 땅에 아직 각종 식물들 물고기들 동물들 인간들은 아직 창조되지 않았던 먼 먼 때였지요. 하늘에 각종 별들도 아직 창조되지 않았던 때입니다. 먼저 천사들을 창조하셨고 훨씬 나중에 별들 물고기들 동물들, 가장 나중에 인간을 창조하셨습니다.

땅이 혼돈한 것은 아직 땅의 모양이 온전히 만들어지지 않았고 형체만 있다는 것이고, 악령들(쫓겨난 천사들)이 이미 이 지구 땅으로 천국에서 쫓겨난 후 몰려왔다는 말입니다. 그리고 깊음은 땅속의 중심 지구 핵(멸망의 장소, 지옥)입니다.

흑암이 지구 핵에 있다는 것은 흑암의 세력들(사탄, 악령들과 사탄, 악령들을 따라간 사람들)이 장차 지구 핵(깊음, 멸망의 장소, 지옥)에 들어가게 된다는 뜻이지요. 화산이 폭발하면 용암이 땅속에서 나오잖아요?"

성규는 눈이 번쩍 뜨이듯 정신을 다시 차렸다.

창세기

1장

6 하나님이 가라사대 물 가운데 궁창이 있어 물과 물로 나뉘게 하리라
　하시고

7 하나님이 궁창을 만드사 궁창 아래의 물과 궁창 위의 물로 나뉘게 하
　시매 그대로 되니라

8 하나님이 궁창을 하늘이라 칭하시니라 저녁이 되며 아침이 되니 이는
　둘째 날이니라

9 하나님이 가라사대 천하의 물이 한곳으로 모이고 뭍이 드러나라 하시
　매 그대로 되니라

10 하나님이 뭍을 땅이라 칭하시고 모인 물을 바다라 칭하시니라 하나
　님의 보시기에 좋았더라

"물을 창조하시고 물을 지구 위에 물(공중의 수분, 구름 등)과 아래에 물(땅
속 또는 지표면의 물), 다시 말해서 공중에 수분과 땅에 바다, 강 등으로 나누
시고 뭍(땅)이 드러나게 하셨다는 말씀입니다."

성규는 난생처음 이런 말을 듣자 어안이 벙벙하였다.

지금까지 살아오면서 굶지 않으면 다행이다 싶게 살아온 것이 전부였
고, 앞으로 어떻게 먹고 살아가냐가 자신 인생에 언제나 최우선 과제일 뿐
이었다. 그런데 현실에서 동떨어진 별세계의 사람들과 얼굴을 마주하고 말

하고 있는 것 같았다.

"음… 어찌 되었든 성경 읽기는 중단하지 않겠습니다. 모르면 목사님과
인희에게 도움을 청하겠습니다."

"네~ 메모해 두었다 나중에 질문하세요. 그러다 보면 점차 알게 됩니다.
성경 관련 보조 서적 등도 보시고요."

"네, 목사님. 이렇게 알게 해 주시니 읽어 볼 자신이 생깁니다."

"성규 씨의 열성으로 성경이 바르게 이해되도록 기도하겠어요."

인희도 말했다.

"네, 고맙습니다. 인희 자매님."

성규는 김 목사에게 세례를 받았다. 이제 크리스천이 되었다.
인희와 성규는 교회에서 나와 공지천 공원으로 향하였다.

<<편지>>

가까운 듯
다가가면
다른 여행지가 될 거예요

부드럽게 비치기도 하지만
구름에 가리면
그 달은

소망이며

꿈이며

바람이었고

난 희망 우체부로 변했습니다.

멀리 둥실 오른 달에게 편지를 전하지요^^

한 장에

사연을 그렸습니다.

둘은 전에 만났던 로키하우스로 발길이 향하였다.

"오빠! 오빠 만난 지 벌써 한 달 반이 더 지났네."

"응, 그렇구나."

"난 이렇게 생각했어. 부모님이 정해 주는 미래의 동반자를 만나 살게 되나 했는데, 인생이 꼭 그렇게 되지는 않는가 봐⋯."

"음⋯ 부모님이 정해 주는 동반자⋯."

"부모님이 춘천에서 최고 신랑감을 만나게 해 주신다고 어릴 적에 자주 말씀하셨지 호호~~"

인희는 겸연쩍게 웃었다.

"응⋯ 그러실 거야. 부모님 마음이야 그렇지⋯. 난 인희가 부럽다⋯."

"음⋯. 글쎄, 모르겠어. 이렇게들 말하잖아. '인생은 내 맘대로 내가 정한 대로 되지는 않는다'고. 호호⋯."

"응, 그렇긴 하지. 그러나 그것도 고통이 없을 때 하는 얘기지, 실제로 아픔이나 큰 파도가 닥치면 상상과 현실은 다른 거야!"

"응. 난 아픔이 뭔지 모르겠어. 아파 본 일이 아직은 없어."

"그게 복이다. 인희는 축복을 받은 거야. 남이 아프다고 나도 시험 삼아 한 번 아파볼까? 이런 말 하지 마. 아픔은 장난이 아니야."

"…. 응, 그렇겠지. 아픔과 고통은 나도 싫어. 그런 일 내게 일어나지 않기를 바라!"

"음… 나도 인희를 아프게 하는 일이 생기면 내가 그냥 두지 않을 거야."

"오빠! 나를 위해 오빠 목숨을 내게 던질 수 있어? 말해 봐!"

"……."

성규는 아무 말이 없었다.

"대답해 보라니깐!"

인희는 재차 물었다.

"……."

"오빠가 말하기 전에는 지금부터 아무 말 안 할 거야, 흥~"

인희는 갑자기 토라졌다.

"엇, 인희야! 화났니?"

"……."

"내가 화 안 나게 됐어, 지금!"

"… 인희가 여기까지 나를 인도해 주었어. 성경책이 뭔지 쳐다본 일도 없었어. 그런데 오늘 이 순간까지 나를 인도해 주었어! 내겐 크나큰 출발점이 된 것 같아! 인희 아니었으면 난 오늘도 똑같은 생활에서 벗어나지 못했을 거야. 고마워!"

"아냐, 오빠가 내 생명의 은인이야."

인희는 성규 팔을 붙잡으며 가만히 기대었다.

성규도 인희의 손을 살며시 잡았다.

<<어린아이와 몽당연필>>

어린아이와 몽당연필과

헌 공책과 想像과

樓閣의 연못과

작은 종잇장

새벽 밤을 가르고 한낮에 볕은 창가에 물든다.

물끄러미 내려 보는 아스팔트 도로를

바지 주머니엔 종잇조각, 몽당연필 하나

문득 끄집어낸 문패 없는 주소

낯선 곳

빈터

나무 한 그루

불가항력 괴로움 부딪힘 허망 욕망 전쟁

잃어버린

창가 노을에 비친 낯선 곳

해가 드리운 웅덩일 뿐

늦볕을 물들이고 지나는 차 바퀴 소리는

사라지는 고통일 거라고

더 용감하게 든든하게 걸어오지 못했다고

그래
슬픔 비겁 회피 비굴 낙오 숨김

이 햇볕은 하루를 만진다 그 꺼풀의 두께가 깊게 갈라놓은 하루
그 한 장이 걷어지면 두꺼운 겨울옷만 입고 사람들은 살아
먼 철로의 끝에서 마주한 거야

얼음의 발자국들을
꿈도 추억도 엉겨 붙은 그 찻잔을
마신다.

제 2 5 장

세상 헤엄

"오빠, 아직 시간은 있어. 검정고시를 통해 방통대에 입학해 봐~"

"방통대? 검정고시…?"

낮에는 밭을 갈고 밤에는 공부한다….

꿈같은 얘기가 인희에게서 들려왔다.

줄 서면 꼴찌는 아니라도 앞서지도 못하는 평범한 놈, 내 능력으로 '주경야독'이라니….

동으로 가든지 서로 가든지 성경책부터 금년 말까지는 완독하고 성경책에 무슨 말이 쓰여 있는지 알고 그다음에 검정고시 준비를 하든 방통대를 알아보든지 하자.

성경 공부 1년, 검정고시 1년, 방통대 2년 이상. 앞으로 4년 이상을 공부를 한다?? 먹고 사는 것도 해결하며….

아이구~~~ 까마득하다.

방통대 경영학과를 마치면 MBA(경영학석사) 과정도 해 보란 것이었다. 착잡한 마음으로 이불을 덮고 잠을 청했다.

그게 가능할까… 꿈같은 얘기가.

나는 내 갈 길을 모른다. 그것이 나에 대한 정확한 진단이다. 인생 꼴이 뒤죽박죽이다. 정상적 궤도에서 이탈되고 탈락하였다. 앞날이 깜깜한 놈이 바로 나다.

어느 날 거울을 보았다. 난 내가 이렇게 생긴 것을 보았고 둘러싼 환경도 알게 되었다. 최악의 그 꼴이었던 것이다.

남들을 보았다. 그들은 나와 같지 않았다. 정상 궤도에서 떨어져 나간 나를 보았다. 다들 제대로 가고 있는데 난 이 꼴이다.

길도, 방법도 모른다. 하루하루 숨만 쉬고 있을 뿐이다. 어찌할까나, 어찌해야 하나? 인희 말대로 검정고시를 거쳐 방통대를 들어가 늦더라도 이탈된 길에서 정상 궤도로 들어와야 하는가? 가능한가??

일과 끝나고 최대한 해 보자 마음먹었다.

문득 호랑나비가 생각났다. 비몽사몽간에 나타났었지. 그 나비가 길을 알고 있다고 내게 말했지.

아! 나를 둘러친 이 벽… 고치에서 탈피하는 아픔을 겪어야 한다고, 고치를 찢고 나오라고. 세상과 사이를 두고 있는 너에게 가로놓인 벽을 넘어서라고….

아… 난 힘이 없어… 능력도….

오 내게 힘을 주오
이 팔에 힘을 주오
이 손에 능력을 주시오
두 다리에 능력을 주사 나로 걷게 하시오
이 마음에 이 혼에 명철과 지식과 지혜를 주소서

"안녕! 성규야~"

어느 틈엔가 나타났다.

"그 고치를 찢어야 해! 그렇지 않으면 넌 탈출하지 못해! 그 애굽의 땅에서 영영 자유의 몸이 되지 못하는 거야."

"앗, 나비야! 너 언제 왔니!? … 애굽의 땅? 애굽의 땅이라니? 그게 무언데?"

성규는 덮고 있는 이불을 젖히고 다급하게 물었다.

"그건, 음… 알고 싶니? 성규야?"

"알려 줘! 나비야! 먼저처럼 그냥 날아가지 마! 진심이야. 날 버리지 마!"

자리에서 일어서며 울어 버렸다.

"으흐흐흑~~ 나비야, 넌 내 마음이 지금 어떤지 알기나 해?"

"난 지금 절실한 기로에 서 있어!"

"으흐흐흑~~~~ 으흐흐흑~~~~"

성규는 울음을 터뜨렸다.

나비는 갑자기 커다란 날개를 더욱 세차게 펄럭였다.

"힘내! 그런 약한 마음으론 애굽을 탈출할 수가 없어!"

그 말을 듣자 성규는 두 주먹으로 눈물을 훔치며 마음을 가다듬었다.

"그래, 안 울게…!"

성규는 자세를 바로잡았다.

"앞으로 걸을 길을 한 발 한 발 내디뎌 봐! 걸어갈 때 안 보이던 길이 나타나는 거란다. 걸어갈 두 다리가 있지 않니? 그거면 갈 수 있어! 더 불평하지 마!"

"음… 그래, 알았어. 더 이상 울지 않을게."

"인희를 실망시키지 마! 인희가 말한 길을 흐트러지지 않고 가는 거야.

까마득해 보일지라도, 가다 보면 가까워진단다."

"인희가 한 말?!"

"성규가 고치를 벗고 변화하는 날을 나도 보기를 바라. 난 네 곁에서 늘 응원할 거란다. 난 너의 친구란다. 힘들고 괴로울 때면 나를 불러."

"아니… 나비야, 네가 어떻게 인희를 아니?"

"난 너를 유심히 보고 있단다."

"뭣! 뭣이라고? 나를 보고 있다고? 나를 보고 있다니??"

"단, 조건이 있어! 인희를 실망시키지 마~ 이 약속을 지킨다면 나는 지금은 나비로 보이고 있지만 본 모습을 나타내게 될 거야."

"본모습…? 본모습이라니? 그럼 네가 나비가 아니란 말이니?"

성규는 의아한 생각이 들면서 나비에게 물었다.

"응, 나는 나비가 아니란다. 그러나 나비로 나타나는 이유는 너를 인도하기 위하여 잠시 나비의 모습으로 나타나고 있단다."

"나, 나를 인도한다고…??"

"너는 내가 누구인지를 알기보다는 지금 네가 걸어가야 할 길을 가는 것이 먼저야. 알겠니?"

"응, 알았어 나비야! 내 길을 갈게~"

나비는 성규와 함께 밖으로 나왔다.

"성규야 이만 갈게, 또 보자~"

"아아, 나비야 또 만나~"

호랑나비는 커다란 두 날개를 펄럭이며 성규를 한 바퀴 돌아 원을 그렸다. 그리곤 산림원 앞산 너머로 사라졌다.

성규는 나비가 사라지는 것을 바라보았다. 그리고 오늘 인희가 헤어지면서 한 말을 다시 생각했다. 검정고시를 마치고 방통대 경영학과를 거쳐, 대학원 편입하여 경영학 석사(MBA) 과정을 공부해 보란 말이었다.

그렇게 할 수 있을까?

죽기 살기로 부딪혀 헤쳐 나가는 것 외에는 없다.

내일 흐리든 햇빛이 비추든 이곳 산림원에서 일과 마치면 자유시간은 넉넉하다. 직원들 퇴근하면 조용한 산골로, 혼자만의 시간으로 변하니 공부하기엔 제격이었다.

난 거슬러 헤엄쳐야만 한다. 우선 성경책부터 읽고 완독하면 검정고시, 방통대, 이렇게 해 보자.

숙소에 들어가 다시 성경책을 펼쳤다.

제26장

───── 고치 속에서 ─────

다른 출구는 없어졌다.

외나무다리에 올라선 것이다.

아래엔 해골의 골짜기라 불릴 것이다.

걸쳐 놓은 외나무다리.

건너야 할 시간이 온 것이다.

많은 사람이 떨어지고 건넜을 것이다. 이젠 내 차례다. 가야 한다. 이 계곡에 뼈와 해골로 던져질 것이냐? 건너갈 것이냐~

*****

석사동 인희네 집.

갈등은 계속되고 있었다.

"인희야~"

딸과 마주 앉았다.

"너 성규인가 그 사람 계속 만나고 있지?"

"네, 그 사람이 성경에 관심이 많아서 일정 부분 얘기도 나누고 해요. 목사님과도 면담도 했고요… 목사님께 세례도 받았어요. 크리스천이 되었어요!"

"그건 그렇다 하더라도 네가 굳이 그 사람에게 관심을 보이는 것 난 마음이 불편하다."

"그게 무슨 말씀이세요?"

"난 네가 그 사람과 가까워질까 두렵다… 솔직히 그렇다."

"왜요!"

"그 사람은 네게 어울리지 않는다. 춘천에 좋은 집안도 있는데 어찌 그렇게 경솔하니? 아버지 체면도 생각해라. 일순간 감정으로 정하는 것 아니다."

"일순간 감정이라뇨? 그런 감정으로 성규 씨를 만나는 것 아니어요, 어머니!"

"아니, 이것이~ 너 미쳤니? 어디 사람이 없어 그런 형편없는 사람을 만나!"

"그 사람은 제 생명의 은인이어요. 그리고… 성격도 저와 격이 없어요."

"아니, 얘 봐라. 점점…. 너 정말 어디가 잘못됐니? 그 사람 집안도 없고 학력도 뭐 고등학교도 안 나오고! 허 참… 기가 막히고 코가 막힌다, 엉~! 내가 목사님한테 다 물어봤다. 일순간 감정 갖지 마라."

"성규 씨는 다시 공부하기로 했어요. 머잖아 검정고시 통과하면 방통대 입학해서, 졸업하면 대학원 편입하여 MBA 과정까지 공부하기로 저와 약속했어요, 어머니!"

"뭐? 검정고시를 보고 통신대를 거쳐 대학원에서 MBA를? 얘가…. 너 아주 미쳤구나? MBA?? 그게 그리 쉽게 되는 줄 아니? 공부도 때가 있지, 언제 공부한다는 것이냐?"

"산림원에서 일과 마치고 남은 시간은 공부에 전념하기로 저와 약속했어요!"

"뭐 일과를 마치고? 그게 된다고 생각하니? 너 네 인생 망치려고 아주 작정을 했구나, 이것이!!"

"당장 헤어져! 내가 너를 어떻게 키웠는데? 기껏 이 어미를 이렇게 실망시킬 수 있는 거냐?"

"어머니, 잠시 시간을 두고 보기로 해요. 시간이 아직 있어요….."

"무슨 시간이 있다는 게냐? 이젠 그만 헤어져! 쓸데없는 짓이다. 네 나이가 지금 몇 살이니? 결혼 얘기가 나올 나이야, 이것아! 네 앞길 다 망치려고? 좀 깊이 생각해라."

박 여사는 딸자식의 마음을 돌리려 애썼지만, 뜻대로 되지 않자 점점 마음에 근심만 쌓여 가고 있었다. 이 일로 김 목사와 상담도 하였다. 그러나 개인적인 일이기에 중간에 나설 수 없다는 말만 들었다.

남편과도 몇 차례 얘기를 나누었다. 그러나 한두 살 어린애도 아니고, 다 큰 자식을 일일이 간섭할 수도 없으니 박 여사는 그저 마음만 타들어 갔다.

춘천 유지 모임에서도 딸자식 자랑도 했건만, 그런데 이런 상황이 오다니…. 자기 며느리로 삼겠다는 농담 반 진담 반 얘기도 오가고 있었다. 누구 못지않게 결혼식도 치러 줄 생각에 즐거운 상상 속에서 지내기도 했는데, 이 무슨 날벼락이란 말인가?! 박 여사는 그저 큰 한숨만 내쉬었다.

하루하루 시간은 흘러가고, 인희는 졸업하고 소양중학교 2학년 과학 선생님으로 부임하였다. 성규도 어느덧 검정고시를 통과하고 방통대 경영학과에 입학, 공부하게 되었다.

"성규 씨~ 대학생 축하해! 자! 받아!"

"고맙다, 인희야. 너 아니면 지금 이 순간도 없었다. 정말 고맙다!"

"아이, 오빠 무슨 그렇게 얘기해? 고마운 건 나지. 오빠가 이렇게 약속을 잘 지켜 주었잖아!"

둘은 카페 '로즈'로 발걸음을 향하였다.

'로즈'.

인희를 처음 만났던 날, 그때가 벌써 3년 전이었다.

그리고 둘은 이곳에 다시 왔다.

여전히 카페 로즈에선 처음 만나던 그날 들려오던 그 선율이 흐르고 있었다.

"오빠, 차 뭐로 할래?"

"응! 모카로 해야지!"

"나도~"

"난 모카란 커피 인희 만나던 그때 처음 마셔 봤어. 그 맛 아직도 잊지 않고 있어."

"응~ 정말이야?"

"그럼, 인희가 처음 사 준 건데~"

"호호, 나도 오빠 처음 만나던 날 오빠가 무뚝뚝하게 대하던 것 잊혀지지 않아~"

"내가 무뚝뚝했니?"

"그럼, 그랬지!"

"하하~"

두 사람은 앞날에 꿈으로 부풀어 갔다.

서로 바빴다. 성규는 산림원 일과 공부를 병행하고 있었다. 인희는 사회인으로 교사가 되었다. 집에선 성규와의 만남에 반대는 여전히 거세었다.

김 목사는 성규가 성경 읽기도 마쳤고, 시간이 흘렀고, 말씀 이해 수준도 높아져 가고 있다고 하였다.

인희는 시간에 쪼들려 성규가 학업이 어렵게 되면 산림원 생활을 그만 두게 하고 방통대와 MBA 공부만 전념하게 해 줄 생각이었다. 그렇게 된다 면…. 결혼도 해야 할 상황이 온 것이라고….

인희는 다시 부모님과 부딪히고 있었다.

"어머니, 성규 씨는 앞으로 대학원 편입도 할 계획이에요. 좀 더 지켜봐 주세요. 더구나 성규 씨는 신실한 크리스천으로 변했어요. 목사님께서도 성규 씨의 변화에 놀라울 정도라고 하셨어요. 성규 씨는 예전하고 달라졌 어요. 앞날을 잘 헤쳐 나갈 거예요. 돈은 앞으로 얼마든지 벌 수 있어요."

인희는 부모님을 설득하려 말씀을 드렸다. 허나 여전히 완강한 반대에 부딪히고 말았다.

"그래서, 그놈하고 결혼이라도 하겠단 말이냐? 엉! 이것아, 결혼은 꿈만 갖고 되는 게 아냐! 네 앞날 망치는 꼴 나는 못 본다! 더 이상 안 돼! 네 혼사 얘기 춘천 유지 모임에서 벌써부터 나왔어. 며느리 삼겠다는 좋은 집안들 이다. 어디 그 근본도 없는 집안 꼴 하며, 무식쟁이 가난뱅이가 감히 내 딸 을 넘봐~ 엉~? 내 눈에 흙이 들어가도 안 돼!"

어머니 박 여사의 큰소리가 거실에서 울려 퍼졌다.

아버지 진 사장 역시 이 상황을 매우 못마땅하게 보고 있었다.

"인희야! 그 사람은 너하고 어울리지 않는다. 사람은 다 제 짝이 있는 법 이다. 집안은 무시 못 한다. 그 사람 뭐가 있니? 학벌이 좋으냐, 미래가 보 이냐, 장래가 촉망되니? 도대체 있는 것은 아무것도 없어. 그저 지금 방통 대에 들어가 경영학을 공부한다고? 그런다고 되냐? 중간에 공부 포기할 수 도 있는 거야. 그땐 어떡하려고? 그저 어찌어찌해서 겨우 방통대 졸업은 한 다 해도, 그 사람 빈손에 아무것도 없지 않니? 현실에 부딪히면 어렵게 된다…. 이 점 그냥 허투루 보지 말고 명심해!"

아버지 진 사장도 딸자식 앞길에 먹구름이 들지 않을까 노심초사 중에 있었다. 계속되는 갈등에 점점 집안 분위기만 험난해지고 말았다. 이미 인희는 성규와 결혼하겠다고 마음을 굳혔다. 그러나 냉랭한 집안 분위기에서 좀처럼 결혼 얘기가 진전될 수 없었다.

성규와 만남은 3년 반을 지나가고 있었다.
성규는 저편에 닿으려면 더 가속해야 했다.
힘에 부쳤다. 자신의 부족함을 자주 느꼈다. 이래선 언제 목표에 다다르나?! 앞으로 가야 할 이정표가 멀게 느껴지곤 하였다.
"아… 난 남보다 못한가?"
공부 과제가 태산처럼 높게 다가왔다.
"여기서 주저앉으면 안 되는데…."
혼미한 정신이 며칠째 이어지고 있다.
"이러면 안 되는데… 인희와 약속을 지켜야 하는데…."

나를 둘러싼 벽… 나에게 둘러쳐진 벽. 내가 쌓은 벽은 아니다. 그런데… 왜 이 벽이 생겼을까…? 아니, 스스로, 내가 쌓고 있었는지도 모른다.
나를 갇히게 만든 고치를 찢는 아픔이 있을 거라고 나비가 알려 주었지. 지금 찢어 내고 있다. 이 투혼이 꺼진다면 저 해골의 골짜기를 건너지 못하리니, 그것은 애굽에서 짚과 진흙을 이기는 노예에서 탈출하지 못하고 마는 것인가.

그 바다를 통과하느냐,
그 물가 앞에서 주저앉느냐?

망루의 Shofar(양뿔나팔)소리를 듣고 싶다. 난 점점 지쳐 가고 있다. 허나 애굽으로 다시 돌아갈 순 없다!

난 엑소더스에 서서 걸어가고 싶다.

제 2 7 장

정오의 발자국

누군가가 총구를 겨누랴, 내게.
앞으로 가라고, 저쪽을 향하여 건너라고 나를 겨누랴!

걸어가!
걸으라고!
멈추면 죽어!
이 방아쇠를 당길 것이야, 어서 건너가!
걸으라고!

[감히 내 딸을 넘봐?]
박 여사한테 걸려 온 전화기 속에 이 소리. 성규 귀에 윙윙거렸다.

황금의 날들을 세상의 악마들이 훔쳐 갔다고 생각했다. 그날들을 되찾아 와야 한다. 그렇게 하지 않으면 난 저편으로 건너가지 못할 것이다.

차라리 나를 쏘라! 외나무다리를 건너는 나를 발로 차 저 골짜기에 묻어 버려!

능력을 불어 넣어 주세요, 아!

이를 악물었지만 외나무다리에서 골짜기로 굴러떨어질 것만 같았다. 하루하루가 심신을 지치게 한다.

<<정오의 발자국>>

뾰죽뾰죽 펼쳐진 능선

쏘는 불침
돌밭 길
언덕에서
어디로 왔고 무엇으로 있냐

시침은 꺾였고
신은 낡았고
빈 마음 담고서

뙤약볕 내리는 암봉 길을 걷는다.

청춘의 끝자락에 애타게 왔소
12시의 종소리는 없다.
불볕 아래

아

차가운 뜨거움이여!
얼음보다
더 달콤하다.

두 주먹 불끈 쥐고
中天을 올려다보았습니다.

꿈들과
소망들과
닿지 않은 시간 속에서

잃어버린 날들과 저 태양 속에 녹아 있는
맨발은 상흔으로 변했습니다.

저 계곡엔

뼈들이 쌓였고
해골들이 구르고 있습니다.

나의 뼈와 뼈들이 이어지고
살이 오르고
핏줄이 돌고 신경이 돌고

나의 해골엔 두 눈이 뜨리라

마음을 추스르며

정오의 열기를 마십니다.

인정사정없던 냉혈과 폭염이 섞인 혼란의 미소 속에서

곁에 누구도 없을지라도

바위 쪼개 터져 나오는

샘물이여

하늘이여!

"야~~ 아아아~~~~~"

"야~~~~ 아아아~~~~~~"

아무도 없는 산중에서 소리치고 소리쳤다.

인희가 말했다.

"오빠, 나 오빠하고 결혼해야 할까 봐~"

"겨, 결혼…. 난 지금 아무것도 없어. 이 상태에선…."

"오빤 뭐 밥 굶을까 봐? 다 길이 나올 거야."

"길? 길이?"

"내가 일정 부분 생활은 되니까… 하루 3끼 밥 못 먹겠어?"

"……."

성규는 입을 꾹 다문 채 아무 말도 할 수 없었다.

"부모님 반대가 심하신 건 사실이야. 그러나 그것 때문에 오빠하고 인생 길 같이 가는 것 피하진 않을 거야~ 뭐라고 말 좀 해 봐, 성규 씨!"

인희는 성규의 대답을 재촉했다.

"… 지금은 너무 이르다. 내가 합격증을 들고 오면 그때 결혼하자 인희야!"

"그렇게 되려면 수년 더 시간이 가야 할 거야. 그런데 성규 씨가 산림원에서 일과 후에만 학업하는 것에는 시간적으로 한계가 있어. 차라리 우리 결혼하고 오빤 아무 일도 하지 마. 학업에만 전념해. 그래서 시간을 앞당기는 방법이 더 나을 거 같아! 집에선 맞선 얘기가 나오고 있어. 춘천 유지 모임에서 부모님께서 말씀을 이미 해 놓으셨을 거야. 자꾸 선보라 하실 거야. 난 맞선 볼 생각이 전혀 없어! 내 인생길 반려자는 바로 내 앞에 지금 있어."

"……."

성규는 아무 말도 할 수 없었다….

"오빠, 너무 부담 갖지 마. 그냥 지금 이대로 학업에만 전념해. 결혼한다고 해서 당장 아기 갖는 것도 아니고, 좀 늦추면 되지. 우선 우리 둘만 생활하는 것으로 해 당분간…. 그러면 오빠도 졸업하고 합격도 하고, 그러면 되지 않겠어? 너무 어렵게 생각하지 마. 쉽게 생각해. 안 될 거 뭐 있겠어? 그렇게 살면 되는 거지."

"인희야, 부모님께서 끝까지 반대하시면 어찌할 거니?"

"음… 난 이미 결정했어. 오빠와 결혼할 거야. 다른 남자는 생각하지 않아!"

"부모님께서 허락을 안 하실 거야."

"아이, 오빠~ 결혼은 당사자가 하는 거지…!"

성규는 인희를 와락 끌어안았다. 그리곤 인희의 입술을 자신의 입술로 뜨겁게 덮어 버렸다.

인희는 이번 여름방학 때 성규가 당직 없는 날 토요일 가평에서 만나서 1박 2일 남이섬에서 같이 시간을 보내자고 말했다. 지금까지 둘은 서로 바빠 같이 있는 시간은 한 번도 가져 볼 틈도 없었다.

성규도 고개를 끄떡이며 말했다.

"인희야! 그래."

앞날은 성규에게 달린 것이다.

목표에 다다라야 한다.

길은 그 외엔 없지 않은가?

인희와 행복을 위하여 목표에 도달해야 할 것이다. 하늘은 알고 있을 것이다. 하나님께 부복하고 아뢰었다.

"하나님이시여! 아뢰옵나이다. 인희와 행복하게 살고 싶습니다. 저를 외면치 마소서. 저를 돌아보시옵소서~ 제게 은혜를 베푸시옵소서!"

성규는 하나님께 처절히 아뢰었다.

"저를 묶고 있는 이 애굽의 고치를 온전히 깨뜨릴 수 있는 힘을 주소서! 나비처럼 훨훨 날고 싶습니다. 은혜를 베풀어 주시옵소서! 오, 하나님!"

"전 아무것도 모르고 살았습니다. 이런 저를 인희는 사랑으로 이끌어 저를 변화하게 해 주었습니다. 저는 인희와 꼭 이루어 내고 싶습니다. 저를 돌아보시옵소서. 외면치 마시옵소서. 오, 나의 하나님!"

성규는 간절히 기도하고 기도했다. 성규는 신이 계신다면 신의 능력이 자신에게도 베풀어짐을 간절히 바랄 수밖에 다른 길은 없었다.

[네가 걸을지라도 그 걸음이 네게 있지 않노라.]

"아… 그러면 어찌하여야 합니까?"

다시 날은 흘렀다.

잎과 가지들이 초록으로 바뀌었다.

어느 날, 둘은 가평에서 만났다.

성규는 말했다.

"인희를 안 만났다면 난 지금 아마 아직도 세상 벽을 부수지도 못하고 있을 거야. 그 속에 아직도 갇혀 있을 거야~”

인희는 빙긋이 웃었다.

“오빠의 노력이 값진 거야. 쉽게 허물고 넘을 수 없는 벽이었는데.”

“나 스스로 혼자의 힘으론 불가능했어. 옆에 인희가 있었기에 할 수 있었어!”

“정말?”

“그럼~”

성규는 인희를 포옹한 채 키스를 하였다.

“아이~ 누가 봐~”

인희는 얼굴을 돌리진 않았다. 성규에게 모든 것을 맡기기로 하였다.

성규와 인희는 남이섬으로 발길을 향하였다. 잣나무숲 길을 걸었다. 두 손을 꼭 잡고서 오늘 세상에 묶인 줄로부터 풀어지리라. 그리고 둘만의 작은 배에 돛을 높이 달 것이다. 삶의 강에 우리들의 작은 배를 띄우리.

강모래가 쌓인 남이섬 물가 벤치에 앉았다.

성규는 인희를 끌어안았다. 인희도 그대로 성규에게 기대었다.

지나온 3년이 넘는 세월… 순식간에 흘렀다. 그간 손 한번 다정히 잡아보지도 못했다. 이젠 사랑 실은 앞날에 꿈이 실현될 거라고….

성규는 다시 인희의 허리를 세게 끌어안았다.

“아유~ 숨 막혀~”

“응, 그럼 안 되지, 하하~”

성규는 호쾌하게 웃었고 인희도 다정하게 웃었다.

마음에서 마음으로 이어지고 이 벤치에서 여름날 저녁은 더욱 여유롭고 포근하였다.

성규가 말했다.

"난 꿈이 있어. 펼쳐진 초원에서 언덕에 작은 집을 갖는 꿈이야. 그런데 그 꿈은 현실에선 없는가 봐. 이 세상에선 이루어지지 않나 봐. 어딘가에 그런 곳이 있다면 거길 가야겠지?"

"응… 나도 그런 곳에서 살 수 있으면…. 오빠! 우리 둘이 그런 곳을 찾아나서자, 응~? 그곳에서 하얗고 파란 꿈을 이루며…."

"하얀 꿈? 그게 뭔데?"

성규가 물었다.

"음… 글쎄글쎄, 그냥 하얀 꿈 같아. 그게 무언진 모르겠지만."

"… 음 내가 맞추어 볼까…."

성규는 골똘히 생각하다 이렇게 말했다.

"그건 인희 닮은 딸과 함께 셋이서 초원에서 마음껏 뛰놀며 꽃밭도 가꾸고 아주아주 오래 행복하게 사는 것…."

"아이~~"

인희는 성규 팔을 세게 꼬집었다.

"아얏~"

"호호호~~~ 난 오빠 꼭 닮은 아들과 단둘이 살래. 오빠는 빠져 줘!"

"뭐? 뭐라고? 에잇~ 숨 못 쉬게 해야지!"

성규는 인희를 세차게 끌어안고 놓아 주지 않았다.

"악~ 음…. 나 죽을 것 같아, 숨 못 쉬겠어, 오빠!"

"둘이만 산다는 거 취소해."

"취소 못 하면…?"

"취소할 때까지 이 상태 유지."

"항복! 취소!"

그제야 꽉 껴안았던 인희를 놓아 주었다.

인희가 말했다.

"아들 하나, 딸 하나. 넷이서 우리 오래오래 행복하게 살자."

"그럼, 그래야지. 우린 그렇게 살 거야. 누구도 방해 못 해! 절대로!"

성규는 인희를 살며시 안았다. 그리고 다시 말을 이었다.

"난 반드시 성공할 거야! 반드시! 그래서 누구 앞에서라도 당당하게 설 거야! 세월이 지나서 인희 부모님 앞에서도 멋지게 나설 거야. 아프고 슬펐던 과거에서, '봐라 예전의 내가 아냐!' 이렇게 큰소리칠 거야."

"응… 오빠! 그렇게 될 거야! 난 자기를 믿어!"

인희는 더욱더 성규 품에 파고들듯이 기대었다.

둘만의 아늑한 벤치… 영원하리.

사랑한다, 인희야~~~

저녁상엔 된장찌개에 불고기 상추쌈과 매운 청양고추가 일품이었다. 시원한 북한강 바람에 마음도 시원하였다.

'쨍그랑~' 생맥주 한 잔씩 건배하였다.

서서히 땅거미가 물드는데 나무들에 초록은 더욱 짙어만 가고, 둘은 손을 꼭 잡았다. 그리고 인근에 예약한 펜션으로 발길을 향하였다.

제28장

골방

인희는 마음이 바빠졌다.

내년엔 결혼해야 한다고 마음을 굳혔다.

우선 방 두 개짜리 다세대주택이라도 전세로 장만하고, 방 한 개는 공부방으로 써야 하고, 혼인신고서도 제출할 계획이다.

성규는 산림원을 그만두게 하고 방통대 졸업하면 MBA 과정에 전념시킬 계획이었다.

부모님께 금전적 지원은 꿈에도 없었다.

아마도… 성규와 결혼하겠다고 말을 꺼내면 어찌 될까….

당장 집에서 나가라고 대로하실 것이다.

집안에 큰 평지풍파가 일어난다. 이를 어찌 모르랴!

허나… 이미 성규와 약속의 선을 같이 그렸다. 조금도 후회 없이 앞으로 걸을 것이다. 이젠 되돌아갈 수 없다. 삶의 강을 성규 손을 꼭 잡고 건너야 하리니.

서로 바빴다. 그렇더라도 한 달에 한 번은 꼭 만나기로 하였다.

성규는 산림원 일과 후에는 방통대 경영학과 공부에 매진하였다. 혼자만 있는 산중은 고요하였고, 성규 자신만의 시간이 되어 주었다.

성공해야 한다.
꼭 통과하리라.

성규에겐 자신도 모르게 언제부터인지 기도하는 버릇이 생겼다. 이전에는 꿈도 꾸지 못한 일이다.

"내가 기도를 하다니…."
이젠 기도 안 하고는 공부를 못할 지경이다.
신(하나님)이 계신지 아직 모르겠다. 그러나 계신다면 간절히 아뢰고 싶었다. 인희와 결혼도 공부도 다 잘되고 있다. 세상에 나가서도 성공했다 말하리라. 그렇게 간절히, 간절히….

어느덧 산림원 주변도 붉게 물들고 낙엽이 쌓이고, 인희와 성규와의 만남은 더더욱 뜨거워지고….
그러던 새해 1월의 어느 날, 밤늦게 산림원의 당직실의 전화벨이 울렸다.
"따르릉~ 따르릉~~"
"네, 가평산림원입니다. 네? 병원이라고요? 네, 알았습니다. 잠시만 기다리세요."

당직 근무 중이던 영림 담당 신 계장은 급하게 문밖으로 나가 숙소로 뛰어가면서 안 팀장을 불렀다.
"안 팀장! 안 팀장!"
숙소 밖에서 자신을 부르는 다급한 소리에 성규는 학업 중이던 펜을 놓고 급히 나갔다.

"신 계장님, 무슨 일입니까?"

"응~ 자네 빨리 강원병원 응급실로 가 봐. 병원에서 전화가 왔어. 김 목사라는 분이 전화를 하셨어. 빨리 와 달래! 당직실에 가서 전화 받아 봐!"

"네에? 김 목사님께서 이 밤중에?"

성규는 급히 뛰었다.

"네, 안성규입니다."

"성규 형제! 나 김 목사야! 인희 자매가 교통사고를…. 빨리 후평동 강원병원으로 오게!"

"네에! 뭐라고요? 인희가?"

성규를 태운 택시는 강원병원을 향하여 전속력으로 내달리고 있었다. 병원에 있다니, 믿을 수 없었다. 택시 속에서 오로지 인희가 아무 일 없이 무사하기만 애타게 바라며, 달리는 차 안에서 기도하고 기도하였다.

강원병원에 도착하자 뛰어내려 응급실 문을 열어젖히니, 인희 부모님과 김 목사가 보였다. 성규는 걸음을 옮겼다. 인희의 얼굴이 보였다. 인공호흡기와 심장박동기가 놓여 있었다.

성규는 인희에게 다가갔다.

"인희야, 인희야~!!"

세차게 흔들었다.

아무 말이 없었다. 그저 고요히 잠들어 있을 뿐.

"아흐흐흑, 이 무슨 일입니까? 네? 목사님? 인희 아버님! 아~"

성규는 다시 인희의 손을 꽉 부여잡았다. 그리고 인희의 얼굴을 내려다보았다.

그 순간이었다!

갑자기 "삐~"하면서 몇 시간째 약한 파동을 이어가던 인희의
ECG(Electrocardiogarm, 심전도)가 일직선을 그렸다.

그 순간 김 목사는 그 자리에서 그대로 무릎을 꿇었다.

이 땅에서 이렇게 모습을 감추다니, 이 무슨 청천벽력인가?

아!

"오! 하나님 하나님이 계신다면 이러실 순 없습니다! 이럴 순 없습니다!
이럴 순 없다구욧!!"

성규는 하나님을 원망하였다.

"공부도 다 잘되어 가고 있는데, 이렇게 인희를, 나를 송두리째 앗아가
다니요! 하나님, 이러실 순 없습니다! 아으흐흐흐흑~~~~~"

성규는 울고 또 울었다.

"이렇게 끝날 순 없어! 아으흐흐흐흑~~"

"이럴 순 없어 이럴 순 없어!"

미칠 것 같았다. 아니 이미 반쯤 미쳐 버렸다. 세상을! 모든 것을! 세상
모두 다를! 원망하고 원망하였다….

성규의 얼굴은 일그러져 버렸다. 얼굴도 어두워졌다. 그 충격에서 헤어
나오기란 불가능하다. 성규는 가평을 떠나기로 하였다. 더 이상 이곳에 있
을 수가 없었다.

"아! 으흐흐흑~~ 이건 꿈일 거야. 이건 현실이 아냐! 인희는 살아 있어,
살아 있다! 살아 있어!"

*****

서울의 어느 골방.

단칸방에서 성규는 다시 눈을 떴다.

지난날의 회리 속에서….

지금 여기는 어디인가?

먼저 간 인희 앞에서 당당해져야 한다. 난 성공해야 한다. 돈도 많이 벌어야 해. 세상에서 멸시하던 눈총들을 난 잊을 수 없다. 나를 멸시하던 그 눈총들을 다 쓰러뜨려 짓밟아 버릴 거야~!

"다 죽여 버릴 거야, 다….”

"다 죽여 버릴 거야! 다!"

세상을 향한 분노가 성규를 휩싸고 있다.

"인희가 왜 죽었는지 그 이유를 반드시 밝혀낼 거야. 인희의 원수를 찾아내 그 죗값을 처절하게 물을 것이야! 반드시, 반드시!!"

"야! 이 사람들아! 난 일어설 거야. 그리고 인희를 꼭 만날 거야! 하늘 끝까지 가서라도 만난다! 인희는 언제나 내 곁에 있어! 오늘도 내일도 인희와 같이 있는 거야! 인희는 죽지 않았어! 오늘도 내일도 난 인희와 같이 있어! 죽지 않았어! 죽지 않았어!"

세상은 빠르게 변해 가고 있었다.

개인 컴퓨터가 나오고 대중화가 되고 있었다.

윈도95란 소프트웨어가 나온 지 벌써 두 해가 되고, 사람들 손에는 휴대폰이라는 신통방통한 물건이 쥐어지고 있었다.

너도나도 새천년 뉴 밀레니엄(New Millennium)의 새 시대가 도래할 것이라고, 인류가 꿈꾸는 신시대가 머잖아 도래할 것이라고….

새천년(New Millennium).
무엇이 있단 말인가?
앞으로 천년은…?!

주식시장에서는 HTS(home trading system)가 새롭게 나타나 사용되고 있었다.
성규는 곰곰이 생각하였다. 이대로 공사판에만 나갈 순 없다. 다른 직업도 찾아볼 순 있겠지만 언제 돈 벌까…?

"방통대 졸업하려면 계속 학업해야 하는데, 또 MBA 학업은 어찌할까… 막막하구나."
앞날이 깜깜하다. 현실의 벽은 여전히 단단하게 그의 앞길을 막아서고 있었다.
"이 모든 게 돈 때문이다. 돈 없어 내가 이 지경이 됐다. 세상에 복수하려면 돈을 벌어야 한다, 돈! 그래!"

MBA 학업은 이젠 단념해야 한다. 차라리 돈 버는 길로 가자.
"주식시장에 HTS 시스템이 방송 탔지? 그것으로 큰돈 벌었다는 사람도 있다는데, 그것을 알아보자…."
"방통대는 일단 접어 두고 개인 컴퓨터에 HTS를 이용해서 홈트레이딩 하는 방법을 찾아봐야 하겠어."

수중에 남은 돈은 큰 액수는 안 됐지만, 소액이라도 시작해야 한다.

종목 검색과 증권사 전화 문의 등등, 돈이 될 만한 종목 찾기에 전력을 다하였다. 그러던 중 한 종목이 눈에 띄었다. 아프리카 콩고에 금광 개발권을 딸 수도 있다는 뉴스가 연일 화젯거리가 되고 있었다.

"금광 개발??"

국내의 소규모 회사인데, 그 회사 사장이 각고의 노력과 열정으로 콩고 정부로부터 신뢰와 호감을 한 몸에 받고 있다고 하였다. 이 개발권만 획득하면 노다지 방석에 앉을 것이라고 한쪽에선 콩고 정부가 개발권을 승인해 준다고 보고 있고, 다른 쪽에선 개발권 승인을 받는다는 것은 허구이고 한탕 노리는 큰 손들이 퍼뜨린 속임수라고 인터넷 주식 카페 창에선 사람들이 서로 다투고 있었다.

이미 주가는 저점에서 상당히 상승하고 있었다.

개발권을 따면 엄청난 주가 상승이 올 것이다. 반대로 개발권이 콩고 정부에서 탈락하면 한순간에 주식은 휴지 조각으로 변하고 투자한 돈은 회수 못 하고 없어진다.

결정을 내려야 한다. 이 회사의 주식을 매수할 것이냐 말 것이냐 개발권 여부는 앞으로 보름 후쯤 결정될 것이라고 예상하고 있었다.

성규는 망설여졌다. 이틀간의 고민 끝에 매수 버튼으로 손을 움직였다. 큰 액수는 아니었지만 갖고 있는 돈 모두를 베팅하였다. 그리고 일당벌이 생활로 버텨 나가기로 하였다. 하루하루가 목이 타들어 갔다.

콩고로부터 개발권 승인이라는 낭보가 들려오느냐, 아니냐만 남았다.

제 29 장

──── 웃음소리 ────

하루하루 온통 원 사장이 콩고 정부로부터 개발권 승인을 받느냐 아니냐에 쏠렸다. 밤에 잠도 제대로 잘 수 없었다. 피를 말리며 보름여가 지난 어느 날 밤, 8시 뉴스.

한국의 한 중소기업이 아프리카 콩고 정부로부터 대형 금광의 개발권을 승인받았다고 첫 뉴스가 터져 나왔다.

"뭐! 뭐라구! 정말이야? 정말이냐구!"
"정말 된 거야? 아~ 흐흐흐, 이게 꿈이냐 생시냐!"

다음 날 아침 제일인력소개소에 나가는 것은 제쳐 버렸다. 지금 일당 일 따윈 생각할 틈조차 없다. 컴퓨터를 켰다. HTS 창을 열어 놓고 카페 게시판을 보니 어제 콩고의 금광 개발권 뉴스 얘기로 온통 도배되고 있었다. 성규는 빙긋 입가에 웃음이 감돌았다.

"그래! 나에게도 드디어!"

정신을 바짝 차리지 않으면 안 되었다. 주가는 요동칠 것이다. 9시 30분이 되자 주식 거래가 시작되었다. 주가 창에는 빨간색 점선이 점프하듯 상한가로 표시되었다.

"우아~~ 점상이닷!"

순식간에 전일 주가에서 약 25% 정도 상승하였다. 매수 대기 수량만 백만 주를 가볍게 넘었다. 물론 매도하겠다는 주식 수량은 0이었다. 지금 팔이유가 전혀 없기에 당분간 주가 상승세가 계속 이어질 것이다.

최대한 고점에서 매도해야 한다. 그리고 다시 최대한 저점에서 재매수해야 한다.

N자 상승과 하락이 반복될 경우 이 파도만 잘 타면 소액이라도 상상조차 못 할 엄청난 거액으로 변하는 것은 시간문제이다.

성규는 숨을 죽였다. 천재일우의 기회이다. 고점 매도 저점 매수, 이것만… 이것만… 성공시키면 된다.

이것만…

이것만….

주가는 며칠째 점상을 찍으며 상승의 활활 솟구치는 불장을 연출했다. 그러더니 하루는 거래 시간 내내 하락 상승의 패턴으로 세력들이 주가를 위아래로 흔들어 댔다. 겁나고 쫄리는 사람들은 매도치고 더 상승한다고 보는 사람들은 이때다 하고 흔들어 댈 때마다 저점 매수를 걸어 놓았다. 점상을 며칠째 찍을 땐 파는 사람이 없어 매수하려 해도 매수할 수가 없었기 때문이었다.

성규는 마음이 요동쳤지만 계속 보유하기로 했다. 아직 본격 하락세로 바뀌기엔 너무 이르다고 판단했다.

종가는 전일가와 비슷한 가격으로 마무리되었다. 다음날… 주가는 역시 횡보하는 듯 시간을 끌었다. 그러더니 거래 시간이 끝날 즈음인 오후 3시가 가까이 오자 불기둥이 솟았다. 종가는 다시 상한가로 마무리된 것이다.

인터넷 종목 게시판에는 미쳐 날뛰는 글들이 수없이 도배되고 있었다.

주가가 적어도 앞으로 2~3배가 더 뛰고서야 본격 하락세로 접어들지 않을까, 그렇게 보았다. 그러다가 하락을 멈추고 다시 N자 상승과 하락이 몇 차례 더 반복하게 된다면, 그리고 이 파도만 잘 타면 그야말로 집 사고 차 사고 향후 평생 먹고사는 문제는 해결될 것이다.

주가는 계속 상승하였다. 그렇게 다시 수일의 거래일이 갔다. 이젠 욕심을 접어야 하는가? 더 상승할 것도 같았지만 성규는 매도 버튼으로 손을 움직였고 전량 던졌다.

엄청난 차익이 발생했다. 아!

성규는 그때 알았다. 이렇게 돈을 버는 건가?

역으로 고점에서 매수하였다면 그만큼 엄청난 손해를 보게 된다.

합법적인 도박판!

아니다…. 어쩌면 인생도 이와 같은 것일까….

이제 남은 것은 이 종목이 향후 어떻게 전개될까… 하는 것만 남았다. 어떻게 대처해야 하는가…?

성규는 보유 전량을 매도한 후 계속 주가 흐름을 유심히 지켜보고 있었다.

상승 하락을 반복하면 다시 저점 매수 고점 매도. 이것마저도 성공한다면 그야말로 엄청난 거금이 손에 들어오게 되는 것이다. 성규가 꿈에서나 꾸어 볼 거액이 될 것이다. 여기서 그칠 것이냐, 한 번 더 지옥과 천국을 오갈 것이냐….

주가는 상승세와 하락세를 번갈아 오갔다. 며칠을 그렇게 최고점에서 횡보하듯 하더니 급작스럽게 주가는 하락세로 돌아섰다. 점하로 떨어지기도 하였다. 여기저기서 죽는다고 아우성판으로 돌변했다.

고점 매수자들은 죽을 지경일 것이다. 그들은 낭떠러지 추락을 경험하고 있을 것이다. 허나 고점 매도 친 사람들은 룰루랄라… 더 떨어져라 쾌재를 부르고 있다.

죽는 사람이 있어 살고, 사는 사람이 있어 죽는다.
이게 인생의 야영지 한복판 콜로세움에서 벌이는 피의 한 장면인가?!

성규는 다시 고민에 빠졌다. 한 번 더 죽겠다는 각오로 주가 하락을 계속 지켜보았다. 저점으로 보이는 순간에 다시 매수 버튼을 누를 것인가, 아니면 이것으로 족하다 여기서 더 이상 모험은 그칠 것인가….

성규는 다시 한번 저점 매수에 배팅하기로 마음을 굳혔다.
이 무모한 도전은 이게 처음이자 마지막일 것이라 다짐하면서. 이제 더 하락은 하지 않을 것 같다고 생각이 드는 시점에 다시 매수 버튼을 누르기로.
저점으로 보이는 금액대를 잡았다. 수익 난 금액 모두를 다시 베팅하였다.

다시 목이 타들어 가기 시작하였다. 죽느냐, 사느냐, 두 갈래 갈림길에서 주가 흐름을 지켜보고 있다.

　　종가가 상승으로 마감할지 하락세를 더 유지할지… 그것은 지금 알 길이 없다.

　　그러나 오후 3시 30분, 종가는 결국 더 하락한 가격으로 끝났다. 성규는 내심 가슴이 뜨끔했다.

　　"내가 너무 서둘렀나… 으음…."

　　결국 그날 밤 잠을 이룰 수 없었다.

　　다음날이 밝았다. 부스스한 얼굴로 찬물에 세수를 하고, 마음을 가다듬었다.

　　컴퓨터를 켰다. HTS 창을 켜고 앞에 앉았다. 거래 시간이 되자 역시나 주가는 어제의 종가보다 더 하락세로 떨어지고 있었다. 견디기 힘들었다.

　　호가창 보는 것이 겁나고 아팠다. 성규는 호가창을 꺼 버렸다. 종가만 다시 보자. 오후 3시를 지나서 호가창을 보고, 더 하락했다면 미련 없이 즉시 던지겠다고.

　　밖으로 나왔다.

　　방화사거리에서 서성였다. 이곳에서 시간을 보내다가 집에 가서 다시 종가를 보자. 그때 나의 처지도 종가에 따라 좌우될 것이다. 그야말로 대대박이 되어 올지, 뼈가 부러지는 손해가 될 것인지.

　　아! 내가 할 수 있는 것은 아무것도 없구나.

　　으음… 아!

이 무슨 운명이란 말이냐 천애 고아처럼 서 있는 자신을 보며 세상을 향한 원망과 들어 줄 이 없는 이 땅을 향하여 바보처럼 있다.

발걸음을 집으로 천천히 터벅터벅 옮겼다. 집에 도착하자마자 HTS를 켰다. 주가가 어떻게 됐을까… 소용돌이치는 번민을 누르며 호가창을 보는 순간… 오 마이 갓! 이것이 사실이란 말입니까?

호가창에는 하락의 밑꼬리를 길게 단 채 장대 불기둥이 솟구쳐 있었다. 다시 상한가!

성규가 하루 전에 최저점이라고 판단하고 올인하였던 주가가 성규가 재 매수한 가격에서 훨씬 더 아래로 떨어졌다가 다시 급등하여 상한가로 멋진 불기둥을 그린 종가였다.
성규는 그대로 뒤로 벌렁 나가 자빠져 버렸다.
그리곤 몸을 이리저리 굴렸다.
온몸이 뒤틀려 오기 시작하여 어쩔 줄을 몰랐다.

“으하하하~~~ 성공이닷! 성공이야, 대성공이닷! 난 이제 만져 볼 거다! 돈뭉치를 말이다! 아하하하~~~ 아하하하하하~~~~~~~”

주가는 그렇게 몇 차례 더 N자 상승과 하락을 반복했고 그때마다 성규는 고점 매도와 저점 매수를 완벽하게 하지는 못했지만 어느 정도 성공을 연이어 나갈 수 있었다.
그리고 HTS 잔고 금액란에는 어마어마한 거액의 아라비아 숫자가 입력되어 있었다.

이게 꿈이냐? 생시이냐?

"으ㅎㅎㅎ~~~ 우하하하~~~ 우하하하하~~~~~~~ 으ㅎㅎㅎ~~~~~
야, 이 사람들아! 봐라, 이 숫자 보이지? 이 숫자가 몇 개냐~ 한번 세어 봐
라! 아하하하~~~"

"아하하하하~~~~~~"

성규는 미칠 것 같았다.

이미 미쳤는지도 모른다.

그저 끝없는 통한과 세상에 대한 복수와 앙갚음에 대한 처절한 복수의
웃음만이 그치지 않았다.

"아하하하하~~~~~~ 왜? 그동안 돈 때문에 눈물을 흘렸단 말인가? 너
희들, 이 아라비아 숫자 보이지? 몇 개냐! 세어 봐~!!"

"아하하하하하~~~~~!! 아하하하하~~~~~~~~ 아~ 하하하하하하하
~~~"

어느 순간 그렇게 미쳐버렸는지도 그렇게 모든 울분을 다 토해 내고 있
었다.

"아하하하하~~~~~~ 아하하하하하~~~~~~~~ 아하하하하하하~~~
아하하하하하하하하~~~~~~"

방화동에 낡고 우중충한 어느 단칸방에선 그런 웃음이 끝없이 터져 나
오고 있었다.

다음 날.

성규는 우선 이사할 집부터 알아보기로 했다.

이왕이면 재개발 가능성이 있는 동네로 가야겠다고 생각했다. 서울에서 아파트 단지로 재개발되면 집값이 뛸 것이라 보았다. 서울에서 전철역을 낀 낡은 동네를 찾아야겠다고 판단하고, 발품을 팔아 보기로 하였다.

방화동도 낡은 동네이지만 김포공항 주변이라서 비행기 고도제한과 소음 때문에…. 다른 곳을 찾아보자.

전철 3호선 위주로 돌아다녀 보니 은평구가 눈에 들어왔다.

서울 서북부에 위치하였고 동네 대부분이 오래된 빌라들로 이루고 있었다. 그중에서도 전철역을 낀 낡은 동네를 찾다 보니 녹번역이 눈에 들어왔다.

녹번역삼거리 통일로와 붙어 있는 동네를 걸으며 살펴보았다. 녹번역과 인접한 주변 대부분이 재개발 대상지로 보였다. 동네로 들어가 보았다. 폭이 좁은 동네 길에 주차가 어려울 정도였다.

낡고 허름한 판잣집도 보였다. 좁은 골목길에 화재 시 소방차 진입도 불가능해 보였다.

"이런 동네라면 반드시 아파트 단지로 재개발이 될 거야."

3호선 녹번역 인근에 낡고 저렴한 빌라 2채를 매입하기로 결정했다. 물론 향후 아파트 단지로 바뀔 것을 염두에 두고서 말이다.

그리고 이사를 마쳤다. 한 채는 월세를 놓았다. 그리고 남은 돈에서 일정 금액은 한국 10대 기업 중 1등이라는 S기업의 주식 매입에 올인하였다. 이것은 장기적 관점에서 배당금도 생각하여 매입하였다. 이 기업의 향후 가치가 엄청 크다고 들어서 이미 알고 있었다.

그리고도 남은 돈으론 당분간 생활비 걱정 없이 살 수 있었다.

못 마친 방통대 경영학부를 마저 마치기로 하였다. 하지만 MBA 공부는 접기로 하였다. 이왕지사 이리됐으니, 자유 직업인(freelancer)으로 살기로 작정하였다.

생활비와 시간도 있고 더구나 이젠 어엿한 내 집도 2채나 있다. 비록 허름한 빌라이지만 먹고사는 만사 걱정도 없어지니 공부도 더욱 잘되었다.

어서 방통대 공부를 마무리 지어야겠다고 생각하였다. 갑자기 정지하게 된 방통대의 나머지 학기도 공부를 계속하였다. 그리고 경영학부를 졸업하였다. 그리고 운전 2종 면허도 땄다. 갤로퍼를 구입하였다.

예금통장엔 당분간 쓸만한 돈도 들어가 있다.
그리고 S전자 기업의 주식도 제법 물량을 매입해 놓았다.
S전자 기업이 세계적 기업으로 발전, 확장될 것이라고. S기업이 그렇게만 된다면 성규가 매입해 놓은 이 회사 주식의 배당금만으로도 평생 먹고사는 문제는 해결될 것이다.

"이젠 무얼 해야 하나…."

… 적막이 흐르는 허름한 빌라 작은 거실 소파에서 성규는 커피믹스를 한 잔 마시고 있다. 이곳이 재개발되면 난 아파트에 살게 될 것이야… 방한 칸 없이 떠돌며 눈물짓던 예전에 내가 아니라고…. 그리고 나는 방통대이지만 세상사 돌아가는 것쯤은 알아들을 정도의 식견 있는 사람으로 변했다고.

"아하하하핫~~~"

성규는 호쾌하게 웃고 있었다.

다시 지난날의 주마등 불빛이 다가온다.

이젠 집도 있다. 예금통장에 돈도 있다. 투자해 놓은 주식도 있다. 어디로 가야 하나…? 어디로….

성규는 녹번역에 인접한 북한산에 올랐다.

겨울 산행이다.

구기터널 쪽으로 눈 덮인 북한산에 처음 올라 보았다. 물론 등산이라는 것도 처음 해 본다. 오르다 보니 공기도 좋고 잡념도 없어지고, 잠시 세상사 시름도 잊히고 몸도 마음도 정신도 정화되는 것 같았다. 이래서 사람들이 등산을 하는구나 하고 그때 처음 알았다.

은평구와 멀리 삼송리, 고양시도 보였다. 계속 걸어 사모바위를 거쳐 정상 백운대에 도착하였다. 암봉의 정상에 오르니 서울에 명산임을 느끼기에 충분하였다. 서울을 빙 돌아 관망도 해 보았다.

아! 자연은 위대하고 신비롭다.

가슴엔 누구도 모를 아픔을 간직하고 있었다…. 가평을 떠난 지 벌써 넷째 해가 다가오고 있었다. 석사동 영신교회 담임 김 목사를 본 지도 벌써 3년이 지났다. 성규의 가슴엔 아직 풀지 못한 매듭이 있다.

"인희."

인희의 교통 사망 사고….

그 사고가 왜? 일어났단 말인가?

나의 사랑! 나의 천사 인희. 그녀가 아니었으면 현재의 나는 없다. 가평 산골짝에서 오늘도 낙엽을 쓸고 쓰레기 청소를 하고 있을 것이다. 끼니 생활이나 영위하면서….

나의 사랑, 나의 천사 인희야~ 넌 지금 어디에 있단 말이냐?

갑자기 춘천을 가봐야겠다는 생각이 솟구쳤다.

내일 춘천 김 목사에게 전화를 걸어 만나기로 시간 약속을 해야겠다고 마음먹었다.

북한산 겨울 산행을 마치고 다음 날.

"네~ 영신교회 김충헌 목사입니다."

"목사님, 저 안성규입니다. 그간 안녕하셨습니까!"

"오…! 안성규 씨, 이게 얼마 만이요? 그간 어떻게 지냈어요!?"

"네! 잘 지내고 있습니다! 목사님을 뵙고 드릴 말씀이 있습니다."

"아! 그래요? 그럼 날짜를 정해 우리 얘기 좀 나누어 봅시다! 나도 그간 성규 씨가 어찌 지내시는지 매우 궁금했습니다!"

김 목사는 성규를 빨리 만나 보고 싶다고 하며, 하루 정도 시간을 내어 주겠다고 하였다. 이번 목요일 오전 11시로 약속 날짜를 잡았다.

"네! 목사님 감사합니다! 그럼 3일 후 오는 목요일 오전 11시까지 도착하도록 하겠습니다."

"네~ 안성규 씨 꼭 오세요. 안성규 씨와 꼭 하고픈 얘기가 있어요. 그럼

3일 후 봅시다!"

＊＊＊＊＊＊

목요일 아침 6시.
응암동에서 갤로퍼를 몰고 춘천으로 가속 페달을 밟았다.

경춘국도에 접어들었다. 약 3년 전 가평 산골짝을 떠나오던 때가 주마등처럼 스친다. 1톤 화물차에 이삿짐 몇 꾸러미 싣고 산골짝 비포장길을 지나오던 날, 그리고 3년여가 지났다. 지금 그 산골짝으로 역류하고 있다.

성규는 어느덧 30세에 접어들었다. 17세 때 처음 가평 산골짝에 하루 끼니 밥을 굶지 않으려 발을 디딘 후 벌써 13년이 되어 가고 있다. 그리고 오늘에 나를 있게 해 준, 나에게 구원의 나팔(Shofar)를 불어 준 나의 천사 인희!

그녀가 이 땅에서 떠난 지 3년이 지나가고 있다. 그녀는 나 때문에 죽어야 했다. 나를 살리고 그녀는 이 세상엔 없다.
난, 난…. 아무것도 인희를 위하여 한 것이 없다….

오늘 춘천 김 목사를 만나기 전에 나를 만나러 오던 날 노루재에서 일어난 인희의 엘란트라 승용차 추락 사고 지점, 그곳을 다시 가 봐야겠다고 생각했다. 가평 노루재를 먼저 들르기로 마음먹었다.
그리고 춘천공원묘원에 인희의 묘소에 참배하고 김 목사를 만나는 순서로 정했다.

갤로퍼는 어느덧 가평 읍내로 들어서서 작은 다리를 지나 저 앞 노루재에 다다르고 있었다.

제30장

히스꽃을 바치다

노루재!

갤로퍼를 길가에 주차시키고 밖으로 나왔다. 노루재에서 사방을 둘러보았다.

인희의 교통사고가 '운전 미숙 및 겨울철 도로 동결에 따른 안전 운전 부주의에 의한 사망사고사'라고 가평경찰서 교통사고 조사계의 최종 결론은 그렇게 나왔다.

하지만….

"아냐… 아냐…."

그 교통사고 조서의 종결을 받아들일 수 없었다.

"그렇게 쉽게 사고 날 인희가 아냐…!"

일요일이 되면 가끔 버스 편으로 와 만났었다. 산림원에서 당직으로 하루 종일 홀로 있을 때 둘이 만난 날도 많았었다. 앞날과 성경 말씀, 그리고 성규의 방통대 공부도 가르치고 대화도 나누었지 않았던가?

인희가 춘천공원묘원에 잠들던 날, 김 목사는 성규에게 꼭 할 얘기가 있다고 만나서 얘기하자고 했다. 며칠 후 김 목사를 만났고 이상한 얘기를 들었다.

김 목사는 이 교통사고가 인희의 운전 미숙이나 실수가 아니라고 확신의 목소리로 성규에게 말했다.

강원병원 응급실에서 가평경찰서 교통사고 조사계 현 반장이 당시 일어난 기이한 일들을 응급실에서 자신에게 소상히 알려 주었다고 하였다.

김 목사는 현 반장으로부터 그 이야기를 듣고서 직감할 수 있었다고 털어놓았다. 당시 상황에 대해 김 목사는 성규에게 자세히 설명해 주었다.

그러나 성규는 성경 말씀을 읽어 보긴 했지만, 아직 확신이 서지 않았다. 자세히 알아볼 마음의 여유도 없었다. 더구나 '악령들'이 있다는 것도 당장 믿기 어려웠다.

현실 생활 때문에 마음에 여유도 없었다. 그날그날 살아가기에 바쁠 뿐이었다. 그렇게 인희의 교통 사망 사고의 이유를 모른 채 3년의 시간이 흘렀다.

그런데 이제 성규는 전혀 다른 사람이 되었다.

예전에 하루살이로 쫓겨 가며 살던 성규가 아니었다.

아! 꿈같은 날들~

나는 '인희'로부터 존재하고 있다. 인희가 아니었다면 난, 난….

왜? 왜….

성규는 인희의 뜻하지 않은 이 사고의 연결 고리를 찾아내야 하겠다고 마음먹었다!

3년 전, 인희의 장례식을 마치고 며칠 후 김 목사를 만났을 때 김 목사로부터 전해 들은 인희 교통사고와 연관된 이상한 이야기들. 이 교통사고가 인간이 아닌 외부의 그 어떤 영적요인(靈的要因)에 의하여 일어난 것으로 보인다고, 김 목사는 성규에게 알려 주었지만(악령들의 소행) 생각해 볼 겨를도 김 목사의 말을 깊이 새겨들을 틈도 없었다.

지금 노루재에 다시 왔다.
"인희야~ 어디 있니! 으흐흐흐흑~~~~~"
노루재 위에서 북받쳐 큰 소리로 울어 버렸다.
"아흐흐흐흑~~~~ 아, 으으… 흐흐흐흐흑~~~~~~~"

성규는 마음을 가다듬고 다시 차에 올랐다.
춘천공원묘원으로 향하였다. 시계를 보니 오전 8시 반이 가까워지고 있었다. 40여 분 걸리면 도착할 것이다. 그녀가 잠든 곳에….

'죽지 않았어, 죽지 않았어! 잠시 헤어진 거야. 잠시 헤어져 있는 거라구!'

춘천공원묘원에 도착한 성규는 인희 묘소로 발걸음을 움직였다.

손엔 하얀 '히스(Heath)' 한 다발이 쥐어져 있었다.
성규는 풋풋한 향기를 머금은 그 꽃을 인희 묘소에 놓았다.
'히스'는 하얀 꽃이 활짝 피어올라 해맑게 피어나 웃고 있었다.

언젠가 성규는 인희에게 물었다.
"인희야? 인희는 무슨 꽃을 좋아해?"
"응! 히스꽃(Heath)!"

"히스꽃? 그게 뭔데?"

"……."

"난 처음 들어본다… 히스꽃이라… 음! 그런 꽃도 있니?"

인희는 말했다.

"늦가을부터 겨울을 지나 초봄에 걸쳐 피어."

"뭐? 겨울에도 피는 꽃이 있구나."

"호호… 오빤, 꽃은 다 봄여름에만 피는 줄 알았지?"

"응. 사실 그래. 꽃 종류도 잘 몰라."

성규는 머리를 긁적거렸다.

"참… 동백꽃이 있지? 동백꽃은 겨울에 핀다지?"

성규는 인희에게 되물었다.

"호호호~ 동백꽃은 늦겨울에 피어! 오빠 동백꽃 좋아해?"

"그럼! 난 꽃 중에서 동백꽃을 제일 좋아해~"

"왜?"

"응~ 그냥 좋아해. 왠지 내 마음 같아서."

"오빠 맘하고 동백꽃 맘하고 같은 거야, 그럼?"

"응… 그런 생각이 들어서…. 어떤 사진에서 봤는데 눈이 있는데 빨간 동백꽃이 피었더라고. 그걸 보니 '아! 너도 내 맘 같구나' 이런 생각이 드는 거야."

"오빠 마음이 아파서 그런 거야~"

"… 인희는 왜 히스꽃을 좋아하니?"

"응~ 비밀~ 호호호…."

"음… 난 그 언덕에 핀 히스를 한 움큼 내게 주는 사람과 결혼할 거야~"

"엉? 그 언덕? 거기가 어디니?~ 무슨 얘기이니??"

"힌트 줄까?"

"응, 그래."

"난 캐시(Cathy)가 될 거야, 캐서린(Catherine Earnshaw) 말야~!"

"응, 점점 더 어려워진다. 캐시는 누구고 캐서린은 또 누군데… 캐시, 캐서린이 동일 인물 같다."

"어떤 여주인공의 이야기야. 남주인공은 히스클리프(Heathcliff)야."

"어디 영화 제목이니?"

"응~ 영화로도 나왔고, 어떤 책이야. 그 책의 두 주인공이야. 그리고 페니스턴 바위 언덕(Penistone Hill) 하고 '히스꽃'이 나와."

"어, 그러니? 그런 이야기도 있니? 궁금하다….."

성규는 다시 말을 이었다.

"알았어! 그 책을 나도 한번 꼭 읽어 봐야겠다~!"

아….

"인희야, 내가 네 곁에 있을 땐 난 네게 히스꽃 한 송이도 주질 못했구나. 인제, 인제 와서 네게 '히스'를 바친다. 이 바보가… 네가, 네가 좋아하는 이 꽃을 이제서야 건넨다. 이 바보를 용서해 주겠니? 인희야, 대답해. 대답하란 말야! 아흐흐흐흑~~~ 으흐흐흐흑~~"

성규는 그대로 꿇어앉아 목 놓아 대성통곡하며 울부짖었다.

"인희야~"

"인희야~"

"아으흐흐흐흑~~~~~"

"으으흐흐흐흐흑~~~~~~"

춘천 시내가 내려다보이는 인희 묘소엔 하얀 눈발이 하나둘…. 다시 점점이 흩뿌려지고, 인희가 빨간 십자가가 그려진 하얀 관보의 목관 속에서 이곳에 오던 날처럼 성규는 인희 묘소에 흩뿌려진 하얀 눈발을 무릎을 꿇고 손으로 쓸어내렸다. 그리고 일어섰다. 성규의 얼굴 양 볼엔 굵은 눈물이 흐르고 있었다.

석사동 영신교회로 가기 위해 인희 묘소를 이만 떠나야만 하리.
"인희야 다시 올게~또 만나~"
성규는 내려가며 흠칫 뒤를 돌아보았다. 그리고 하늘도 올려다보았다. 여전히 하늘에선 드문드문 눈발이 흩날려 내리고 있었다.

성규는 김 목사를 만나기 위해 시계를 보며 액셀러레이터를 밟았다. 20분 후쯤 교회에 도착할 것이다.

가는 길에 휴대폰으로 곧 도착한다고 전화하였다. 성규가 교회에 이르자 김 목사가 밖에 나와 있었다. 성규는 차창을 내리고 인사를 하며 주차시켰다.

"목사님! 안녕하세요!"
차에서 내린 성규가 큰소리로 인사하자 김 목사는 환하게 웃으며 말했다.
"어서 오게 안성규 씨! 이게 얼마 만이요? 하하하~ 그간 어찌 지냈소~"
"목사님도 건강히 지내셨죠? 방통대도 마저 마쳤습니다."
"오! 그래요! 잘하셨어요. 못 마친 공부도 마치셨다니, 잘되었습니다! 자~ 들어갑시다."

제31-1장

사람의 시작

"커피 한잔합시다~"

김 목사가 종이컵에 두 개를 탔다. 담임 목사실의 소파에 두 사람은 앉았다.

"최근에 성경책을 한 번 더 읽었습니다."

"오~ 그래요? 잘하셨습니다! 한 번도 쉽지 않은데 말씀의 흐름 정도는 아실 순 있지요?"

"네. 전체적인 흐름은 어렴풋합니다. 어려운 구절들이 중간중간 있습니다. 무슨 말씀인지 전혀 알 수가 없고요."

"네, 그렇지요. 성서학자든 목사든 평신도든 비크리스천이든 무신론자든지, 누구든지 성경을 알아보려고 읽으면 하나의 성경 말씀을 놓고 서로 다른 견해가 나오기도 하지요. 또한 그 방대한 분량을 혼자 다 공부할 수도 없고요."

"네, 엄청 범위가 넓더라고요."

"1,600여 년에 걸쳐서 하나님께서 임재하실 때마다 조금씩 쓰였지요. 장구한 세월 속에서 긴 공백기도 있었고, 아무 말씀이 없으셨을 때도 있었고 다시 말씀을 주시면 쓰여졌습니다.

"네…."

"한두 사람 또는 몇 사람이 쓴 것이 아니지요. 많은 사람이 받은 말씀들을 썼는데 서로 어긋나지 않고 서로 연관이 계속 이어진다는 것입니다. 중세 때 인쇄술이 발명되면서 책으로 인쇄되었습니다. 그제야 대중화가 되었죠. 일반 평민들도 접하기 쉬워졌고 널리 읽을 수 있게 되었습니다. 이전에는 일반 평민들은 성경 말씀을 접하기도 어려웠습니다."

"구약시대는 창세기부터 예수님 초림까지, 먼 먼 옛적부터 AD 30(예수님 십자가 대속)까지."

"신약시대는 예수님 탄생(BC 4) 후, 예수님 십자가 대속(AD 30)부터 요한계시록의 백보좌 심판 때(새천년, New Millennium의 끝날)까지."

"요한계시록의 백보좌 심판 이후부터는 이전까지의 세상은 없어지고 새 하늘과 새 땅이 열린다. 구원받은 신실한 크리스천들이 영원 영생 화평과 기쁨과 영광 축복 속에서 늙음, 병, 죽음이 없는 승화, 성화된 개개의 완전한 영광체로 영원히 산다(영원인간)."

"이스라엘에서 구약 성경 말씀을 일점일획도 틀림없이 손으로 일일이 쓰는 사람들을 서기관이라고 불렀습니다. 왕 다음에 대제사장이 있었고 제사장들 서기관들 장로들이었지요. 이스라엘 나라를 담당하는 주요 관직이었습니다.

'산헤드린공회'라고 했지요. 공회의장이 대제사장, 오늘날의 국회 기능이라고 보시면 됩니다. 그리고 일반적인 백성들이 있고요.

성경은 인간이 이 지구 땅에 존재하게 된 이유와 인간이 살아오면서 실제 있었던 사건들을 쓴 책이며, 인류 앞날에 있게 될 미래에 대하여 미리 알려주는 책입니다.

성경은 사람을 위하여 있습니다. 성경 공부는 혼자만으로는 불가능합니다. 옆에 조력자가 필요합니다. 바로 서려고 노력하는 참된 조력자를 제대로 잘 만나야 합니다. 이것이 가장 중요하지요. 목사이든 신학교 성경학자이든 선교사이든지 전도자이든지 평신도이든지 비크리천이었다가 크리스천이 된 초신자이든지 누구든지 가장 중요한 조건은 하나님 앞에서 바로 선 자를 조력자로 만나야 합니다."

"삯꾼 목사, 가짜 이단 목사, 이단을 전파하는 선교사든지 전도사든지 신학자든지 평신도든지 이런 사람 만나면 인생 망칩니다. 안 만나는 것이 사는 길입니다."

"그럼 삯꾼 목사, 가짜 이단 목사, 이단을 전파하는 선교사나 전도사, 신학자, 평신도인지 이들을 어떻게 구분해 냅니까?"

"올바르게 성경을 알고자 하면 성령님께서 바른 조언자나 올바르고 참된 목사로 연결되도록 인도해 주십니다. 가짜들이 퍼뜨리는 헛된 말들을 깨달아 알게 해 주십니다. 그자는 거짓 조언자라는 것을 여러 방법 및 영적 체험, 즉 꿈이나 환상 등으로 알려 주시고 피하도록 보호해 주십니다."

"아… 저도 그런 인도하심을 받고 싶습니다."

"성규 씨가 바르게 걷고자 하면 인도해 주십니다. 위조지폐 분별법이라고 들어 보셨죠?"

"위조지폐요?"

"진짜 화폐를 아는 것입니다. 진짜 화폐를 알면 위조지폐범들(가짜 삯꾼, 이단 목사 신학자들)이 여러 방법을 동원해서 이리저리 바꾸어 가면서 성경 말씀을 속이려 해도 분별해 낼 수가 있습니다.

본인이 바로 걷기를 희망하면 성령님과 천사들이 실제로 나타나거나 환상이나 꿈으로 보여 주십니다. 바른길로 이끌어 주십니다. 본인이 잘 몰라서 그릇된 길을 가고 있으면 벗어나도록 경고도 주십니다."

"아~ 네…. 으음…."

"참된 크리스천들은 하나님께서 하시는 우주 만물의 일에 종이자 동역

자들이라고 보시면 됩니다. 하나님의 집에서 일하는 사역자들이다, 이런 비유적표현을 합니다."

"아~ 네…."

"크리스천들을 크게 둘로 대별합니다.

귀 뚫린 종과, 7년짜리 종. 이런 비유가 구약에 쓰여 있어요. 귀 뚫린 종과 7년짜리 종이란, 가령 평생 주인집에 일하는 종(동역자, 사역자)으로 있겠다고 하면 그 주인집 문기둥에 그 종의 귀를 대고 송곳이나 못을 박아 귀를 뚫습니다. 너는 이 집에서 평생 일해라 이런 의미입니다.

7년짜리 종은 귀 뚫지 않고 '6년간 주인집에서 일하고 7년째가 되면 더 이상 종으로 있지 않고 풀려나 세상으로 나가서 세상일 하며 살겠습니다' 이런 의미이지요.

구약은 주로 이스라엘에서 쓰였습니다. 인근 중동지방에서도 일부 쓰였지요. 신약시대가 오면서 모세 율법(구약시대의 이스라엘)을 기준으로 살아오다가 예수님께서 십자가에서 죽으심(대속)으로 인간 구원의 새 길이 열렸습니다.

귀 뚫린 종으로 일하다 어떤 이유로 그만두고 세상일을 할 수도 있는 것입니다. 세상일만 하며 살아오다가 어떤 이유로 귀 뚫린 종이 되겠습니다, 이런 경우도 있고요.

예수님의 십자가 보혈(십자가에서 죽으심, 대속)로 인간들은 과거의 '구약시대 모세 율법'의 속박에서 벗어나게 된 것입니다. '교회'가 생기기 시작한 것입니다. 사람의 죄에 대한 구원을 '하나님께서 사람(나사렛의 人子)'로 오셔서 구약 율법의 속박에서 벗어나게 해 주셨습니다.

구약 율법을 다 지킬 인간은 한 명도 있을 수 없으니까요. 다시 말해서 이스라엘 백성들은 '구약 율법(모세 율법)'을 다 지켜야 인간이 구원받는다고 보고 이를 지키려 무진 애를 썼습니다. 그러나 다 지키려고 해도 도저히 다 지킬 수가 없는 것입니다. 즉, 인간의 구원은 인간 스스로가 인간 자신의 힘이나 능력으로 일구어낼 수가 없다는 의미입니다.

그렇다면 예수님께서 오셔서 다 지킬 수 없는 '구약 율법(모세 율법)'을 폐하셨느냐? 아닙니다. 폐하지 않으셨습니다! 그 대신 인간들이 다 지키지 못하기에 그 못 지키는 그 부분을 예수님께서 대신 십자가에서 죽으심(대속)으로 인간들이 다 지키지 못하는 죄 된 부분을 인간 대신 갚아주셨습니다 (인간 대신 죽으심).

인간들이 다는 못 지켜도 그 못 지키는 부분을 예수님의 대속으로 율법을 다 지킨 것으로 갈음한다는 뜻입니다. 인간이 인간을 구원할 수가 없다는 의미입니다. 오직 하나님만이 인간들을 구원해 내실 수 있다는 의미입니다."

"아~ 네. 무슨 뜻인지 이해가 옵니다!"

"교회는 건물을 뜻하는 것이 아닙니다. 교회란 몇 사람이라도 모여서 성경 말씀을 공부하면, 그 몇 사람의 모임을 교회라고 부르는 것입니다. 뒷동산에 모여서 성경 공부하든지 누구네 집에 몇 사람이 모여서 가정교회를 하든지, 하나님 말씀 들으면 그 모임이 교회가 되는 것입니다.

'교회 건물이 크냐? 아니냐? 대도시의 큰 교회냐? 아니냐? 유명인들이 많이 출석하는 교회냐? 아니냐? 사회에 저명인사들이 많냐? 아니냐?' 하고는 '그 교회가 참되냐? 올바르게 가고 있느냐?' 하고는 아무 관련이 없습니다.

몇 사람들이 출석하는 가정교회는 대도시의 커다란 교회보다 못하다는 뜻이 아닙니다. 물론 대도시의 큰 교회도 필요합니다. 당연히 있어야 합니다. 큰 교회든 작은 교회든 '하나님의 말씀대로 가냐? 아니냐?' 이것이 척도입니다."

"아 그렇습니까?!"

"성경은 하나님께서 세우신 인간 교육에 대한 계획표라고 보시면 됩니다."

"인간 교육 계획표라고요?"

"네, 그렇습니다."

"자세히 설명 좀 해 주세요!"

"하나님께서 인간을 어떤 방식으로 교육 훈련하실까에 대하여 미리 짜 놓으신 '스케줄'입니다."

"네에… 스케줄이라고요?? 무슨 뜻인지… 도통."

"본인이 알고자 하면 천천히 깨닫게 됩니다. 마음만 급하다고 빨리 알게 되지 않습니다. 머리로 왼다고 알게 되지도 않습니다. 마음으로 이해해야 합니다. 깨달아야 합니다."

"네, 마음만 급하다고 단숨에 알게 되는 것은 아닌 것 같더라고요."

"그렇지요. 성경은 구약의 '창세기'로 시작해서 신약의 '요한계시록'으로 끝납니다. 구약, 신약 둘로 나뉘어져 있지만(구약 39권, 신약 27권) 전체 말씀은 변함없이 이어져 가는 것이죠. 역사 시대적 관점으로 구약과 신약으로 나누었을 뿐입니다."

"네~"

"구약은 '창세기~말라기'입니다. 대략 3,500여 년 전~2,400여 년 전으로, 약 1,100년에 걸쳐서 선지자나 특정 인물들에 의하여 그때그때 쓰였습니다. 양피지나 파피루스 같은 것에 쓰여 두루마리 형태로 보관되어 왔습니다. 출애굽(EXODUS)이란 말을 아시죠?"

"네, 창세기 다음 순서가 출애굽기로 모세 5경의 두 번째입니다."

"네, 그렇지요. 이스라엘 족속이 애굽(이집트)에서 400년 동안 노예 생활을 하며 살았는데, '모세'를 지도자로 해서 이집트 노예 생활에서 탈출하게 되었습니다. 탈출 후 사우디아라비아의 북부 광야에서 40년간 광야 생활을 하게 되는데, 그 40년 광야 생활 때에 모세가 하나님 말씀을 받았습니다. 그것을 글로 썼고 후대로 전해져 현재까지 왔습니다. 이를 '모세 5경[7]'이라고 합니다.

'모세 5경'에서부터 '말라기'까지로 구약은 끝납니다. 이 기간이 대략 1,100년 정도 됩니다.

구약과 신약의 사이에 약 400년 공백기가 있었지요. 공백기 400여 년이 지나고 다시 쓰이기 시작한 것이 신약입니다.

신약은 '마태복음~요한계시록'입니다. 지금부터 약 2,000전부터 1,900여 년 전까지 대략 100여 년에 걸쳐서 쓰였습니다. BC 4년(예수님 탄생, 초림)~AD 100년경(예수님의 열두 제자 중 한 사람이었던 사도 요한)까지 있었던 하나님 말씀이자 사건들을 썼습니다.

구약과 신약 사이에 공백기 약 400년이 있었습니다.

이스라엘이 출애굽 후 40년 광야 생활을 마치고 요르단강을 건너 그들의 최초 조상(아브라함)의 본토 땅에 돌아와서 나라를 세우고 살아오다가, 사울왕(첫 왕), 다윗왕, 솔로몬왕들을 거치고 그 이후에 후대 왕들에 이르면서 점점 더 하나님 말씀에서 벗어난 죄를 범하였습니다. 그 죄에 대한 대가로 BC 586년에 바빌론 제국(고대 이라크)에 멸망당하는데, 그 후 바빌론 제국은 페르시아 제국(고대 이란)에 멸망당했습니다. 이스라엘은 바빌론 제국의 식민지에서 페르시아의 식민지가 되었고, 페르시아 제국은 헬라 제국(고대 그리스)에 멸망당하였고, 헬라 제국은 로마 제국(고대 이탈리아)에 의하여 멸망했습니다.

이스라엘은 이제 로마 제국의 식민지가 되었습니다.

신약은 로마 제국의 초창기에 쓰이기 시작했는데, 예수님의 공생애(30

---

7) 창세기, 출애굽기, 레위기, 민수기, 신명기.

세 되셨을 때부터 십자가 대속까지 약 3년) 당시 이스라엘의 왕은 '헤롯왕'이었고, 로마 총독은 '본디오 빌라도'였습니다.

주로 이스라엘과 소아시아 지방, 로마에서 쓰였고 AD 100년경에 사도 요한의 요한계시록을 끝으로 신약 말씀이 모두 끝나게 됩니다. 그런데 성경에 마지막 장(章)이자 신약의 마지막 말씀인 요한계시록에는 인류의 앞날에 일어날 일들이 이미 계시되어 있습니다(약 1,900년 전에 이미 계시하셨다).

무려 1,900여 년 전에 오늘날과 오늘 이후에 벌어질 세상일들을, 그 까마득한 옛날에 이미 알려 주셨습니다.

요한계시록의 말씀은 좀 후에 하고, 우선 사람의 근원에 대해 먼저 대화 나누고 오늘 대화 말미에 계시록에 대하여 이어서 하지요."

"네 알겠습니다."

"이스라엘에 대해 먼저 말하겠습니다. 이스라엘이 헬라 제국(고대 그리스 알렉산더 제국)에서 갈라져 나온 안티오코스 왕국에 지배를 받던 중 독립전쟁을 하여 이기고 하스모니안 왕조(BC 142~BC 63, 약 79년간 지속)를 세웠습니다.

헬라 제국이 알렉산더 대왕 사후에 파벌 싸움으로 넷으로 나뉘면서 갈라져 나온 안티오코스 왕국이 당시 이스라엘을 지배하고 있었는데, 안티오코스 왕국과 싸워 물리치고 독립을 쟁취하였고 하스모니안 왕조를 세워 이스라엘 국가를 한동안 되찾기도 했으나 또다시 로마의 지배를 받게 된 것입니다.

사람들 입에 널리 회자되는(코가 조금만 낮았더라면 역사가 바뀌었을 것이라는) 이집트의 여왕 클레오파트라 7세가 그녀의 정부(애인)였던 안토니우스(로마 제국 초기 직전의 로마의 막강한 실력자)와 연합하여 로마에 대항하다가 로마에서 사령관으로 임명된 옥타비아누스와 전쟁 - 악티움 해전, 로마 제국의 옥타비아누스(줄리어스 카이사르의 양아들)가 악티움 해전 - BC 31년 9월 2일, 그리스 이오니아해의 악티움곶에서 승리하게 되는데, 이로써 옥타비아누스는 로마 제국의 초대 황제 '아우구스투스 황제'가 되었습니다.

로마 제국의 초대 황제 아우구스투스 황제 때에 이스라엘에선 성경 신약의 말씀과 사건들이 처음 시작되었습니다."

설명을 듣자 성규는 문득 이런 생각이 떠올랐다.

'앗! 그런가?'

중학교 역사 시간에 로마의 삼두정치 카이사르, 폼페이우스, 크라수스에 대해 세계사에서 배웠던 때가 순간 뇌리를 스쳤다.

김 목사는 계속 설명했다.

"구, 신약 다 합치면 약 1,600년 동안 쓰였는데, 중간에 공백기 400년을 빼면 약 1,200년에 걸쳐서 그때그때 주신 말씀들을 모아 놓은 책입니다. 성경의 주 무대가 '이스라엘과 중동, 인근 서아시아 지방 그리고 로마'였습니다.

이스라엘이라는 나라는 세상 사람들에게 보여 주는 하나의 '표본 및 푯대'라고 할 수 있어요. 이스라엘은 '타산지석(他山之石)'이다, 이스라엘을 보고 옳고 틀린 점, 좋고 나쁜 점을 배워라. 다시 말해서 하나님께서 정하신 본보기, 이렇게 보시면 됩니다.

성서가 '이스라엘만을 위하여 하나님께서 내려 주신 말씀'이 아니란 뜻입니다."

"네 이해 됩니다."

"이스라엘이란 나라는 온 세상 사람들에게 하나의 잣대 역할을 합니다. 어떤 분들은 이렇게 말하지요. '아니, 남의 나라 역사 이야기가 내 나라 대한민국하고 또 나하고 무슨 상관이야? 그걸 왜 알아야 하는데?' 이렇지요."

그러자 성규도 고개를 끄덕였다.

"이스라엘은 본보기 역할을 하는(타산지석, 他山之石) 그런 나라입니다. '너네들 이스라엘이 어떻게 됐는지 잘 봤지? 너희들도 잘못하면 이스라엘 꼴 난다.' 이렇게 하나님께서 다른 여러 이방 나라 사람들에게 경고하신 것입니다.

세상사 인류가 걸어온 역사가 하나님 말씀대로, 즉 성경에 쓰인 대로 그대로 되었고, 현재도 그대로 되고 있습니다."

"아, 그런가요…."

김 목사의 말을 듣던 중 성규는 문득 이런 의문이 들었다.

"목사님, 도대체 사람은 언제 처음 만들어졌습니까? 하나님께서 사람을 언제 처음 창조하셨습니까?"

그러자 김 목사는 조용히 미소 지었다.

"성규 씨. 성규 씨는 사람이 언제 최초 하나님으로부터 지음받았다고 생각합니까?"

"글쎄요… 어떤 사람들은 몇백만 년 전이다, 신석기, 구석기 시대를 말하고…. 통 모르겠습니다."

"성경 창세기에 단서가 있습니다."

"창세기요? 하지만 창세기는 읽어 봐도 통 모르겠던데요."

"대략 이렇습니다. 최초의 사람, 아담 창조와 아담의 자손들을 역산해 보면 아담이 선악과를 먹고 영원 영생을 잃어버린 때를 알 수 있습니다. 아담이 930세를 살았고 그 후손들이 태어나고 그 후손들의 연수를 숫자로 계산하면 나옵니다.

아담이 선악과를 먹어 죽음이 시작된 때부터 930년을 살고 죽었다는 뜻입니다. 허나, 아담이 선악과를 먹기 이전에 이미 몇 년을 살아오고 있었다가 선악과를 먹었는지는 알 수 없지요. 성경에 쓰여 있지 않습니다.

아담이 창조되어 지구의 에덴동산에서 살기 시작해 몇 년을… 몇백 년을… 몇천 년을… 아니, 그 이상도 더 살아오고 있다가 어느 날 선악과를 먹었는지는 모른다는 뜻입니다. 아니면 최초 창조되고 불과 몇 년을 살아오다가 선악과를 먹었을 수도 있고요.

창조되어 살아오던 중 어느 날 아담과 그의 아내 하와가 선악을 알게 하는 나무의 실과(선악과: 하나님의 명령)를 먹었는지가 아담 후손들을 역으로 계산하면 나옵니다. 아담이 선악과를 먹은 때부터 930년을 살고 죽었습니다. 성규 형제? 아담이 선악과를 안 먹고 하나님의 명령(법)을 계속 지켰다면 아담과 하와는 오늘도 살고 있을 겁니다. 6,000살도 더 넘게, 오늘도 살고 있을 거란 말입니다. 믿어지십니까?"

"아이고, 하하…. 아유~ 목사님, 전 전혀 믿어지지 않습니다…."

"하하~~~ 성규 씨, 6,000살이 많게 보입니까? 사람은 죽지 않게 하나님께서 창조하셨습니다. 6,000살은 어린애입니다. 영생하라고 하나님께서 창조하셨지만 인간의 잘못으로 겨우 7~80세로 생이 단축되게 하셨습니다. 허나, 다시 회복하는 날이 오면 그때는 영원 영생하는 길이 옵니다. 그야말로 영생, 영원입니다. 다 하나님께서 내려 주시는 크신 은혜입니다. 인간들이 잘나서가 아닙니다."

"아유… 도저히 전 믿어지지가 않습니다. 정말 그렇게 될까요?? 저는 통 모르겠습니다."

"네, 성규 형제의 마음 이해합니다. 성령 체험이 필요합니다. 그냥은 그 누구도 믿지 않지요. 믿어지지가 않는 것입니다."

"네, 저도 어서 성령 체험도 하고 싶습니다."

"네. 그러셔야죠. 하나님의 은혜가 성규 형제에게도 임재하시길 기도하겠습니다."

"선악과 먹은 죄가 그렇게 큽니까?"

"선악과는 하나님께서 정하신 법입니다. 선악과가 귀중해서가 아니고 독이 들어 있어서도 아니고 사람이 창조주 만물의 조물주 하나님의 명령

(법)[8] 을 지키느냐를 보시는 시금석이었습니다. 사람의 마음을 보시고자 하셨지요. 먹지 말라는 말씀을 지키냐 못 지키냐를 선악과를 통하여 보시고자 하셨습니다. 그런데 결국 아담과 그의 아내 하와는 못 지키고 말았던 것입니다."

"아… 그런 의미가 담겨 있는 것이었군요. 음…."

"선악과를 먹은 그때부터 사람에게 죽음이 시작됐고 그때부터 인간의 역사를 계산하면 최초의 인간 아담과 하와가 선악과를 먹은 그때부터 현재까지를 대략 6천여 년을 잡습니다.

"네? 6천 년밖에 안 된다고요? 몇백만 년은 됐을 거라고 다들 그렇게 알고 있지 않습니까? 학교에서도 구석기, 신석기 시대라고 배우고…."

성규는 되묻지 않을 수 없었다.

"좀 더 설명을 드리죠…. 6천 년은 아담이 하나님의 명령을 어긴 때부터 현재까지가 약 6천 년이 흘렀다는 뜻이고, 아담이 최초 창조된 때는 아니라는 것입니다. 흔히 말하길 지구가 만들어진 것은 수백만 년 또는 그 이상도 더 되었다고들 말들 하지요. 수십억 년이 되었는지도 모르죠. 창세기 1장에서 창조 순서를 일부분 알려 주셨습니다. 성규 형제도 아시지요?"

"네."

"그 순서를 보면 아담(사람이라는 뜻)이 맨 나중에 창조되었습니다. 왜 맨 나중에 창조하셨을까요?"

"글쎄요. 무슨 이유가 있었지 않나 합니다. 그러고 보니 지구의 만물을 다스리라고 창세기에 쓰여 있습니다."

"네, 정확히 이해하셨군요. 그렇습니다. 지구를 잘 관리하고 다스려라, 이렇게 아담에게 명령하셨습니다.

---

8) 창세기 3장 3절: 동산 중앙에 있는 나무의 실과는 하나님의 말씀에 너희는 먹지도 말고 만지지도 말라 너희가 죽을까 하노라 하셨느니라.

태초에 천지(2층천과 1층천)를 창조하셨습니다. 지구 땅(1층천) 위에 하늘들을 펴시고 하늘에 태양, 달, 별들을 창조하시고 물고기들, 새들, 땅 위에 동물들을 만드시고 맨 나중에 인간을 만드셨습니다."

"그럼 별들, 물고기들, 새들, 육지 동물들, 그다음이 사람이군요. 창세기에 첫째 날 둘째 날 이렇게 나오는데 그날이 무엇을 뜻하는지 궁금합니다."

"이렇습니다. 날(하루)이 인간들의 하루가 아닙니다. 하루 24시간이 아니란 뜻입니다. 하나님은 영원이십니다. 몇천 년, 몇만 년, 수억 년도 영원에 비할 바가 아니지요. 그래서 창조하실 때를 하나의 큰 단락(맥락)으로 삼아서 첫째 날은 어떠하셨고 둘째 날은 어떠하셨고, 이렇게 인간의 관점적으로 비유적 말씀을 하셨습니다.

"아, 네. 그런가요?"

"6일 창조하셨다고 인간적인 비유로 말씀하셨지만 저는 아마도 광대한 먼 옛적의 흐름 속이었으리라고 봅니다. 6일×24시간이 아니지요. 또한 창세기 1장 3절에 '빛이 있으라' 이 말씀에서 빛은 태양 빛을 말하는 것이 아닙니다. 장차 오실 인간들의 구세주이신 예수님을 뜻합니다. 예수님이 빛되셨다, 이렇게들 말하지요(예수님은 흑암을 물리치시는 분).

2절에 흑암이 깊음 위에 있고 성령은 수면 위에 있으셨다는 뜻은 악령과 성령이 그 먼 먼 옛적에 이미 공존하고 있었다는 뜻입니다(1, 2층천에 공존). 태양은 넷째 날에 하늘에 별들을 만드실 때 태양도 달도 별들도 만드셨습니다."

"아아… 네. 그런가요? 아… 저, 목사님. 또 하나 궁금한 것이, 그럼 하늘에 천사들은 언제 창조하셨나요?"

"아… 천사들 말인가요? 그들 역시 피조물들입니다. 언제 창조하셨을까요…. 성규 씨도 창세기를 깊이 있게 읽어 보셨다면 단서를 찾을 수 있습니다."

김 목사가 묻자 성규는 도통 알 수 없다고 대답하였다.

"저 역시 모릅니다. 허나 단서는 있습니다. 창세기 1장 1절에 '태초에 하나님께서 천지를 창조하셨느니라' 하셨습니다.

아마도 무량 억겁의 먼 먼 옛적에 창조하셨다고 봅니다. 인간 창조 이전이고 첫째 날부터 여섯째 날의 창조, 그보다 훨씬 이전에 이미 천사들이 먼저 있었지요. 사람보다 훨씬 더 먼저 창조하셨습니다. 아주 먼 먼 옛적이었을 겁니다. 지구 이 땅이 제대로 갖추어지기 이전이었을 겁니다. 창세기 1장 2절에 흑암이 깊음 위에 있다고 하셨고 3절에 빛이 있으라 하셨습니다. 지구 땅이 온전히 모습을 갖추기 전에 하늘 천국에서 배도하여 쫓겨난 천사들(사탄과 악령들)과 사탄 악령들과 하늘 전쟁에서 사탄 악령들을 물리쳤던 하늘 천군 천사들도 천국에서 오가며 이 땅 지구에 머물렀을 것입니다. 성령님께서도 물론 천국에서 오셔서 머무셨고 왕래하셨다고 저는 봅니다."

"그럼 이 지구 땅은 6천 년 전에 만드신 것이 아니고 먼 억겁의 때에 만들어졌고, 창조 6일은 인간의 하루, 24시간의 6일이 아니라는 말씀이군요."

"네, 그렇습니다. 지구와 천사가 창조된 때 그리고 최초의 사람 아담이 창조된 때는 알 수가 없지요. 영원이신 하나님을 인간의 시각과 인간의 시간으로 보면 안 되지요."

"으음… 그렇다면 이해가 됩니다, 목사님~!"

"성경은 하나님께서 인간에게 내려 주신 말씀이고, 지구 세상에 있는 만물과 하늘에 해와 달과 무수의 별들을 보면서… 아! 신(하나님)이 실존하시는구나 믿게 되는 것입니다.

이런 이야기가 있습니다. 어느 우주비행사가 우주에 날아올라 지구를 보았습니다. 그렇게 아름다울 수가 없다는 것입니다. 그 우주비행사가 우주에서 지구를 처음 봤을 때 저절로 아! 하고 감탄하면서 저것(지구)은 신(하나님)의 작품이다! 이렇게 저절로 알아지더라는 거예요. 그런데 이상한 것은 그 속에 사람들이 서로 싸우고 전쟁하고 있다는 거예요. 그럴 이유가 전혀 없는데…. 성규 씨는 그 이유를 아십니까?"

"아뇨, 도통 저도 사람들이 왜 그렇게 싸우며 전쟁을 하는지 모르겠습니다."

"그 이유를 성규 씨도 아셔야 합니다. 좀 더 얘기 나누다 뒷부분에서 말씀드리겠습니다."

"네, 정말 알고 싶습니다, 목사님!"

"다시 돌아가서 말합시다. 성경에 쓰인 대로 세상사가 되어 갔고 오늘날 현재도 성경에 쓰인 대로 세상이 되어 가고 있습니다.

창조주 조물주이시니 지구 세상사가 하나님 말씀 그대로 되고 있는 것입니다. 이렇게 그 누가 할 수 있겠습니까? 잘 생각해 보세요. 과거만이 아니라 현재, 오늘날, 그리고 아직 일어나지 않은 미래의 인간 세상에 관한 일들이 구약과 신약을 통해 이미 쓰여 있는데, 써 있는 그대로 인간 역사에서 실제로 그대로 일어났습니다.

특히 요한계시록에는 아직은 일어나지는 않았지만, 앞날에 일어날 일들을 써 놓았습니다. 앞날에 일어날 일, 장차 닥칠 일이 기록되었습니다. 금년(2000년도)이 새천년이 시작하는 첫해입니다. 요한계시록과 새천년(New Millennium)의 연관성에 주목해야 합니다."

성규는 정신이 번쩍 들었다.

"새천년과 앞날? 그럼 앞날에 인간들에게 무슨 일이 일어납니까?"

"… 그것은 한 마디로 다 말할 수 없고요. 요한계시록을 읽어 나가면서 찬찬히 공부하셔야 할 과제입니다. 한 번 읽는다고 다 파악되지도 않고요, 알아야 한다는 열성이 먼저입니다. 저도 다 알지 못합니다."

"아… 네. 그렇습니까?"

"성규 씨, 요한계시록을 여러 차례 잘 읽어 보세요!"

"네! 그렇게 하겠습니다!"

"갈릴레오의 지동설을 봅시다. 태양이 도는 게 아니고 지구가 도는 거라고 알려 주었는데, 오히려 거짓말한다고 사형당할 뻔했다고 하지요? 성경에는 이보다 훨씬 전에 알려 주고 있습니다. 이뿐만이 아닙니다. 자동차 비행기처럼 말이나 마차 타던 시대와는 근본적으로 다른 교통수단이 생겨날 것이라고 약 2,600년 전에 이미 구약 성경 '다니엘서'를 통하여 알려 주셨습니다.

전쟁 무기로는 활, 창, 칼 대신에 탱크, 미사일, 핵무기 등등이 나타나게 될 것도 요한계시록에서 이미 1,900여 년 전에 알려 주셨습니다.

손으로 쓴 편지보다는 사회적으로 널리 쓰이고 있는 컴퓨터 및 휴대폰, 사람 형상(인공인간, AI 로봇) 같은 것들이 나타날 것을 까마득한 옛날 1,900여 년 전에 이미 계시하여 알려 주셨다는 얘기입니다. 상상도 못 하던 시절이었는데 말이죠. 더구나 이런 것들이 나타날 즈음이 되면 인간 역사가 거의 끝나는 시점이 되고 신(하나님)께서 지구 세상을 다스리시는 새천년(New Millennium)의 시점에 가까이 이르렀다고 알려 주셨습니다.

이런 물건이나 생활 도구들이 나타날 것이라고 만약 몇백 년 전에 얘기 꺼냈다간 어떠하겠습니까? 갈릴레오보다 더 미친놈 되는 겁니다. 아마 끌려가 곤장을 많이 맞았겠지요. 죽였거나요. 세상을 혹세무민한다고요. 갈릴레오도 그래서 죽임을 당할 뻔했다잖아요? 지금 보면 어떤가요? 오늘날 현 세상에 그대로 되고 있잖아요?

성경대로 세상이 되어가니 '하나님께서 실제로 계신 증거'가 아니고 무엇이겠습니까? 무신론자나 성경에 무관심인 비크리스천 또는 크리스천이라도 초신자나 이단에 속아서 제대로 알지 못하는 크리스천, 또는 그날그날 살기에 바쁜 무신론자적 현대인들은 현 세상이 성경대로 되어 가고 있다는 것을 까마득히 모른 채 하루하루를 살고 있는 거예요. 돈 벌랴, 좋은 집 마련하랴, 좋은 직장 구하랴, 늘 바쁜 것이지요. 손에 쥐여 주어도 내팽개칩니다. 별 미친놈 다 본다고 눈살을 찌푸립니다.

그리고 계시(예언)는 창조자만이 할 수가 있습니다. 왜일까요? 성규 형제?"

"모르겠습니다."

"잘 생각해 보세요. 앞날을 그 누가 알겠어요? 앞날을 이러이러하게 만들어 가겠다고 구체적으로 계획하고 또한 그대로 만들어 낼 수 있는 창조자, 조물주이시니 예언(계시)하실 수 있지요. 왜냐고요?!

'하나님은 토기장이시다' 이런 말이 있습니다. 그릇을 납작하게도 길쭉하게도 금칠한 금그릇으로 은그릇으로도, 아니면 한 번 쓰고 버릴 그릇도 만드시고 그릇을 깨뜨려 버리시기도 하십니다. 그러시기에 예언할 수 있는 것입니다. 무에서 유를 만드시니 예언할 수가 있잖아요? 예언한 대로 그대로 하시면 되니까요. 예언은 창조자 하나님, 조물주 하나님의 주권입니다."
9)

"아하! 그렇구나."

성규는 조용히 머리를 끄덕였다.

김 목사는 말을 계속 이었다.

"천국도 본래는 천국이라 따로 칭할 이유가 없었지요. 2층천과 1층천을 만드시기 전에는 천국만 있었습니다. 창세기 1장 1절 '태초에 천지를 창조하시느니라' 천지(天地)에서 천(天)은 3층천 천국을 말하는 것이 아닙니다. 천지는 2층천과 1층천을 말합니다. '천국=제3층천'은 하나님께서 계신 곳으로, 태초보다 먼저 이미 영원 전부터 있었습니다. 천국은 이미 있었고, 2층천(우주 하늘)과 1층천(지구 땅과 대기권 정도를 말함)을 영원 속에서 어느 시점

---

9) 창조자 = 야훼 = 여호와 = 엘로힘 = 삼위의 하나님 = 예수아메시아 = 지저스 크리스트 = 예수 그리스도 = 예수님 = 사람들의 주인님 = 주님

에 새로 만드셨다는 뜻입니다. 아마도 천사들을 만드실 그즈음보다는 먼저 천지(天地)를 창조하셨다고 저는 생각합니다. 아직 천사도 사람도 창조하시기 이전입니다. 저는 그렇게 봅니다.

자, 이제 '사탄 악령들'에 대해 말해 봅시다. 그 창조물들은 본래 '천국=제3층천'에서 살던 천사들로 먼 옛적에 사람보다 훨씬 먼저 창조되어진 피조물들이었습니다. 물론 2층천과 1층천(지구)은 천사들보다 먼저 만드셨고 그 후에 천사들을 만드셨다고 저는 봅니다. 악령들이란 천국(3층천)에서 살고 있었는데 하나님께 배도하여 쫓겨난 천사들입니다. 쫓겨난 후 이 1층천(지구 세상)과 2층천(우주)으로 내려오게 되었습니다. 지구 세상의 천국에서 쫓겨난 천사들(사탄과 악령들)은 2층천과 1층천에 대비하여 3층천을 천국이라고 말하게 되었습니다. 쫓겨나서 2층천과 1층천을 배회하고 있는 악령들(천국에서 쫓겨난 천사들)은 본래 그것들이 악령들이 되기 전에 그것들이 살던 그곳(천국)을 그리워하며 천국이라고 말하게 된 것이지요."

"아, 네~ 그런가요… 무슨 뜻인지 알겠습니다!"

"성경의 마지막 책이 요한계시록입니다. 요한계시록에는 미래에 닥쳐올 어느 시점에 전 세계에서 일어날 일들이 쓰여서 인간들에게 미리 알려주셨습니다.

아직 도래하지는 않았지만 장차 일어날 일들이 쓰여 있습니다. 장차 일어날 일들… 이를 성규 씨는 깊이 있게 읽어 보셔야 할 것입니다."

"네! 요한계시록을 다시 잘 읽어 보겠습니다!"

"그리고 먼먼 옛적 하늘(천상=제3층천=천국)에서 무슨 일이 일어났었는지… 이것이 아주 중요합니다. 잘 아셔야 합니다."

순간 성규는 난감해졌다….

"목사님! 너무 어렵습니다…. 자기 머리에 난 머리털이 몇 개인지? 눈에 보이는 것들도 셀 수 없는 인간들이 가 보지도 못한 천국에서 일어난 일을 어찌 안단 말입니까?"

성규는 얼굴을 찡그리며 난색을 표했다.

그러자 김 목사는 말했다.

"성경에 쓰여 있습니다."

"앗, 그런가요?! 제가 몰랐네요! 읽고 나서도 시간이 가면 기억이 어려워져서….."

"한 번 읽어서 다 아는 사람은 세상에 없습니다. 저도 여러 번 반복해서 상고하고 그런 과정 속에서 조금씩 깨달았지요 마음만 급하다고 알게 되지 않습니다. 그러다가는 지쳐 나가떨어집니다. 천천히, 꾸준히, 늘, 틈틈이 가까이하면서 서서히 알아 가는 것입니다. 사람의 노력만으로는 알게 되지 않습니다. 성령님께서 깨닫게 해 주십니다."

"아, 네. 으음….. 그런데요. 성경에 쓰여 있는 말씀을 놓고 이 사람은 이렇다고 주장하고 저 사람은 저렇다고 주장한다고 하더라고요. 서로 견해, 주장이 다르면 어떻게 되는 겁니까? 싸우게 되지 않나요? 어느 쪽이 올바른 해석 견해인지 알 수가 없잖아요? 해석이 서로 다르면 어떻게 되는 겁니까?"

"음… 성규 형제가 그런 점을 궁금해하는 마음을 이해합니다.

서로 다른 의견, 견해가 대립해 온 것이 비단 성경 해석뿐만이 아니라 우리 인간들의 지난 날이자 각자가 걸어온 개개인의 삶이죠. 세상의 모든 것들이 서로 대립하지요. 성경의 올바른 해석은 오직 하나입니다. 사람들이 싸우는 것은 자기가 내놓은 자기 견해가 옳다고 서로 싸우는 것이지요.

사람 본성에는 자기 견해 주장이 남으로부터 인정받기를 좋아하는 속성이 있습니다. 그래서 내가 주장한 것이 호응, 찬사받기를 원하지요. 내 주장이 남으로부터 배척당하면 상대방을 공격합니다. 네가 틀렸다고요. 심하면 죽기 살기로 싸우죠. 더 심하면 나라 간에 전쟁도 납니다.

성경 말씀은 사람이 가지고 있는 이 오만과 교만 아집을 깨닫게 하고 뾰족뾰족 튀어나온 인간의 죄 된 심성을 갈고 닦게 해 주어 온화하고 화평과 사랑의 심성으로 변화시켜 줍니다. 이런 능력과 힘을 주는 책은 성경이 유일무이(唯一無二)합니다.

사람이 가진 '나는 옳고 네가 틀렸다' 이런 심성 때문에 성경 해석마저도, 내 말이 옳고 네 견해가 틀렸다고 심하게 다투기도 합니다. 이것이 인간의 심성(본성)입니다. 내가 옳고 네가 틀렸다고 싸웁니다. 부족하고 온전치 못한 인간들이기에 그런 차이가 발생하는 것입니다. 그러나 성경 말씀의 참뜻은 불변입니다."

"아! 그렇습니까?"

성규는 고개를 끄덕였다.

"지금은 부족하더라도 찾아가는 것입니다. 세상을 다 아는 사람이 세상 천지에 누가 있습니까? 어떤 목사도 어떤 성경학자도 어떤 법률가도 어떤 정치인도 어떤 과학자 생물학자 의학자도 노벨상 100개 받은 천재가 있다 해도 그 어떤 사람도 다 알지 못합니다. 저도 어찌 다 알겠습니까? 우리 사람들은 그 누구든지 아주 작고 적은 일부분을 그저 아주아주 조금 아는 것입니다.

그리고… 이 세상 지구에 살고 있는 사람들이 서로 아껴 주고 사랑하면서 서로 화목하게 살면 얼마나 좋겠어요."

이 말을 듣는 순간 성규는 가슴이 울컥했다.

숨겨 놓을 수밖에 없었고, 뼈아프게 살아온 지난날이 성규 가슴속에서 되살아 올라오는 것 같았다. 그래! 서로 아껴 주고 사랑하며 화목하게 사는 것… 그러나 그런 것을 거의 모르고 살아왔다. 가슴 한편에 멍든 것을 숨기며 살아왔다. 세상을 얼마나 원망했던가!

"지금 이 순간도 세상은 이쪽에서 저쪽을 비난하고 싸우고 전쟁까지도 서슴지 않습니다. 마음 아픕니다."

묵묵히 듣고 있던 성규는 다시 입을 열었다.
"사람들이 서로 싸우고 전쟁을 하는 그것이 궁금합니다. 왜 그런 것입니까? 서로 화목하게 살고 도우며 아껴 주면 서로 간에 득이지 않습니까? 싸우고 전쟁해 봐야 피해만 발생하잖아요?"

"성규 씨 말대로 그리 살면 얼마나 좋겠습니까? 도움을 주고받고 남을 해치지도 않고 도둑도 없고 강도 사기꾼도 없고 약하다고 업신여기거나 힘 세다고 남에게 피해 주지 않고, 더 나아가 전쟁도 없으면 사회 세상이 얼마나 좋아지겠어요? 그런데 그런 이상향 유토피아 낙원은 이 세상에선 결코 성사되지 않습니다."

"네에~ ?? 왜요!?"

"저라고 어찌 알겠습니까만, 이렇게 생각합니다."

"어떻게요?"

성규는 다급한 마음이 앞섰다.

"인간의 불완전성 때문입니다. 동시에 인간의 노력과 인간의 능력과 인간의 이성으로는 이루어 낼 수가 없다는 것을 하나님께서 인간들에게 알려 주시는 것입니다. 피조물들이기에 그렇습니다. 그리고 개개인이 다 똑같은 사고방식, 생각, 성향, 개성, 사물관, 욕구, 욕망, 취향을 가졌다면 세상이 성립되지도 않고 유지되지도 않겠죠.

하나님께선 각각의 소질, 특성, 취향, 능력을 개개인에게 다르게 따로따로 나누어 주셨습니다. 사람은 사회적으로 협업해야만 살 수 있습니다. 혼자만으론 살 수가 없어요.

소질, 취향, 능력이 다 똑같다면 어찌 되겠습니까? 다 건물만 짓겠다 하면 농사는 누가 짓나요? 다 옷 만드는 일만 하겠다 하면 자동차는 누가 만드나요? 사회가 혼란 무질서하고 여기저기서 도둑 강도가 판치면 어찌 되겠습니까? 질서가 있으려면 경찰도 있어야 하고 사회, 법을 만들고 법에 종사하는 사람도 있어야 하겠지요. 사람이 아프면 어떡하나요? 의사가 있고 약과 치료 도구가 있어야지요."

"으음… 하지만… 그렇더라도 나쁜 것은 서로 간에 하지 않으면 되는 것 아닙니까? 서로에게 득이 되지도 않고 그런 일 해 봐야 피해만 발생하고 좋을 게 없으니까요?"

"그렇지요. 그러면 되는데 그게 안 된다는 것입니다.

강 건너 불구경이란 속담 있잖아요. 내 집에 불나지 않은 것이면 불구경한다는 뜻이지요. 나, 내 가족, 내 집안의 일, 나와 관련된 일이 아니면 남이야 죽거나 말거나죠. 그런 것들보다는 내 일이 더 급한 것입니다. 이런 말이 있어요. 가난한 자의 돈 백만 원을 빼앗아 부자가 자기 돈 9천9백만 원에서 모자란 백만 원을 채우려 한다고요.

부자는 다 그렇다는 것이 아닙니다. 맨손에서 노력하며 정당하게 부를 일군 사람들 많지요. 그런 사람들에게는 배워야 합니다. '일하지 않으면 먹지도 말라, 언제까지 게으를 거냐?'라고 성경에서 말씀하셨습니다.

내가 직접 하지는 않지만 나와 관련되는 것, 예를 들면 선거가 있지요. 구청장이나 마을 이장 선거도 자기 마음에 들거나 자기와 좋게 관련된 사람에게 호감이 가고 자기가 호감 갖고 있는 쪽이 뽑히도록 다투겠죠."

하지만 여전히 성규는 의문을 풀 수가 없었다.

어린 나이에 세상에 아픔을 겪으며 살아가야 했던 자신의 입장에선 인간사에 끊이지 않고 먼 옛적부터 오늘날까지 계속되고 있고 또한 앞날 미래에도 계속될 모든 아픔, 고통, 눈물, 싸움, 전쟁, 그리고 너와 나 모든 인간이 넘을 수 없는 것….

1 늙음

2 병들고

3 모든 사람의 끝은 죽음….

이를 피해 갔거나 피할 수 있는 인간은 여태껏 단 한 명도 없었다. 성규는 다시 물었다.

"인간은 왜? 늙고 병들고 죽어야만 합니까? 모든 인간이 가진 이 숙명은 대체 왜? 그런 것입니까?"

그러자 김 목사는 말했다.

"그것은 이 지구 세상은 사람보고 깨달으라고 하나님께서 계획하시고 운영하시는 인간의 '체험 교육 훈련의 연수원'이기 때문입니다."

이렇게 말을 듣자 어안이 벙벙해졌다.

김 목사는 다시 입을 열었다.

"어린아이의 성장 과정에 비유해 봅시다. 어린아이는 부모의 고마움을 모릅니다. 맛난 것 먹고 장난감 주면 좋다 하고 자기가 하고픈 것만 하려고 그래요. 앞마당 좀 깨끗이 쓸어라 하면 싫다고 하고 그 시간에 밖에 나가 놀겠다고 하겠지요. 그러하기에 하나님께서는 인간에 대한 트레이닝, 즉 훈련시키시고 교육시키신 다음에 '알곡과 쭉정이'를 키질하십니다."

"네? 알곡과 쭉정이라니요? 키질하신다고요!?"

"차차 아시게 될 것입니다. 또 다른 하나는 이것이 큰 문제인데 다름 아니라 사탄(Satan)이 개입하고 있기에 그렇습니다."

"네? 사탄이라고요?"

성규의 눈은 다시 동그랗게 떠졌다. 성경을 두 번이나 읽었지만 온전히 다 알지 못한 것이 너무도 많았기 때문이었다.

김 목사는 말을 계속 이었다.

"교회에서도 사탄(Satan)과 그것의 휘하 졸개 악령들(many devils, many demons)이 하는 짓들에 대해 잘 얘기해 주어야 합니다. 그런 교회도 있지만 그렇지 못한 교회도 많으니까요. 교회에서 교인들에게 험한 내용의 말을 잘 안 하려고 하는 경향이 있어요. 듣기 거북하거나 무서운 말, 하나님께서 진노하실 때 어떤 무서운 벌이 사람들에게 내려지는지에 대해 말하기를 꺼립니다.

왜냐하면 대부분의 출석 교인들이 그런 말 듣기를 싫어해요. 복 받는 얘기, 어떡하면 내가 잘되고 내 가족이 잘되고 내 사업 잘되고 직장에서 승진하고 출세하고 명예 명성을 얻을까, 이런 얘기 위주로 교회에서 말해 주면 듣기 좋아합니다.

또한 병원에서도 못 고치는 병이 낫는 은사 치유 체험 방언도 받고 기타 신비 체험하는 영적 체험 얘기를 듣고 싶어 합니다(번영 기복 신앙, 은사 신비 체험 위주의 설교).

특히 성경 말씀을 왜곡하는 이단 가짜 삯꾼 목사들이 헛된 말을 전파하며 가짜 조언자 역할을 합니다. 그들은 먹고살고 돈 벌고 자기 명성 쌓는 직업으로 목사란 타이틀을 얻어 그 타이틀을 이용해 자기 배를 불리는 데 탁월하지요. 그런 자들 만나면 인생 망합니다. 절대 피하십시오.

자기 자신의 명성이나 부귀 높임 받는 데에 성경을 사적으로 이용하는 그런 자들을 조심하십시오. 안 만나는 것이 사는 길입니다. 잘 분별하셔서 그들에게 속지 마세요. 그런 자들 때문에 바르고 참된 목사님들까지도 사회로부터 외면받기도 합니다.

그러한 자들 뒤에 사탄이 있습니다. 또한 하나님 말씀인 성경 말씀을 설교 전파하는 데에 있어서 성경 전체를 놓고 해석하지 않고 그중 한 구절만 따와서 어떻다 이렇다 저렇다 말하는 것도 해서는 안 됩니다.

성경 구절에서 그 말씀을 하시는 이유를 구약 신약 전체의 앞뒤 상관관계를 살피지 않고 그저 견강부회(牽强附會), 아전인수(我田引水) 하는 식의 왜

곡 발언으로 설교, 전파해서는 안 됩니다.

성경 말씀은 조각조각들이 구, 신약에 걸쳐서 방대하게 나누어져 있습니다. 그것들을 모아 잇고 완성시키는 일이 성경을 공부하는 방법입니다. 마치 여기저기 조각들을 맞추어 완성해 내는 집짓기 같은 일입니다.

그리고, 목사란 직책은 높임 받는 직책도 아니요, 자기 명성 쌓는데 이용해서도 안 되며 자기 부를 얻는 데 이용해서도 안 되지요. 목사는 항상 낮은 자세를 지녀야 합니다.

양치기 목동(a shepherd)이요, 목자(a pastor)이지요. 장관(a minister)으로 군림해서는 안 됩니다. 목자(목사)가 스스로 자기를 높이면 목사(목자) 자신에게 득보다는 불행이 찾아오게 되어 있습니다. 양(크리스천)들은 양치기 주인(참된 목자)을 따라갑니다.

한편 목사(목자)님들이 처한 어려움도 사실 많습니다. 출석 크리스천들에게 듣기 나쁘거나 하나님께로부터 벌받는 얘기 하거나 심한 말 하면 이 교회 안 나오겠다 이럴 거 아닙니까? 그런 것들 때문에 올바른 하나님 말씀 전하는 목사님들의 입장에서도 바른 말씀을 전해야 하는데, 출석 교인들이 듣기 좋은 말, 어떡하면 자기 가족, 성공, 출세, 부귀영화 이런 것들을 듣기 좋아하기에 성경 말씀을 그대로 올바르게 전하려는 목사님들 처신에도 현실적 고충과 어려움도 많이 따릅니다만…. 그렇다 하더라도 듣기 싫어하는 말이라도 꼭 전해야 할 때는 해야지요. 그걸 못 하면 교회 존재의 이유가 없지요."

제 3 1 - 2 장

현재의 경점(更點)

"성규 형제? 금년이 몇 년도인지 아시죠?"

"그럼요. 2000년도 아닙니까?"

"네, 금년이 AD 2000년입니다. 또한 새천년이 시작하는 그 첫해입니다. 이전과는 다르게 이 새천년이 나타나게 될 것입니다."

"네에? 이전과는 다르다고요?"

"지금부터 New Millennium은 이전의 세월과는 전혀 다른 시간이 될 것입니다."

"무슨 말씀인지요?"

"현시대는 신약의 요한계시록의 시점으로 들어갔습니다!"

"네에 ~~~?? 요한계시록의 시대라고요?"

"그렇습니다. 우리 인간들의 역사는 성경의 맨 끝 말씀, 요한계시록에 발을 디뎠습니다. 그 문이 열렸고 들어갔습니다. 요한계시록의 4번째 인이 떼어진 시대로 들어갔습니다. 저는 개인적으로 그렇게 봅니다. 물론 제가 틀렸을 수도 있겠지만… 제 개인적 견해입니다."

<u>요한계시록</u>
6장

7 그분께서 넷째 봉인을 여신 뒤에 내가 들으니 넷째 짐승의 음성이 이르되, 와서 보라, 하더라

8 이에 내가 바라보니, 보라, 창백한 말이라 그 위에 탄 자의 이름은 사망인데 지옥이 그와 함께 따라다니더라 그들이 땅의 사분의 일을 다스릴 권능을 받아 칼과 기근과 사망과 땅의 짐승들로 죽이더라

16장

12 여섯째 천사가 자기 병을 큰 강 유프라테스 위에 쏟아부으매 그것의 물이 말라서 동쪽의 왕들의 길이 예비되더라

13 또 내가 보매 개구리 같은 부정한 영 셋이 용의 입과 짐승의 입과 거짓 대언자의 입에서 나오더라

14 그들은 마귀들의 영들로서 기적들을 행하며 땅과 온 세상의 왕들에게 나아가 하나님 곧 전능자의 저 큰 날에 있을 전쟁을 위하여 그들을 모으더라

15 보라, 내가 도둑같이 오나니 깨어 있어 자기 옷을 지키고 벌거벗고 다니지 아니하여 그들에게 자기 수치를 보이지 아니하는 자는 복이 있도다

16 그가 히브리말로 아마겟돈이라 하는 곳으로 그들을 함께 모으더라

17 일곱째 천사가 자기 병을 공중에 쏟아부으매 큰 음성이 하늘의 성전에서 왕좌로부터 나서 이르되 다 이루어졌도다, 하더라

6장 8절: 창백한 말(비유적 표현)

칼: 전쟁, 근대에 1, 2차 세계대전 및 여러 전쟁 및 대환란 직전에 있을 곡마곡 전쟁으로 추정

기근: 근현대의 식량 불균형 및 경제적 불균형

사망: 근현대의 전염병

땅의 짐승들: 전쟁은 아니지만 각종 테러 및 비상식 불법적 행동

16장 16절: '아마겟돈 전쟁'은 악령들 그것들과 함께한 악의 인간들을 전쟁으로 벌을 내려 심판하심.

'아마겟돈(Armageddon, 그리스어 음역)'은 이스라엘의 북쪽 지중해 연안에 있는 갈멜산 아래쪽의 므깃도(Megiddo) 언덕 평야 지대.

"그 아마겟돈 전쟁이 언제 일어난단 말입니까?"

"저도 모릅니다. 세상 돌아가는 것을 보면 세상에 이미 밝게 드러나 나타나고 있는 것들을 보고 알 수 있다고 성경에서 말씀하셨습니다. '잠 속에 있지 말고 깨어 있으라'고 말씀하셨습니다."

"… 전 잘 모르겠습니다."

"천천히 대화해 봅시다. 세상 돌아가는 것을 보십시오. 요한계시록의 말씀대로 나타나고 있습니다."

"……"

"예수님의 재림(예수님 초림은 BC 4년)이 가까웠는데도 세상 사람들뿐만이 아니라 크리스천들도 모르고 잠자듯 살고 있다는 말씀입니다. 노아의 때와 같다고 알려 주셨습니다."

마태복음
24장

6 난리와 난리 소문을 듣겠으나 너희는 삼가 두려워 말라 이런 일이 있어야 하되 끝은 아직 아니니라

7 민족이 민족을, 나라가 나라를 대적하여 일어나겠고 처처에 기근과 지

진이 있으리니

8 이 모든 것이 재난의 시작이니라

13 그러나 끝까지 견디는 자는 구원을 얻으리라

14 이 천국 복음이 모든 민족에게 증거되기 위하여 온 세상에 전파되리니 그제야 끝이 오리라

15 그러므로 너희가 선지자 다니엘의 말한 바 멸망의 가증한 것이 거룩한 곳에 선 것을 보거든(읽는 자는 깨달을진저)

21 이는 그때에 큰 환난이 있겠음이라 창세로부터 지금까지 이런 환난이 없었고 후에도 없으리라

22 그날들을 감하지 아니할 것이면 모든 육체가 구원을 얻지 못할 것이나 그러나 택하신 자들을 위하여 그날들을 감하시리라

23 그때에 사람이 너희에게 말하되 보라 그리스도가 여기 있다 혹 저기 있다 하여도 믿지 말라

24 거짓 그리스도들과 거짓 선지자들이 일어나 큰 표적과 기사를 보이어 할 수만 있으면 택하신 자들도 미혹하게 하리라

29 그날 환난 후에 즉시 해가 어두워지며 달이 빛을 내지 아니하며 별들이 하늘에서 떨어지며 하늘의 권능들이 흔들리리라

30 그때에 인자의 징조가 하늘에서 보이겠고 그때에 땅의 모든 족속들이 통곡하며 그들이 인자가 구름을 타고 능력과 큰 영광으로 오는 것을 보리라

31 저가 큰 나팔 소리와 함께 천사들을 보내리니 저희가 그 택하신 자들을 하늘이 끝에서 저 끝까지 사방에서 모으리라

32 무화과나무의 비유를 배우라 그 가지가 연하여지고 잎사귀를 내면 여름이 가까운 줄을 아나니

33 이와 같이 너희도 이 모든 일을 보거든 인자가 가까이 곧 문 앞에 이른 줄 알라

34 내가 진실로 너희에게 말하노니 이 세대가 지나가기 전에 이 일이 다 이루리라

35 천지는 없어지겠으나 내 말은 없어지지 아니하리라

36 그러나 그날과 그때는 아무도 모르나니 하늘의 천사들도, 아들도 모르고 오직 아버지만 아시느니라

37 노아의 때와 같이 인자의 임함도 그러하리라

"1967년 이스라엘이 중동 여러 나라들과 6일 전쟁이 발발했는데 그때 이스라엘은 승리하였고 예루살렘을 다시 되찾았습니다.

32~34절 말씀을 살펴본다면 무화과나무는 이스라엘을 뜻합니다. 6일 전쟁 때 예루살렘을 되찾은 그 당시에 태어난 이스라엘 사람들(세대들)의 나이와 14절 말씀처럼 현재의 세상은 전 세계 온 세상 사람들에게 성경이 거의 다 전파, 선교되어 가고 있습니다.

이 두 가지가 지금의 시점에 서로 맞아떨어지고 있습니다. 신비하지 않습니까? 1,900여 년 전에 쓰인 성경대로 세상이 되어 가고 있으니 말입니다!!

36절 말씀과 같이 예수님 재림은 아무도 모릅니다. 그러나 37절 노아의 때와 같이 재림하신다고 알려 주셨습니다. 지금 시점이 어느 시점을 지나는지를 그 시대의 징조(시대의 변화)로 알 수 있다고 말씀하셨습니다."

마태복음

25장

13 그런즉 깨어 있으라 너희는 그날과 그 시를 알지 못하느니라

16장

2 예수께서 대답하여 가라사대 너희가 저녁에 하늘이 붉으면 날이 좋겠

다 하고

3 아침에 하늘이 붉고 흐리면 오늘은 날이 궂겠다 하나니 너희가 천기는 분별할 줄 알면서 시대의 표적은 분별할 수 없느냐

"한반도에 성경이 들어온 시기가 1880년대, 약 120년 전입니다. 유럽 미국에서 중국에 선교사들이 들어왔고 그중 일부 선교사들이 중국에서 한반도로 넘어왔습니다.

한반도에도 하나님 말씀이 선포되어 온 지난 120여 년 이래로 충실히 바로 설 때도 있었고 그렇지 못할 때도 있었습니다. 일백이십여 년이 지나면서 오늘에 이르렀는데 요즘 한국교회들이 신본주의보다는 인본주의가 더 활개 치고 있어 마음 아프고 두렵기까지 합니다. 초심과 열성과 진실성이 점점 퇴색되고 있습니다. 저는 걱정이 매우 큽니다. '인본주의(人本主義, 사람 욕망 최우선 위주), 신본주의(神本主義, 하나님 말씀 우선)'

만약 인간이 인간의 최종 목표를 이루어 낼 수 있다면 인본주의를 마음껏 크게 목소리 터져라 외쳐도 됩니다.

그런데?!

인간은 '피조물=유한적 존재'이지 신(하나님)이 아닙니다. 그토록 원하는 인간 최우선, 그것을 이루어 낼 수 없습니다. 오직 신이신 창조주 하나님께서만 하실 일입니다. 불로 무병 영생의 천국에 발을 디딜 수 있느냐는 인간 손에 있지 않습니다."

성규는 다시 물었다.

"모든 인간들의 최종점…… 넘을 수 없는 '1) 늙음 2) 병들고 3) 그 끝은 죽음' … 이를 피해 갔거나 피할 수 있는 인간은 단 한 명도 없다 이것이죠?"

"당연합니다! 두말할 나위가 있겠습니까? '신본주의'라고 말하면 산속에

서 도 닦는 사람들이나 수도원에서 생활하는 것처럼 생각하기 쉬운데, 평범한 누구나 일상에서 실행할 수 있는 것들입니다. 작은 것 하나부터 실천하는 것입니다.

'예수님을 자신의 구세주로….'

인간이 가진, 다시 말해 하나님께서 주신 개인의 '자유의지'를 어느 쪽으로 행할 것입니까? '신본주의'로 방향을 틀 것입니까? '인본주의'를 계속 고집할 것입니까? 이는 누구도 대신해 줄 수 없습니다. 본인 스스로가 행할 명제입니다. 따라서 뒤따르는 그 결과에 스스로가 이의를 제기할 수 없습니다. 물론 아쉽게도 인간들은 인간들의 자유의지로 하나님 말씀 앞에 바르게 서기 어렵습니다."

"목사님, 인간들이 가진 자기의 자유의지로 왜 하나님 앞에 바로 설 수가 없나요?"

"인간들은 이미 타락한 존재로 있기 때문입니다."

"왜요?"

"인간들은 모두 다 아담의 후손들이기에 그렇습니다. 이미 타락한 아담의 후손들이기에 이미 온전성을 잃었지요. 다만 하나님의 은혜와 사랑으로 다시 영생을 회복하는 기회를 내려 주셨습니다. 예수님이 인간의 원죄를 대신 갚아 주셨습니다. 그러므로 사람들은 원죄에서 벗어날 수 있게 되었습니다. 예수님을 자신의 구세주로 영접할 때 비로소 자기의 원죄가 없어지는 것입니다."

"네! 이해하였습니다."

"그리고 인간 사회는 조금씩이라도 나누며 살아야 합니다. 서로 싸우고 속이고 다투지 말고 화평하자는 것입니다. 평화 속에서 서로 화합하며 살아가자는 것입니다. 그러면서 앞을 보는 시각은 신본주의로 가야 합니다. 이런 것들은 개인의 자유의지로 일상생활 속에서 작게나마 실현할 수 있는 것들입니다. 무슨 거창하고 대단한 것들을 말하는 것이 아닙니다.

원죄를 갖고 있고 자유의지가 불온전성인 상태로 태어났지만 예수님의 대속으로 말미암아 그 원죄에서 탈출하게 됩니다. 그리고 자유의지도 여전히 흠결이 있지만 예수님의 은혜로 인도하심을 받게 됩니다.

이리하지 않고 오히려 인간 욕망, 개인 욕구, 나만의 이익 최우선주의로 달려간다면 평화와 정의와 진실은 모습을 감추고 사람을 해치고 속이고 폭력 휘두르고 끝에는 상대방을 대량학살하는 전쟁으로 나가게 되고, 인간성 상실로 흉포하고 괴상망측하게 변하게 됩니다. 사람이 아니라 동물만도 못하다는 말 들어보셨지요? 인간이 아니라 최악의 동물로 변하게 되는 것입니다.

성규 씨? 과연 우리 인간이? 인간의 3대 명제(늙고, 병들고, 죽음)를 인본주의로 해결할 수 있다고 보십니까?"

"해결하지 못합니다."

"그렇습니다. 사람들이 인본주의로 가서 모든 문제를 해결할 수 있다면 얼마나 좋겠습니까? 그러나 그것이 안 된다는 것입니다. 그 허상의 굴레에서 벗어나야 합니다."

성규는 평소 자신이 갖고 있던 하나의 질문을 김 목사에게 던졌다.

"저, 목사님… 질문 하나 있는데요. 다름이 아니라 저는 가끔 이런 생각을 하곤 했습니다."

"네? 무슨 할 말이 있습니까?"

"혹시 이 세상이 그림자 같은 것이 아닐까 그런 생각이 들 때가 있어요. 진짜가 아닌, 그림자 속에서 사람들이 헤매고 있는 것은 아닌가? 그런 생각이 들 때가 있더라고요."

"좀 더 구체적으로 말씀해 보세요."

"어떤 모형 속에서 살고 있다는 그런 생각 말이죠."

"어떤 모형이라고요?"

"네. 진짜의 그림자, 진짜는 따로 있는데 그 진짜를 본뜬 모형이죠."

"음… 좀 더 말씀해 보세요."

"진짜를 본뜬 모형 속에서 그림자를 보며 그 그림자가 진짜라고 잘못 알고 계속 그 그림자를 쫓으며 사는 것 같은 것이죠. 이 세상 사는 것이 왠지 그림자가 아닌가?? 그런 생각이 들더라고요. 어느 날, 나는 태어났다. 내가 태어나고 싶어 태어난 것이 아니잖아요? 그리고 어느 날 나는 죽을 것인데 내가 죽고 싶어서 죽는 것이 아니잖아요? 내가 나를 만들었다면 보다 낫게 더 튼튼하고 더 낫게 만들었을 테니까요."

"매우 고차원의 말씀이시군요. 무엇을 말하고자 하시는지 감 잡았습니다. 성경 속에서 찾아봅시다. 성경에 쓰여 있습니다."

"네에?? 뭐, 뭣이라고요~~~"

성규는 매우 놀랐다.

"신약에서 이렇게 말했습니다. '우리는 더 큰 곳을 사모한다. 우리는 나그네요 집 떠나 타국에 거하고 있다. 내 나라 내 집에서 살고 있지 않다. 우리는 잠깐 잠시 타향살이 중에 있다'고 했습니다.

우리는 사탄과 악령들과 같이 살고 있는 중입니다. 우리를 해치고 우리 앞길을 막아서 천국 입성을 못 하게 방해하는 그것들과 싸우며 살고 있습니다. 눈에 보이는 싸움이 아니라 보이지 않는 영(靈)과의 전투입니다.

우리는 천국에 들어가기 전에 천국 입성 가부의 시험을 보고 있는 것입니다. 그 시험을 보고 있는 것이 우리가 태어난 것이고 죽음은 졸업한 것입니다. 그리고 시험 치른 후에(개인 일생 마치고) 시험 성적표를 받을 것입니다."

고린도전서

15장

50 형제들아 내가 이것을 말하노니 혈과 육은 하나님 나라를 유업으로

받을 수 없고 또한 썩은 것은 썩지 아니한 것을 유업으로 받지 못하느니라

에베소서
6장

12 우리의 씨름은 혈과 육에 대한 것이 아니요 정사와 권세와 이 어두움의 세상 주관자들과 하늘에 있는 악의 영들에게 대함이라

히브리서
11장

1 믿음은 바라는 것들의 실상이요 보지 못하는 것들의 증거니

2 선진들이 이로써 증거를 얻었느니라

3 믿음으로 모든 세계가 하나님의 말씀으로 지어진 줄을 우리가 아나니 보이는 것은 나타난 것으로 말미암아 된 것이 아니니라

"현재의 이 세상은 진짜가 아닙니다. 오늘 보고 있는 이 세상은 잠시 거하는 타국 땅과 같은 것이죠. 사람이 태어나서 평생 먹고사는 일 때문에 평생 죽도록 고생만 하다가 죽음으로 모든 게 끝이라면 그 얼마나 허무의 극치입니까?!

그렇게 본다면 사탄에게 속는 것입니다. 사탄 악령들은 또 이렇게 속입니다. 사람들이 모든 것을 다 해낼 수 있다. 인간의 능력과 힘은 대단하다. 과학이 더 발전할 것이고 의학이 생물학이 더 발전한다.

물론 그럴 것입니다. 그런다 해도 죽지 않는 영생하는 신약이 나올까요…?? 천만에, 만만에. 허상일 뿐입니다. 왜냐하면 인간은 지음받은 피조물이기에 한계를 넘지 못합니다. 창조주 조물주이신 하나님께서 영생하게 하셔야만 가능합니다.

사탄은 속임의 대가(大家)입니다. '죽으면 끝이야~ 그러니 신나게 먹고 마시고 너의 반대자들은 다 없애 버려. 다 빼앗아 가져. 죽으면 끝이야. 신나게 즐기고 하고픈 거 다 해.' 이렇게 말이죠.

사람을 만든 창조주 조물주는 인간을 영생하게 할 수가 있습니다. 사람을 만든 창조주 조물주이시니 어떻게 하면 사람이 죽고 어떻게 하면 죽지 않게 하고를 훤히~ 아시지요~ 사탄은 인간들을 서로 협동, 화합하지 못하게 합니다 욕심을 먼저 채우라고 인간들을 꾀어내고 서로 싸우게 하고 분을 못 참게 하며 상대방을 공격하라고 속삭이죠.

'인본주의=사람 우선=사람이 최고' 사람들이 듣기에 참 좋게 들리는 단어입니다. 그런데 인본주의로 인간의 궁극적 최종 목적을 이루어 낼 수 있을까요?! '늙음, 병, 죽음' 이 세 가지를… 말입니다. 이것에 대한 해결책을 인간들이 만들어 낼 수 있다면 인간이 인본주의를 목이 쉬도록 크게 외쳐도 됩니다. 늙고 병들고 죽어야 하는 이 문제를 인간이 해결할 수 있다면 말입니다. 그렇게 할 수 있습니까?

인간 존재 이래로 아직까지 죽지 않고 살고 있는 사람 있습니까? 잘 살아 봐야 80세입니다. 그것도 운이 좋아야 그렇지요. 병들이 얼마나 사람들을 괴롭히고 고통에 빠지게 하나요?

늙게 되는 고통 이외에도 말입니다. 늙지 않게 하는 그 해결의 열쇠는 어느 생물학자나 의학자나 과학자도 갖고 있지 못합니다. 결국 순식간에 시간은 가고 젊었을 땐 모르지만 어느덧 병도 들게 되지요. 죽음 앞에 서야 합니다.

이럴진대 인간들은 여전히 자기가 최고인 줄 압니다. 대다수가 그렇게 삽니다. '생명의 열쇠'는 만유 삼라만상의 조물주이신 창조주 하나님이 갖고 계십니다.

'만유의 조물주(신=야훼(YHWH, YAHWEH)=여호와(JEHOVAH)=하나님=창조주 하나님=엘로힘(ELOHIM, 히브리어)=예수아메시아(YESHUA MESSIAH)=

예수스 크리스토스(헬라어-그리스어)=지저스 크리스트(JESUS CHRIST)=예수 그리스도=예수님=인간의 주인=주님)'이 가지고 계십니다.

1991년 실제 일어난 일을 말씀드리겠습니다.

미국 테네시주 매디슨시의 한 병원에서 남자 간호사 및 마취사로 일했던 'RON WYATT(Ronald Eldon Wyatt. 1933.6.2. ~1999.8.4.)'라는 사람이 있었는데, 와이어트의 고고학박물관이 미국 테네시주 네슈빌(Nashville)시에서 남쪽으로 55마일 떨어진 곳에 위치해 있습니다.

1991년 여름에 고대 이스라엘의 왕이었던 솔로몬왕 때 지어졌던 예루살렘 성전에 있었던 언약궤와 예수 그리스도께서 2,000년 전경에 흘리신 십자가의 피가 발견되었습니다.

이스라엘 정부는 정치적 혼란과 종교 충돌 위험 때문에 발표를 안 하고 있습니다."

그러자 성규는 이렇게 물었다.

"지금 당장 모든 사람에게 이 사실을 보여 주면 더 좋지 않나요? 그러면 안 믿던 사람들도 하나님 계심을 알게 되지 않나요?"

그러자 김 목사는 빙그레 웃었다.

"아니, 목사님 왜 웃으십니까?"

성규는 의아해하며 되물었다.

"성규 씨, 순수하십니다."

"네? 순수하다니요? 저는 그 언약궤가 모든 사람 앞에 당장 보여 주었으면 좋겠는데요?"

"사람들이 관심조차 갖지 않을 겁니다. 손에 쥐여 줘도 믿지 않을 겁니다. 사람을 속인다고 할 겁니다. 조작한 거라고요."

"아… 네…. 그런가요? 아…."

성규는 할 말을 잃었다.

김 목사는 계속 말했다.

"론 와이어트가 예레미야 동굴에서 발견한 이 언약궤를 보겠다고 1995년에 6명의 사람들이 자기들 마음대로 예루살렘 다윗성 인근에 있는 이 예레미야 동굴에 마음대로 들어갔다가 들어가자마자 즉사했다고 합니다. 천사가 예레미야 동굴 속에 있는 언약궤를 지키고 있는 것입니다.

론 와이어트가 이스라엘 정부로부터 동굴 탐사를 허락받고 아들 둘과 처음 탐사를 시작했는데, 나중에 아들 둘은 집으로 돌아가고 다시 몇 사람과 탐사를 계속했습니다. 약 2,600년 전에 이스라엘이 바빌론의 느부갓네살왕(이라크의 옛 제국)에게 패망(BC 586)하기 직전에 예루살렘 성전의 제사장들 또는 당시 이스라엘의 선지자였던 '예레미야'가 그 동굴에 솔로몬 성전의 언약궤를 숨겨 놓았다고 추정되어 왔는데, 그때 숨겨 놓은 언약궤가 론 와이어트에 의하여 약 2,600년 후 현시대에 발견된 것입니다.

그리고 지금으로부터 약 1,970년 전 예루살렘 다윗성 인근에 있는 골고다(Golgotha, 수난의 언덕, 해골의 땅)라는 곳에서 예수 그리스도께서 십자가에서 인간들의 죄를 대신하여 죽으셨습니다(십자가 대속). 그때에 십자가 나무의 아랫부분이 바위 땅 틈에 박혀 세워졌는데 바로 그 아래(약 20feet, 6m 아래)가 바로 '예레미야 동굴'이었던 것입니다.

십자가에서 죽으실 때 그 인근 지역에서 지진이 부분적으로 일어났습니다. 예수님의 피가 십자가를 타고 바위틈으로 흘러내렸는데 지금부터 약 1,970년 전에 그렇게 흘러내린 예수님의 피가 약 1,961년이 지난 1991년에 론 와이어트에 의해 그 동굴에서 발견된 것입니다. 그래서 그 피를 채취해 예루살렘 종합병원에 가지고 가서 성분 검사를 의뢰했는데 그 오랜 세월이 지났는데도 그 피가 살아 있다는 것입니다! 썩지도 마르지도 않았다는 것입니다.

의학적, 생물학적, 과학적 분석 결과 그 피는 사람의 피가 아니라 는 것입니다. 사람의 염색체 개수와 다르게 24개(x 23개, y 1개)로 밝혀졌습니다. 모든 사람 남녀의 염색체는 남자 46개(x 45개, y 1개), 여자 46개(x 46개)로, 한 사람의 염색체는 23쌍 46개로 이루어져 있습니다. 여자와 남자 모든 사람은 각각 xx 22쌍(44개)과 나머지 1쌍은 여성은 xx, 남성은 xy입니다. 어머니의 난자에는 염색체가 x 23개가 있고, 아버지의 정자 염색체에는 두 가지가 있는데 x 22개와 한 개는 y인 정자 염색체와, x만 23개의 정자 염색체, 이렇게 두 가지가 있습니다. 이 중에서 어느 염색체의 정자가 여자의 난자(x 23개)와 수정되느냐에 따라서 아들이냐 딸이냐가 결정됩니다. 론 와이어트가 예레미야 동굴에서 발견하여 채취한 1,961년 전에 십자가에서 흘리신 예수님의 피는 마르지도 않았고 썩지도 않았고 피가 살아 있다는 것입니다!

우리네 남자처럼 염색체 23쌍 46개(xx 22쌍, xy 1쌍)가 아니고, 예수님의 피의 염색체가 24개, x 23개=처녀 마리아=人性, y 1개=지구 외부에서 들어온 영적인자(靈的因子=神聖)입니다.

이스라엘 종합병원에서 의학 생물 과학적으로 밝혀졌습니다. 이는 무엇을 뜻하는지 성규 씨, 아시겠습니까?"

성규는 머리를 갸우뚱했다.

"글쎄요. 감이 안 옵니다. 전혀 모르겠습니다. 정말 그렇습니까? 믿어지지가 않네요. 으음….."

"예수 그리스도는 신성(神聖, 100% deity)과 인성(人性, 100% humanity)을 동시에 지니셨다는 뜻입니다.

예수님께서 십자가 대속하신 후 열두 제자들과 함께 성경 말씀을 전파하던 동역자들이 사역하던 1세기 초중반 ~ 5세기경 약 400년간 당시 세간에는 '예수님은 100% 사람이다' 이렇게만 주장하던 부류의 사람들이 있었고(Ebionism, Arianism), 다른 한쪽에선 '아니다 100% 신이다(Gnosticism,

Docetism)' 이렇게만 주장하는 부류의 사람들이 있었습니다.

　다른 한편에서는 신성과 인성을 동시에 지니셨다고 믿는 사람들도 있었습니다. 그러다가 5세기 초부터는 인성과 신성을 동시에 지니셨다고 믿게 되었습니다.

　예수님은 인성(人性)과 신성(神聖)을 동시에 지니셔야 합니다. 왜 그래야만 하는지 성규 형제는 아십니까? 이해할 수 있습니까?"

　"잘 이해도 안 되고 그 의미도 모르겠습니다."

　"그 이유가 있습니다. 사람 중에 완전히 온전한 사람 있습니까?"

　"아뇨, 없습니다. 그런 사람 단 1명도 있을 수가 없습니다."

　"네 그렇습니다! 세상에 완전무결한 사람이란 없습니다. 그러기에 완전무결하신 신(하나님)만이 사람의 죄(흠, 결점)를 대속하실 수가 있는 것입니다. 죄인이 죄인을 용서할 자격을 가질 수가 없는 것입니다. 그렇기에 무결점의 완전하신 하나님이 오셔야만 사람의 흠결점(죄)를 해결해 주실 수가 있습니다. 하나님 외엔 그 누구도 그 무엇도 사람의 죄(흠, 결점)를 대속할 수가 없는 것입니다.

　어떤 분들은 예수님이 '반은 사람이고 반은 신(하나님)이다' 이렇게 보실 수도 있겠지만, 만약 반만 하나님이시라면 반은 사람이기에 사람의 죄를 대속할 수가 없게 됩니다. 100% 하나님이셔야(神聖 100%) 완전하시기에 인간의 죄를 용서하실 수 있습니다. 동시에 100% 사람이어야(人性 100%) 사람 스스로가 행한 사람 스스로의 죄에 대한 죗값을 인간들 대신 받은 것이 되기 때문입니다(대속).

　하나님으로만 100% 존재하면 신(神)이 시기에 신께서 사람의 죄를 받을 수가 없는 것입니다. 그렇기에 인성(人性)과 신성(神聖)을 동시에 지니셨던 것입니다.

　예수님을 인자(人子)라고 부르는 말씀은 하늘에서 내려온 사람이란 뜻입니다. 사람들끼리, 사람 간에 인자라고 쓰지 않습니다. 하나님이신 예수님을 지칭하는 표현입니다. 사람은 사람인데 무결흠, 즉 죄가 완전히 없는 사람이란 뜻입니다. 100% 신성(神聖)을 동시에 지니셨다는 뜻은 100% 무죄한 사람이란 뜻입니다. 예수님 외엔 100% 무죄한 사람은 세상에 단 한 명도 있지도 않았고, 있으려야 있을 수도 없는 것입니다."

김 목사가 이렇게 설명하자 그제야 성규는 어렴풋이 이해가 되었다.

"아~ 아. 네, 무슨 뜻인지 이해가 옵니다. 잘 알겠습니다!"

"자! 계속해서 말씀드리겠습니다.

5세기 초, 그로부터 약 1,500년이 흐른 1991년에 예수님의 피가 론 와이어트에 의하여 발견되었고, 예수님의 피를 생물 의학 과학적으로 검사한 결과 x 염색체 23개, y 염색체 1개로 의학 과학 생물학적으로 증명되었습니다. 이는 남자 여자의 성 결합으로 잉태되지 않았음이 증명되었다는 뜻입니다. 마리아의 염색체 x 23개, 이것은 100% 인성, 사람을 뜻합니다. 당시 마리아는 처녀였습니다. 예수님께서 '마리아의 x 염색체 23개(人性 100%), 성령 잉태 y 염색체 1개(神聖 100%)으로 탄생(지구에 사람 모습으로 오심)'하셨다는 뜻입니다. 만일 마리아가 우리네와 같은 남자와의 육신적 결합에 의한 임신으로 예수님을 출산했다면 예수님의 피는 xx 염색체 22쌍(44개) xy 염색체 1쌍(2개)으로 모두 46개이어야 하지 않겠습니까?! 마리아는 지구 밖에서 온 하나의 영적 인자(靈的因子=神聖=y 염색체 1개)에 의하여 잉태하게 되었다는 뜻입니다. 지구 땅에서 사람은 남녀의 성 결합으로 태어나게 되어 있습니다. 마리아가 처녀인데 성령의 신성(지구 밖에서 온 한 개의 염색체 y, 神聖)으로 잉태하였음이 증명되었습니다. 약 2,000년 전에 성경에 쓰여 있는 그대로 처녀 잉태의 성경 말씀이 서기 1991년에 의학 생물 과학적으로 현시대에서 증명된 것입니다."

누가복음

1장

29 처녀가 그 말을 듣고 놀라 이런 인사가 어찌함인고 생각하매

30 천사가 일러 가로되 마리아여 무서워 말라 네가 하나님께 은혜를 얻었느니라

31 보라 네가 수태하여 아들을 낳으리니 그 이름을 예수라 하라

"믿지 않는 사람들은 말하길 어떻게 남녀 성 결합이 아닌데 임신되느냐며 성경은 사실이 아니라고 주장했습니다만, 그런 사람들이 틀렸음이 의학생물 과학적으로 현대에 와서 입증된 것입니다."

김 목사는 계속 말했다.

"하나님께서 왜 사람 모습을 하고 지구 땅에 오셨을까요?"

"모르겠습니다."

"인간의 모양으로 와야 인간들과 대화도 하실 것 아닙니까? 만일 사람의 모습이 아닌 하나님의 모습으로 이 지구 땅에 오시면 인간들하고 대화가 되겠습니까? 사람들이 무섭고 신비해하거나 제대로 대면도 하지 못할 것입니다. 그러하기에 야훼께서 신의 모습이 아닌 평범한 인간의 모습을 하고 오신 것입니다. 그래야 하나님께서 인간들과 마주 얼굴 보며 서로 격이 없게 대화를 나눌 수 있지 않겠습니까?

출애굽기에 보면 이집트 탈출 후 광야 생활을 하던 이스라엘 족속들이 '하나님이 보고 싶다, 보게 해 달라'고 모세에게 졸라댔습니다. 그러자 하나님께서 신의 모습으로 나타나시자 이스라엘 사람들이 무서워 벌벌 떨며 죽을 것 같다고 아우성치며 '다시는 하나님을 안 보겠다, 안 보게 해 달라'고 다시 모세에게 간청했습니다.

무에서 유를 창조하시는 하나님이십니다. 삼라만상 우주에 만물을 만드

셨습니다. 사람도 만드셨는데 처녀 잉태인들 못 하실 게 무어란 말입니까?

그 후 마리아는 자신의 남편 요셉과의 사이에서 자녀를 출산하게 되는데, 이때 태어난 예수님의 친동생들은 예수님과 같은 성령 잉태가 아니요, 우리 보통 사람들과 마찬가지로 남녀의 성 결합에 의한 염색체 46개인 우리와 같은 사람들입니다.

예수님께서는 인간이 지은 원초적 죄와 항상 짓는 자범죄(스스로 짓는 죄) 때문에 '늙음, 병듦, 죽음'이라는 피할 수 없는 이 3가지 숙명에서 이 근원적 문제를 해결해 주시려 인간의 모습으로 오신 것입니다. 자기(예수님)의 생명을 인간을 살리시려 십자가에서 인간 대신 죽으신 것입니다. 이를 '예수님의 십자가 대속'이라고 부릅니다.

인간은 자기를 구원하시는 구세주로 예수 그리스도를 영접하여야 하는 것입니다. 그러하기에 사람은 성경 말씀을 듣고 읽고 배워야 하는 것입니다.

세상에 자기 생명보다 더 귀한 것이 어디에 있습니까!

아무리 돈이 많은들, 지식이 높은들, 명예가 높은들, 지위가 높은들, 늙지 않고 병들지 않고 죽지 않는 사람 있습니까?

인간은 하나님께서 빚은 토기그릇과 같습니다. 하나님은 토기그릇을 빚으신 토기장이라고 비유로 말씀하셨습니다. 토기장이가 토기그릇을 깨뜨려 버릴 수도 있고 몇 번 쓰고 버리실 수도 있으시고, 천한 흙그릇으로 빚기도 하시며 더 귀하게 쓰일 금그릇 은그릇으로 빚으시기도 하십니다. 인간들이 아무리 과학 생물 의학이 발달하고 발전해도 '늙음, 병, 죽음' 이 3가지를 없앨 수 있나요? 그런 신약이라도 만들어 낼까요?"

"불가합니다."

성규는 말했다.

"네, 바로 그것입니다. 인간이 인간의 '늙고 병들고 죽는' 것을 해결할 수 없습니다. 과거에도 현재에도 미래에도 그것은 불가합니다. 피조물인 사람이 사람을 구원하지 못한다는 뜻입니다. 인간이 인간을 구원할 수가 없다는 뜻입니다.

사람을 만드신 하나님만이 사람을 구원하실 수 있습니다. 왜일까요? 사람을 만드셨으니 주권과 능력이 하나님께 있지 않겠습니까? 당연하지요. 사람을 살릴 수도 죽일 수도 있는 것 아닙니까? 어떻게 사람을 조작하면 사람이 죽고 어떻게 조작하면 사람이 살고, 또한 이것을 결정하는 권한도 하나님 손에 있지 않겠습니까?

성규 씨, 하나님께서 왜 인간들을 늙고 병들고 죽게 만드셨을까요? 그 이유를 아십니까?"

"전혀 모르고 이해도 안 됩니다. 그러지 않으셨으면 참 좋지 않나요?? 죽기 원하는 사람 없잖습니까?"

성규가 이렇게 되물었다.

"그것은 인간을 훈련, 교육하시려고 하나님의 지구 연수원 계획표에 그렇게 이미 되어 있기 때문입니다."

"네에~?! 하나님의 지구 연수원 계획표에 그렇게 되어 있다고요?"

"네, 그렇습니다!"

"더 얘기해 봅시다."

"네."

"물론 하나님께서 복도 내려 주십니다. 기복신앙, 은사주의, 병 고침, 신비 체험 등등, 이런 일들이 크리스천들에게 실제로 오늘날에도 계속 일어나고 있습니다. 신비 체험도 때때로 필요도 합니다.

왜냐하면 성경 말씀을 볼 때 아직 햇병아리 눈으로 보는 초신자 크리스천들이나 비크리스천들이나 무신론자들에게는 그저 말만 해서는 그들이 어떻게 믿겠습니까? '그걸 어떻게 믿냐? 정신 나갔네….' 이렇지요.

때때론 이런 소리를 자주 듣기도 하지요. '너나 믿어~ 믿으면 떡이 나오냐, 돈이 나오냐? 그 시간에 돈이나 버는 게 낫지'."

"아, 그렇지요~ 목사님."

김 목사는 또 이렇게 말했다.

"네 생명이 오늘 죽으면 네 창고에 금은보화가 무슨 소용이냐? 그런데 사람들은 자기 생명 말고 다른 것에는 지대한 관심을 가지고 알아보려 엄청난 노력을 하는데, 그보다 귀한 자기 생명은 돌아보지 않지요. 죽으면 끝이라고 생각하지요. 그런데 죽음은 끝이 아닙니다! 죽은 후에 사람의 혼은 육신에서 분리됩니다. 왜 그런지 그것을 알아보려는 데에는 시간을 쓰지 않습니다. 참 안타까운 일입니다."

성규는 묵묵히 들을 뿐이었다.

"때때로 필요한 때에 초신자들에게도 영적 체험을 하게 하십니다. 왜? 그렇겠습니까? 그래야 그 사람들 생각이 바뀔 것 아닙니까?

'어… 이것 봐라? 과학의 현시대에 이런 신비한 일이 어떻게 일어났단 말인가?' 하며 '성경 말씀이 참말이란 말인가?' 하며 성경책을 펼쳐 볼 테니까요.

사람들은 과학, 과학 하며 과학의 시대 인간들이 얼마나 위대하냐 150층이 넘는 고층빌딩을 짓고 하늘을 날며 거대한 배가 태평양을 지나고 우주선이 날아갔다며 인간의 업적을 말합니다. 그러면서 '하나님이 어디 있냐? 인간이 최고다' 하며 소리를 높입니다.

과연 그럴까요?

현재 과학 의학 생물학 및 기타 등등은 3차원적 한계 내에서 그렇다는 것입니다. 4차원 또는 10차원 그 이상의 차원 앞에서는 현재의 3차원적 지구 인간이 이루어 낸 것들이 유효할까요? 4차원의 세계에서는 3차원의 인간 업적은 실효성이 없어지는 것이지 않습니까? 4차원의 생활을 하는데 누가 3차원의 생활을 하겠습니까? 애벌레에서 나비가 되어 훨훨 나는데 누가 애벌레(3차원의 지구 생활)[10] 가 그립고 다시 기어다니는 것을 희망하겠습니까?

지진으로 종잇장처럼 구겨지는 빌딩, 뉴스에서 보셨지요?

폭풍우가 조금만 심하면 비행기도 배도 날지 못하고 뜨지 못합니다. 컴퓨터의 전자 과학 시대를 추켜세웁니다. 번개, 벼락으로 하나님께서 그런 전자장비들을 치시면 다 불타고 사용 못 하게 됩니다.

가뭄으로 치시면 사방팔방에 식량이 없어 대난리가 날 것입니다.

개미들이 아무리 개미집을 잘 만들었어도 사람이 손가락 하나로 그어 보십시오. 와르르 무너지고 개미들이 대환란 속에 들어갈 것입니다.

이와 같습니다. 또한 그 옛날에 UFO, 현대의 교통수단의 발달 등을 이미 성경에서 말씀하셨다면 믿어집니까? 구약 스가랴(약 2,500년 전)에 UFO에 대해서 이미 쓰여 있습니다."

스가랴

5장

1 그때에 내가 돌아서서 눈을 들어 보니 날아가는 두루마리가[11] 보이더라

5 그때에 나와 말하던 천사가 나아가며 내게 이르되, 이제 네 눈을 들어 앞으로 나아가는 이것이 무엇인지 보라, 하기에

6 내가 이르되, 그것이 무엇이니이까? 하니 그가 이르되, 앞으로 나아가는 이것은 에바[12] 니라 하고 또 이르되, 온 땅에서 두루 그것들의 생김

---

10) 애벌레의 3차원적 생활은 실효하게 됩니다. 유효하지 않다는 것입니다.

11) 날아가는 두루마리: 오늘날에 발견되는 긴 원통형의 UFO로 추정.

12) 에바: 바구니, 그릇, 접시를 뜻하는 히브리어. UFO를 지칭하는 것으로 보인다. 그 옛날에는 모양을 보고 그렇게 설명할 수밖에 없었을 것이다.

새가 이러하니라, 하더라

"다니엘서(약 2,600년 전)에는 사람의 지식이 급속히 발달하여, 새로운 교통수단과 생활 도구들이 나타날 것인데, 그즈음이 되면 그때가 예수님 재림이 가까운 때라고 예언되어 있습니다."

다니엘

12장

4 다니엘아 마지막 때까지 이 말을 간수하고 이 글을 봉함하라 많은 사람이 빨리 왕래하며 지식이 더하리라

8 내가 듣고도 깨닫지 못한지라 내가 가로되 내 주여 이 모든 일의 결국이 어떠하겠삽나이까

9 그가 가로되 다니엘아 갈지어다 대저 이 말은 마지막 때까지 간수하고 봉함할 것임이니라

"다시 본론으로 돌아가서, 신비한 일을 보거나 체험하면 사람들은 3차원적인 지구 생활 외에 더 고차원의 다른 무엇이 있음을 알게 됩니다. 성경 말씀을 읽고 듣고 배우라고 그런 신비 체험을 경험하게 해 주신 것인데, 사람들은 성경 공부는 안 하고 신비 체험만 쫓는 일이 발생합니다.

그러면서 문제가 발생하게 됩니다. 번쩍번쩍하는 신비한 일만 쫓아다니다 보면 사탄이 개입하여 사탄이 하는 술수를 하나님께서 하신 일로 착각하여 사탄의 농간에 속아 걸려 넘어진다는 것입니다(악령 체험을 성령 체험으로 오인).

신실한 크리스천이라도 언제든 넘어질 수 있습니다. 바로 섰다고 자만하는 순간 넘어질 수 있으니까요.

사탄은 매우 고단수 술수를 씁니다. 자기가 하나님처럼 되고 싶어 합니

다. 목사든 성경학자든 평신도 크리스천이든 비크리스천이든, 무신론자들이든지 진화론자들이든지 다 사탄의 공격 표적들입니다. 사람들을 속여 가며 공격하고 넘어뜨려 결국은 지옥으로 끌고 들어가는 것이 악령들의 최후 목표입니다.

이미 속고 있는 사람들은 더 속게 합니다. 안 속고 하나님 말씀에 열성으로 임하는 사람들은 어떻게든 속아 넘어가게 온갖 술책을 다 씁니다. 이것이 악령들이 하는 짓입니다. 그래서 '영벌의 장소=지옥'으로 떨어지게 만듭니다.

성경을 전혀 모르는 사람들에게 크리스천들을 어디가 잘못된 정신 나간 사람으로 쳐다보게 만듭니다. 크리스천이라도 서로 싸우고 기타 여러 욕망에 빠져 가짜 이단 삯꾼 크리스천들이 득세하게 만들려 온갖 술책을 다 씁니다.

사람들을 비관에 빠지게 하고 세상을 원망하게 하며 그러다가 범죄자가 되게도 합니다. 세상을 들이받으라고, 세상에게 화풀이하라고 속삭입니다. 이 세상과 인간들을 망하게 하는 것이 사탄(Satan)과 그의 휘하 졸개 악령들(many devils, many demons)의 최종 목적이니까요.

장차 앞날에, 인류사에 엄청난 대사건이 발생하게 됩니다.

사탄의 힘을 받은 어떤 사람이 나타날 것입니다. 하늘 공중에서 불(사탄의 불, 성령의 불이라고 지구 사람들을 속임)을 내려오게 한다고 쓰여 있지요(요한계시록). 그는 거짓 선지자인데 사람들이 그 광경을 보고 그 거짓 선지자를 많은 사람이 따를 것이라고 말씀하셨습니다. 특별나게 보일 테니까요.

그때가 오면 사탄과 악령들의 앞잡이가 되는 인간들이 많이 생길 것입니다. 이들이 세상을 망가트릴 대사건을 펼칠 것이라고 요한계시록에서 알려 주셨습니다.

요한계시록은 난해하고 어렵습니다. 허나, 다른 내용들은 읽어도 몰라서 그냥 넘어가시더라도, 무엇무엇은 하지 말라고 분명하게 요한계시록에서 '경고하신 말씀'이 있습니다.

그 '경고의 말씀'은 누구나 읽으면 알기 쉽게 쓰여 있습니다. '금지'하라고 경고하셨습니다. 그것을 행하면 절대 안 되기에 그 경고의 말씀들은 누구나 알아들을 수 있도록 쉽게 쓰여 있습니다."

성규는 고개를 갸우뚱했다.

"저도 요한계시록을 읽긴 읽었지만 무슨 말씀이신지 상당히 난해하더라고요… 음… 무엇은 하지 말라고 하신 내용들이 있긴 있었던 것으로 기억됩니다, 목사님! 그 경고의 말씀이 무엇입니까?"

"제가 말한다 해도 세상 사람들이 듣지 않습니다. 저를 이상한 놈으로 볼 것입니다. 제가 말한다고 해서 제 말을 들을까요? 절대 듣지 않을 것입니다. 성규씨 본인이 직접 찾아서 보십시오! 요한계시록 몇 장 몇 절에 무엇을 행하면 절대 안 된다고 기록하셨는지?!"

"네… 알겠습니다. 요한계시록에서 잘 찾아보겠습니다!"

성규는 계속 말했다.

"저도 이런 일이 있었습니다. 이웃에 성경 말씀을 전한 적이 있는데, 눈을 동그랗게 뜨며 '웬 놈이야? 별 미친놈 다 보겠네' 하더라고요."

"땅만 바라보기에 그런 겁니다. 땅에 콱 박혀 살아서 그래요. 좀 생각을 해 보면 알 터인데, '귀찮다, 그럴 시간이 어디 있냐. 그러면 쌀이 냐오냐 금이 냐오냐 돈이 냐오냐 내 일 하기에도 바쁘다 바뻐~' 이런 것이지요."

"아, 네. 정말 그런 것 같습니다. 손에 아무리 꽉 쥐고 있은들 그게 영영 자기 것으로 있지도 않을 것인데 말이죠. 죽어서 재물 갖고 가지 않잖아요… 물론 살아가는 데 필요하고 있어야 하지만요. 시간을 유용한 데에 쓰는 것을 생각해야지요."

"땅에서 떠날 때 꽉 쥐고 있던 것들이 자기를 건져 낼까요? 뒷동산 소나

무한테 하나님 얘기하면 소나무가 알아들을까요? 바위나 돌들이 알아들을까요? 땅속에 광물들이 알아들을까요? 동물들이 알아들을까요? 달이 알까요 해가 알까요? 우주의 은하수별이 알까요?

하나님 계심을 인지하는 피조물들은 1) 천국 천사, 2) 사람, 3) 천사였으나 하나님께 배도하여 천국에서 쫓겨난 후 사탄과 악령들이 된 그것들, 이렇게 셋의 피조물들은 하나님을 압니다.

천국에서는 사람과 천사가 아닌 다른 피조물들 꽃도 동물과 새들도 이 지구 땅과는 다른 차원으로 존재하고 있겠지만, 현재 이 지구 세상을 기준으로 말하자면 '사람, 천사, 사탄과 악령들' 이 셋의 피조물들은 하나님을 압니다. 사람 중에는 인지하는 사람도 있고 인지하지 못하는 사람들도 있지요.

가장 중요한 요한계시록에서 하신 '경고의 말씀'을 위배하면 하나님의 창조작품인 인간을 훼손하는 행위가 됩니다. 사람이 하나님을 따르지 않고 사탄을 따르는 행위가 됩니다. 사탄을 따르는 사람들이 세상 사람들에게 사탄을 따르라고 퍼뜨리는 것입니다.

목사든 성경학자든 크리스천이든 비크리스천이든지 무신론자이든지 누구든지를 막론하고 '요한계시록에서 하지 말라고 말씀하신 그 경고'를 위배하면 '영벌의 장소'로 떨어집니다.

한편 그 거짓 선지자(하늘에서 사탄의 불을 내려오게 한 자 – 사탄도 하늘에서 불이 내려오게 할 수 있다)와 함께 일하여 온 다른 무리의 수장이 있는데, 그 휘하의 세력들이 인류를 멸망케 할 수 있는 큰 전쟁을 일으키고 그러고는 그 위기의 세상과 인류를 구원한다는 명분을 내세우며 등장할 것입니다. 세상 사람들에게 대단하게 등장할 것입니다. 세상 모든 사람들로부터 각광을 받을 것입니다. 그때가 되면 대환란이 지구 땅 온 세상을 덮는다고 알려 주셨습니다. 그리고 핵전쟁이 발발한다고 요한계시록에서 알려 주셨습니다."

요한계시록

9장

15 네 천사가 놓였으니 그들은 그 연월일시에 이르러 사람 삼분의 일을 죽이기로 예비한 자들이더라

16 마병대의 수는 이만만이니 내가 그들의 수를 들었노라

17 이같이 이상한 가운데 그 말들과 그 탄 자들을 보니 불빛과 자줏빛과 유황빛 흉갑이 있고 또 말들의 머리는 사자 머리 같고 그 입에서는 불과 연기와 유황이 나오더라

18 이 세 재앙 곧 저희 입에서 나오는 불과 연기와 유황을 인하여 사람 삼분의 일이 죽임을 당하니라

19 이 말들의 힘은 그 입과 그 꼬리에 있으니 그 꼬리는 뱀 같고 또 꼬리에 머리가 있어 이것으로 해하더라

성규는 핵전쟁이 발발한다는 말에 잠시 할 말을 잃었다.

"성규 씨, 잘 생각해 보세요. 계시록은 약 1,900년 전경에 쓰였습니다. 그때에는 활, 창, 칼이 전부 다였습니다. 전쟁을 아무리 많이 한다 한들 어찌 그 연월일시에 전 세계 인구 1/3이 한순간에 몽땅 죽겠습니까? 핵전쟁 말고는 없습니다.

계시록을 쓴 요한이 그 당시 보기에는 대륙 간 핵 탄도탄 발사대를 그 옛날에 전쟁하는 기마대의 말이나 마차(전차)로 표현할 수밖에 없었을 겁니다.

뱀 같은데 머리로 해한다는 뜻은 핵탄두를 말하는 것입니다. 그렇게 '대륙간탄도핵미사일(ICBM)'이 날아가니 불 뿜는 연기를 보고 긴 꼬리가 달렸다고 그 옛날엔 그렇게 표현할 수밖에 없었던 것입니다.

미사일은 2차대전 때 나치 독일에서 만든 V2 로켓이 최초였습니다(1944

년). 아득한 그 옛날에 꿈도 못 꾸었을 것입니다. 그러니 그 먼 옛적에 요한도 그렇게 표현하였던 것입니다.

9장 16절의 '마병대의 수가 이만만'이라는 것은 20,000×10,000=2억의 군병으로 볼 수 있습니다.

엄청난 군대가 동원된다는 의미입니다."

요한계시록
8장

7 첫째 천사가 나팔을 부니 피 섞인 우박과 불이 나서 땅에 쏟아지매 땅의 삼분의 일이 타서 사위고 수목의 삼분의 일도 타서 사위고 각종 푸른 풀도 타서 사위더라

김 목사는 성규에게 다시 물었다.

"성규 형제, 피 섞인 우박이 무엇이겠습니까?"

"아…. 아무리 생각해 봐도 모르겠습니다…."

"현시대의 전쟁 무기입니다."

"네에?? 전쟁 무기라고요?"

"1,900여 년 전에 사도 '요한'이 현시대를 전혀 알 수 없었으니 그렇게 자기 나름대로 표현할 수밖에 없었겠지요. 피 섞인 우박이란 현시대의 각종 포탄 및 미사일을 말한다고 저는 봅니다. 왜냐하면 피가 섞인 것처럼 우박이 땅으로 내려 쏟아진다는 것은 포탄 및 미사일이 날아갈 때 모양을 보고 그렇게 말한 것입니다. 포탄, 미사일이 날아갈 때 어찌 보일까요? 꽁무니에서 빨간 불이 내뿜어지니 요한은 그걸 피가 섞였다고 표현하였을 것입니다. 포탄과 미사일이 하늘에서 땅으로 떨어지니 우박이라고 말할 수밖에 없었겠지요."

"아, 네. 정말 그렇군요. 아… 그 먼먼 옛날에 현대전을 미리 보았네요.

아아….”

“그러나 이것을 아셔야 합니다. 구원의 신비가 대환란 및 핵전쟁발발 전에 일어납니다.”

“네에~~~?? 구원의 신비라뇨?”

“전 세계에서 수많은 사람들이 일시에 갑자기 사라집니다.”

“무슨 말씀을 하시는지….”

“신실하고 진실된 크리스천들이 갑자기 지구상에서 사라진다는 말입니다.”

“네에~~?? 무슨 말씀인지요??”

<u>요한계시록</u>

7장

13 장로 중에 하나가 응답하여 내게 이르되 이 흰옷 입은 자들이 누구며 또 어디서 왔느뇨

14 내가 가로되 내 주여 당신이 알리이다 하니 그가 나더러 이르되 이는 큰 환난에서 나오는 자들인데 어린 양의 피에 그 옷을 씻어 희게 하였느니라

<u>고린도전서</u>

15장

35 누가 묻기를 죽은 자들이 어떻게 다시 살아나며 어떠한 몸으로 오느냐 하리니

36 어리석은 자여 네가 뿌리는 씨가 죽지 않으면 살아나지 못하겠고

37 또 네가 뿌리는 것은 장래의 형체를 뿌리는 것이 아니요 다만 밀이나 다른 것의 알맹이뿐이로되

38 하나님이 그 뜻대로 그에게 형체를 주시되 각 종자에게 그 형체를 주

시느니라

39 육체는 다 같은 육체가 아니니 하나는 사람의 육체요 하나는 짐승의 육체요 하나는 새의 육체요 하나는 물고기의 육체라

40 하늘에 속한 형체도 있고 땅에 속한 형체도 있으나 하늘에 속한 것의 영광이 따로 있고 땅에 속한 것의 영광이 따로 있으니

41 해의 영광이 다르고 달의 영광이 다르며 별의 영광도 다른데 별과 별의 영광이 다르도다.

42 죽은 자의 부활도 그와 같으니 썩을 것으로 심고 썩지 아니할 것으로 다시 살아나며

43 욕된 것으로 심고 영광스러운 것으로 다시 살아나며 약한 것으로 심고 강한 것으로 다시 살아나며

44 육의 몸으로 심고 신령한 몸으로 다시 살아나나니 육의 몸이 있은즉 또 영의 몸도 있느니라

45 기록된바 첫 사람 아담은 생령이 되었다 함과 같이 마지막 아담은 살려 주는 영이 되었나니

46 그러나 먼저는 신령한 사람이 아니요 육의 사람이요 그다음에 신령한 사람이니라

47 첫 사람은 땅에서 났으니 흙에 속한 자이거니와 둘째 사람은 하늘에서 나셨느니라

48 무릇 흙에 속한 자들은 저 흙에 속한 자와 같고 무릇 하늘에 속한 자들은 저 하늘에 속한 이와 같으니

49 우리가 흙에 속한 자의 형상을 입은 것 같이 또한 하늘에 속한 이의 형상을 입으리라

50 형제들아 내가 이것을 말하노니 혈과 육은 하나님 나라를 이어 받을 수 없고 또한 썩는 것은 썩지 아니하는 것을 유업으로 받지 못하느니라

51 보라 내가 너희에게 비밀을 말하노니 우리가 다 잠잘 것이 아니요 마지막 나팔에 순식간에 홀연히 다 변화되리니

52 나팔 소리가 나매 죽은 자들이 썩지 아니할 것으로 다시 살아나고 우리도 변화되리라

53 이 썩을 것이 반드시 썩지 아니할 것을 입겠고 이 죽을 것이 죽지 아니함을 입으리로다.

54 이 썩을 것이 썩지 아니함을 입고 이 죽을 것이 죽지 아니함을 입을 때에는 사망을 삼키고 이기리라고 기록된 말씀이 이루어지리라

55 사망아 너의 승리가 어디 있느냐 사망아 네가 쏘는 것이 어디 있느냐

56 사망이 쏘는 것은 죄요 죄의 권능은 율법이라

57 우리 주 예수 그리스도로 말미암아 우리에게 승리를 주시는 하나님께 감사하노니

58 그러므로 내 사랑하는 형제들아 견실하며 흔들리지 말고 항상 주의 일에 더욱 힘쓰는 자들이 되라 이는 너희 수고가 주 안에서 헛되지 않은 줄 앎이라

"아… 믿기 힘드네요. 정말입니까!"

"성규 씨, 믿기 힘듭니까? 저도 믿기 힘듭니다. 그러나 믿습니다!"

"왜요!?"

성규는 큰 목소리로 김 목사에게 되물었다.

"왜냐고 묻는다면 답은 성경에 쓰인 대로, 세상은 그대로 실제로 일어났으니까요~ 성경이 인간 역사이고, 인간의 지나간 역사가 바로 성경 말씀 그대로이니까요."

데살로니가 전서

4장

15 우리가 주의 말씀으로 너희에게 이것을 말하노니 주 강림하실 때까지 우리 살아남아 있는 자도 자는 자보다 결단코 앞서지 못하리라

16 주께서 호령과 천사장의 소리와 하나님의 나팔로 친히 하늘로 좇아 강림하시리니 그리스도 안에서 죽은 자들이 먼저 일어나고

17 그 후에 우리 살아남은 자도 저희와 함께 구름 속으로 끌어올려 공중에서 주를 영접하게 하시리니 그리하여 우리가 항상 주와 함께 있으리라

18 그러므로 이 여러 말로 서로 위로하라

"대환란 직전에 예수님께서 하늘 공중으로 내려오십니다(공중재림)." [13]

1 하나님 안에서 죽은 자들이 먼저 부활되어 공중으로 들려 올라가 예수님을 만난다.

2 그다음 그 당시 살아 있는 참된 크리스천들이 산 채로 들어 올려져 공중으로 올라가 예수님을 만난다.

3 그런 후 이 땅 지구에서는 대환란으로 들어간다.

대환란 = 7년 대환란

전3년반 + 후3년반

※ 전3년반- 요한계시록에 쓰여 있는 7나팔 재앙

※ 후3년반- 요한계시록에 쓰여 있는 7대접 재앙

4 지상 재림(대환란 종식): 예수님 공중 재림 이후 7년이 지나고 예수님께서 이 땅 지구에 다시 오시는 '지상 재림'을 하실 때 대환란을 종식시

---

13) 공중재림(대환란 직전): 신실하고 참된 크리스천들이 하늘 공중으로 들어 올려져 공중에서 예수님을 만나고 낙원(3층천 천국의 어느 한 곳)으로 올라갑니다(구약시대의 엘리야, 에녹처럼).

키십니다.

"천국에 입성했던 사람들이 이때 예수님과 함께 이 지구로 다시 내려옵니다. 그즈음에 예수님께서 대환란을 끝내십니다. 아마겟돈 전쟁으로 대환란을 끝내십니다. 그리고 지구 세상을 회복시키시는 새 1,000년, New Millennium이 시작됩니다.[14] 지상 재림하실 때 대환란에 아마겟돈 전쟁으로 악한 자들에게 벌을 내리시고 대환란을 종식시키십니다.

우리가 살고 있는 지금, 요한계시록의 문이 열렸습니다. 현재의 경점(更點)은 요한계시록이 시작하는 그 초기 시점입니다. 세상 돌아가고 변화되어가는 것을 보세요! 성규 형제~"

"으음… 아! 하나님….."

"사람이 분명한 지식을 갖고 있으면 누구에게도 속지 않고 흔들리지도 않습니다."

호세아
4장

6 내 백성이 지식이 부족하므로 망하는도다. 네가 지식을 거부하였으므로 나도 너를 거부하여 네가 나를 위해 제사장이 되지 못하게 할 것이요, 네가 네 하나님의 율법을 잊었은즉 나도 네 자녀들을 잊으리라.

"자…… 다시 앞으로 돌아갑시다. 앞에서 말씀드렸듯이 인간들이 결코

---

14) *저자 註: AD 2000년이어도 시간적 차이는 있습니다. 예수님께서 공중 재림하실 때를 최종 정하십니다(연도에 어느 정도의 차이는 있다는 뜻입니다. 사람 구원에 시간을 더 주시기 위함입니다). 현재 시간을 늦추고 계십니다. 그러나 시대가 공중 재림에 더 가까이 근접해 가고 있습니다.

이루어 내지 못하는 세 가지를 말했습니다. 그런데 이 세 가지 말고 또 하나가 더 있습니다."

"네에?? 한 가지가 더 있다고요?"

"네. 그렇습니다. 성규 형제가 말해 보세요…."

"모르겠습니다."

"성규 형제가 살아오면서 느낄 수 있었을 겁니다."

"아…."

성규는 잠시 생각해 봤지만 알 수 없었다.

"도저히 모르겠습니다. 인간들이 해결하지 못하는 세 가지, '늙음, 병, 죽음'까지는 알겠는데 또 '하나'가 더 있다니요…?"

"네, 그것은 평화, 즉 화평입니다!"

"네에?? … 앗… 그렇군요. 네 맞아요~!!"

성규는 맞장구치듯이 대답했다.

"결코 인간들은 인간들의 노력으로 평화, 즉 인간들끼리의 평화 화평을 이루어 내지 못합니다."

"목사님! 전 정말 인간들이 왜 서로 싸우는지 더 나아가 전쟁까지 하는지 정말 그 이유를 모르겠습니다. 왜 우리 사람들은 평화를 이루어 내지 못하는 걸까요!"

"그건 어쩔 수 없는 인간이 지니고 있는 숙명입니다. 이미 지나간 인간 역사가 말해 주고 있습니다. 그리고 인간 화평을 가로막는 그 뒤에는 '사탄과 악령들'이 있습니다. 그것들이 '인간 화평 평화'를 가로막는 '인간들의 원흉'입니다.

최초의 인간 '아담과 하와'는 화평의 인간이었습니다.

그러나 아담과 하와 역시 자신을 높여보려는 자고(自高: 인간의 속성, 높임 받고 싶은 사람의 욕망)가 생기는 것을 스스로 떨쳐 내지 못하다가 끝내는 사탄이 부추기는 속임수와 꾀임에 빠져들었습니다. 이것은 인간이 갖고 있는 피조물의 한계성, 다시 말해 불완전성입니다. 인간은 불완전합니다. 그러하기에 피조물들인 인간의 이러한 불완전함을 알게 하시려 실체적 시험지를 인간들에게 시험 보라고 이 지구 땅(지구 연수원)에 태어남(입교), 일생을 삶(시험을 본다), 그리고 그 결과(합격, 불합격)는 죽음(시험 종료) 후 내려집니다.

그렇기에 인간들은 하나님께서 주신 인간의 자유의지로, 비록 불완전한 인간들이지만 하나님 말씀 앞에 바로 서는 길을 택해야 하는 것입니다."

"아, 네. 정말…." 조용히 침묵할 수밖에 없었다.

"요한계시록에서 말씀하신 그때(대환란)가 가까이 오면 지구 땅에 지진 전염병, 천재지변, 지표면에서 괴이한 일들이 발생하고 여기저기에서 전쟁이 발발한다고 알려 주셨습니다. 하나님께서 인간들에게 경고하셨습니다.

대환란에 본격적으로 들어가 시작하면 천재지변에 괴이한 일들이 발생하고 핵전쟁까지 그때에는 정신이 미쳐 혼이 나갈 것입니다. 정말 견디기 힘듭니다. 차라리 '죽은 자가 부럽게 된다'고 요한계시록에서 말씀하셨습니다.

이 땅 지구는 약 4,400년 전에 일어났던 대홍수 이래 또 한 번의 격랑 속으로 들어갑니다."

이 말을 듣자 성규는 흙빛으로 얼굴색이 바뀌었다.

창세기
7장
11 노아 육백 세 되던 해 이월 곧 그달 십칠일이라 그날에 큰 깊음의 샘들이 터지며 하늘의 창들이 열려

12 사십 주야를 비가 땅에 쏟아졌더라

13 곧 그날에 노아와 그의 아들 셈, 함, 야벳과 노아의 처와 세 자부가 다 방주로 들어갔고

14 그들과 모든 들짐승이 그 종류대로, 모든 육축이 그 종류대로, 땅에 기는 모든 것이 그 종류대로, 모든 새 곧 각양의 새가 그 종류대로

15 무릇 기식이 있는 육체가 둘씩 노아에게 나아와 방주로 들어갔으니

16 들어간 것들은 모든 것의 암수라 하나님이 그에게 명하신 대로 들어가매 여호와께서 그를 닫아 넣으시니라

17 홍수가 땅에 사십 일을 있었는지라 물이 많아져 방주가 땅에서 떠올랐고

18 물이 더 많아져 땅에 창일하매 방주가 물 위에 떠 다녔으며

19 물이 땅에 더욱 창일하매 천하에 높은 산이 다 덮였더니

20 물이 불어서 십오 규빗이 오르매 산들이 덮인지라

21 땅 위에 움직이는 생물이 다 죽었으니 곧 새와 육축과 들짐승과 땅에 기는 모든 것과 모든 사람이라

22 육지에 있어 코로 생물의 기식을 호흡하는 것은 다 죽었더라

23 지면의 모든 생물을 쓸어 버리시니 곧 사람과 짐승과 기는 것과 공중의 새까지라 이들은 땅에서 쓸어 버림을 당하였으되 홀로 노아와 그와 함께 방주에 있던 자만 남았더라

24 물이 일백오십 일을 땅에 창일하였더라

"물이 빠지고 방주가 터키의 아라랏산에 내려앉았다고 성경에서 말씀하셨습니다. 저는 언젠가는 아라랏산에 있는 노아의 방주가 발견되리라 생각합니다."

창세기
6장
14 너는 고펠나무로 방주를 짓고 방주 안에 방들을 만들며 역청으로 그

것의 안팎을 칠할지니라.[15]

8장

4 칠월 곧 그달 십칠일에 방주가 아라랏 산에 머물렀으며

"그때 일어나는 대환란으로 인간 역사는 끝나고 인류는 완전히 멸망하는 것입니까?"

"아닙니다. 새천년과 새천년을 지나 새 하늘과 새 땅으로 가기 전에 반드시 거쳐야 하기 때문입니다. 그즈음 두 부류의 사람들로 나뉩니다. 위에서 말씀드렸다시피 대환란이 일어나기 직전에 구원받는 사람들이 있습니다(신실하고 진실된 크리스천들).

반면, 크리스천이라 해도 들림 구원에서 탈락하고 대환란 속으로 들어가게 되는 크리스천들도 있습니다. 이럴진대 하나님이 없다는 사람들은 뭘 더 말하겠습니까? 그렇게 두 부류의 사람들로 대환란 직전에 인류는 나뉘게 됩니다.

대환란이 시작될 그즈음이 돼 가면 현재의 카드(물건 구입 및 돈 거래)를 대신할 어떤 표식[16]을 사람들 몸에 심으려 할 것입니다.

그리고 특별한 사람(첫째 짐승이라고 표현) 하나가 나타날 것입니다. 그 사람(첫째 짐승)이 전 세계를 다스리려 할 것입니다. 그리고 그 사람(첫째 짐승)

---

15) 저자 註: 2009년 홍콩 크리스천들이 탐사대를 조직해 아라랏산에 등정하였다. 아라랏산 해발 4,200m 지점에서 노아의 방주를 발견했다. 그리고 동영상을 찍어 왔고 역청(pitch, 송진)을 칠한 고펠나무(gopher wood, 노송나무) 토막을 갖고 왔다. 그리고 세상에 공표하였다.

16) 저자 註: 작고 정교한 전자칩 또는 tattoo, 정교한 문신 형태

의 모습을 한 형상(인조인간, AI 로봇으로 추정)이 만들어질 것입니다. 세계 각처에 놓습니다. 그 우상(형상)은 그의 모습을 본떠 만들 것입니다. 그 형상(AI 로봇)에게 절(경배)하라고 할 것입니다.

많은 사람이 그 '형상(그 사람, 첫째 짐승)'을 본떠 만든 '인공인간(AI 로봇)'에게 절(경배)할 것입니다. 안 하면 잡아가 죽입니다.

그러나 하나님께서는 그 사람이나 그 우상(형상)에게 절(경배)하지 말라고 경고하셨습니다. 절(경배)하면 '영벌의 장소'에 떨어지게 됩니다. 요한계시록을 잘 읽어 보십시오. 무려 1,900년 전경에 '형상(우상, 인공인간, AI 로봇)'이 나타날 것을 이미 예언하셨습니다. 상상도 못 할 일이지요, 그 옛날에….

특히 13장에 보면 그 우상(형상)을 만들고 그 우상(형상)에게 생기를 주어 그 우상(형상)이 말하게 한다고 쓰여 있는데, 1,900여 년전으로 되돌아가 생각해 봅시다. 예를 들어 1,900여 년 전에 어떤 사람이 나무를 깎아 사람처럼 형상을 만들고 이것이 사람처럼 말하는 때가 온다고 말했다면 그 당시 그 누가 상상이나 했겠습니까?

우상(형상)을 만들고 생기를 불어넣는다고 쓰여 있는데 이것은 오늘날의 어떤 기술을 가지고 그렇게 되게 한다는 뜻을, 그 옛날 1,900여 년 전에 요한은 그렇게 표현할 수밖에 없었을 것입니다."

요한계시록

13장

12 그가 먼저 나온 짐승의 모든 권세를 그 앞에서 행하고 땅과 땅에 사는 자들을 처음 짐승에게 경배하게 하니 곧 죽게 되었던 상처가 나은 자니라

13 큰 이적을 행하되 심지어 사람들 앞에서 불이 하늘로부터 땅에 내려오게 하고

14 짐승 앞에서 받은바 이적을 행함으로 땅에 거하는 자들을 미혹하며 땅에 거하는 자들에게 이르기를 칼에 상하였다가 살아난 짐승을 위하여 우상을 만들라 하더라

15 그가 권세를 받아 그 짐승의 우상에게 생기를 주어 그 짐승의 우상으로 말하게 하고 또 짐승의 우상에게 경배하지 아니하는 자는 몇이든지 다 죽이게 하더라

16 그가 모든 자 곧 작은 자나 큰 자나 부자나 가난한 자나 자유인이나 종들에게 그 오른손에나 이마에 표를 받게 하고

17 누구든지 이 표를 가진 자 외에는 매매를 못 하게 하니 이 표는 곧 짐승의 이름이나 그 이름의 수라

18 지혜가 여기 있으니 총명한 자는 그 짐승의 수를 세어 보라 그것은 사람의 수니 그의 수는 육백육십육이니라

"대환란이 가까이 오면 거짓 선지자(두 번째 짐승)가 사람들 몸에 '매매하는 표(돈거래를 대신하는 전자칩 또는 tattoo, 정교한 문신 형태)'를 이식하게 하고, 세상을 지배하려 하는 그 사람(첫째 짐승)[17]이 혼돈의 세상을 구원할 지도자라고 온 세계 사람들을 부추기며 미혹할 것입니다.

그 사람을 본 따서 만든 인공인간 AI 로봇들을 세계 각처에 놓게 할 것입니다. 모든 사람보고 그 형상에게 경배(절, 인사)하라고 할 것입니다. 형상뿐만이 아니라 그 사람(첫째 짐승)에게도 경배(절, 인사, 추앙)하라고 할 것입니다.

이러한 일은 대환란이 일어나기 직전 또는 그즈음부터라고 저는 봅니다. 요한계시록에는 '두 짐승'이라고 쓰여 있습니다.

---

17) 저자 註: 그 사람(첫째 짐승, 세계를 지배하려는 사람)은 가짜 그리스도입니다. 그리고 두 번째 사람(사탄의 불을 내려오게 한 사람)은 거짓 선지자입니다.

지구 세상을 지배하려는 한 짐승(사람)이 나타납니다. 또 하나의 다른 짐승(사람)은 앞에서 말한 바대로 거짓 선지자입니다. 그 거짓 선지자가 하늘에서 불(사탄의 불, 성령의 불이라고 사람들을 속임)을 내려오게 하자 많은 사람이 미혹당한다고 쓰여 있습니다.

그 거짓 선지자(두 번째 짐승)가 첫째 짐승(세계를 지배하려는 사람)에게 모든 사람들은 경배 추앙하라고 할 것입니다, 그 첫째 짐승을 본뜬 '형상(인공인간, AI 로봇)'에게 절(경배)하라고 부추깁니다. 이 두 짐승(두 사람)과 실제로 그 형상에게 절(경배)한 사람들, 그들 다 모두는 다 '영벌의 장소(불호수, The Lake of Fire)'에 던져집니다."

"그럼 그 사람이나 그 사람을 본떠서 만든 그 형상(AI 로봇)에게 절하지 않으면 되잖아요, 목사님?"

"대다수의 사람들이 그 사람(첫째 짐승) 및 그 사람의 형상(AI 로봇)에게 경배할 것입니다. 더구나 그 표를 안 받으면 물품을 살 수도, 돈거래도 할 수가 없기 때문입니다. 그리고 그 표를 안 받거나 그 첫째 짐승(사람)이나 그 첫째 짐승(사람)을 본떠 만든 형상(AI 로봇)에게 경배 안 하면 다 잡아가 죽입니다."

"으음…."

성규는 놀라서 멈칫할 수밖에 없었다.

"그 사람과 그 표, 그리고 그의 형상이 무엇이기에 그렇게 합니까!?"

"그 사람과 그 표, 그리고 그의 형상은 사탄을 따르겠다는 의미가 됩니다. 창조주이신 하나님 주 예수 그리스도를 외면하고 사탄을 따르는 의미가 됩니다. 그러하기에 그에 대한 영벌을 내리십니다. 그렇게 한 사람들은 그 누구든지 목사이며 크리스천일지라도 불호수에 던져 버리십니다."

"아! 잘 알겠습니다. 그리고 목사님, 대환란이 일어나기 직전에 구원에 합당하게 살아온 사람들이 순식간에 갑자기 사라진다는 말씀에 대해 자세히 알고 싶습니다(예수님을 공중에서 만나 낙원으로 올라간다-예수님 공중 재림)."

"대환란 속의 지구 땅에 남겨진 수많은 사람들은 성경에 쓰인 대로 신실하게 살아온 많은 크리스천들이 한순간에 동시에 갑자기 사라지자 지구 세상은 그 반대가 됩니다. 대혼란이 발생합니다. 내 이웃, 내 친구, 내 회사 동료가 내 가족들 중에서 누군가가 순식간에 지구에서 사라지자, 이미 오래전에 성경 말씀에 그렇게 쓰여 있었음을 그제야 알고 지구에 남겨진 사람들은 성경을 펼쳐 보고 찾아보게 될 것입니다. 대단히 놀라게 되겠지요. 성경에 쓰인 대로 그대로 세상에 실제로 일어났으니 말이죠. 안 믿던 사람들도 믿게 되는 일이 생깁니다. 그러나 그때에는 이미 대환란 속으로 들어간 이후입니다.

구원에서 탈락하여 대환란 속에 처하게 된 세상 사람들은 아마도 대다수가 살아남지 못하겠지요.

그러나 지구에 남겨진 많은 사람들…. 비록 남겨졌지만 다시 구원으로 갈 수 있도록 대환란 중에서도 하나님 말씀을 전하라는 특별사명을 받은 '전도자'들이 지구 땅에는 같이 남게 됩니다.

그 특별사명을 받은 전도자들은 대환란의 극심한 고난, 고통, 격변 속에서 무신론자였거나 하나님 계심을 믿지 않던 사람들 또는 남겨진 크리스천들도 지구로 화가 떨어지는 대천재지변과 특히 많은 사람들이 갑자기 지구에서 사라지는 이 대사건을 겪고 나서야 성경 말씀의 '요한계시록'에 쓰인 대로 세상이 실제로 돌아가는 것을 뒤늦게 알게 될 터인데, 그런 사람들을 대환란 속에서 구원으로 가도록 인도하는 사명을 가지고 있습니다. 그들을 인도하며 이끌어 줄 것입니다."

요한계시록
11장

3 내가 나의 두 증인에게 권능을 주리니 그들이 굵은 베옷을 입고 천이
백육십 일 동안 대언하리라

4 이들은 땅의 하나님 앞에 서 있는 두 올리브나무요 두 등잔대니라.

5 만일 어떤 사람이 그들을 해하고자 하면 그들의 입에서 불이 나와 그
들의 원수들을 삼킬 것이요, 또 어떤 사람이 그들을 해하고자 하면 그
가 반드시 이런 식으로 죽임을 당하리라.

6 이들이 하늘을 닫을 권능을 가지고 있으므로 자기들이 대언하는 날들
에 비가 내리지 아니하게 하고 또 물들에 대한 권능을 가지고 있으므
로 그것들을 피로 변하게 하며 언제든지 자기들이 원하는 때에 모든
재앙으로 땅을 치리로다.

3절 두 증인:

한 증인 - 이스라엘 144,000명

다른 한 증인 - 이방인 크리스천 중에서 신실한 크리스천들

(두 명을 뜻하지 않음, 전체 무리를 하나로 말하심)

왜? 그런지는 4절을 보면 알 수 있습니다.

1 올리브나무는 이스라엘을 뜻함

2 등잔대는 신약시대의 교회를 뜻함

　두 올리브나무 + 두 등잔대:

　이스라엘과 이방교회는 대환란이 끝나고 예수님 지상 재림 때(1,000
년시대)에 들어가면 둘의 구분이 없어지고 하나로 합쳐짐을 뜻합니다.

　(현재는 구분되어 두 올리브 나무로도 보고, 두 등잔대로도 보지만, 천년 시대로 들
어가면 이 두 무리의 구분이 없어진다)

"대환란에 남겨졌더라도 요한계시록에 '경고의 말씀'을 위배하지 않고

고통 속에서도 끝끝내 지킨 사람들은 구원을 받습니다. 그러나 하나님 말씀을 굳건히 지키기는 매우 어려울 것입니다."

성규는 다시 물었다.

"그럼 그렇게 사회에서 각종 물건들, 금전 거래용 매매의 표를 만들어 사람들 신체에 이식하게 하는 일이나 이 땅 지구에서 갑자기 사라지는 일, 그리고 그 무시무시한 대환란이 도대체 언제 일어난단 말입니까!?"

"으음…."

김 목사는 잠시 생각에 잠기더니 이윽고 말문을 열었다.

"성규 씨, 그 날짜와 그 시간을 아는 것이 중요하지 않습니다. 더구나 성경에서도 그날과 시는 비밀로 봉해져 있습니다. 아무도 모릅니다. 왜냐하면 성경에서도 가르쳐 주지 않으셨습니다(마태복음 24:36).

그날이 가까이 오면 이런저런 징조(시대적 변화)들이 세상에 나타나게 될 것이라고 알려 주셨습니다. 크리스천이라면 요한계시록을 잘 살펴보아야 합니다! 그러면 알 수 있습니다! 지금 이 세상이 어느 경점에 와 있는지 알게 될 것입니다."

"아, 네… 으음…."

성규는 아무 말도 할 수 없었다.

"그런 대환란을 겪고 지나서야 비로소 인류는 신의 세계로 들어가기 전 단계인 새로운 세상에서 다시 살게 됩니다. 그 새 세상은 새천년(New Millennium 1,000년)입니다.

예수님의 공중 재림이 먼저 있고 지구 땅에서는 대환란을 통과합니다. 대환란은 예수님의 지상 재림 때 종식됩니다.

새천년은 지상 재림부터 백보좌 심판 때까지 약 1,000년간 지속된다고 알려 주셨습니다.

그 천 년간의 신적 통치가 있은 후 그 기간이 끝나는 1,000년 끝에 가서 마지막 심판이 한 번 있다고 알려 주셨습니다(백보좌 심판).

1,000년의 새 세상이 오기 직전(예수님의 지상 재림 직전)에 사탄은 무저갱에 갇힙니다. 다시 말해 대환란이 끝나는 무렵(지상 재림 직전)에 사탄은 새천년에는 없도록 무저갱(지옥)에 가두어 둡니다.

그리고 사탄이 무저갱(지옥)에 갇힐 즈음 사탄 앞잡이 노릇을 한 그 사람(첫째 짐승)과 거짓 선지자(두 번째 짐승)및 그들과 함께 일하여 온 인간들 및 요한계시록에서 말씀하신 그 경고를 위배한 사람들(666표를 이마나 손에 받은 사람들), 그들 모두는 하나님께서 내리시는 '영벌의 장소'로 떨어집니다(예수님의 지상 재림 직전에). 그런 다음에 새 세상이 약 1,000년간 새롭게 펼쳐집니다.

사탄과 사탄을 따른 악의 무리(사람)가 없어졌기에 1,000년의 새 세상은 준천국입니다. 사탄의 졸개 악령들은 아직 지구에 남겨 두십니다(인간들의 정화용 도구들, 사탄은 '지옥-무저갱'에 갇혔기에 졸개 악령들은 크게 힘을 내지 못함).

그리고 그 1,000년은 그동안 망쳐 놓은 지구 및 인간 정화의 세월입니다. 그 1,000년 세월이 다 지나는 끝 무렵에 하나님께서 사탄을 무저갱에서 꺼내어 다시 풀어 놓으십니다. 왜 그렇게 하실까요??"

"아, 아니…. 사탄을 꺼내 세상에 다시 풀어 놓으신다고요?"

"성규 형제는 그 이유를 아십니까?"

"아아뇨, 전 도통 이해가 안 됩니다. 저는… 도저히 뭐가 뭔지."

성규가 이렇게 대답하자 김 목사는 계속 설명하였다.

"그 1,000년 끝 무렵에 사탄을 무저갱에서 꺼내 다시 풀어 놓으심은 여전히 인간 중에는 사탄을 따르는 인간들이 있다는 것입니다. 그래서 사탄을 따르는 인간들을 한 번 더 솎아 내십니다. 쭉정이들을 그렇게 키질하여 가려내십니다. 그때 사탄과 사탄을 따르는 인간들이 하나님께 반항하며 최후의 전쟁[18]을 일으킵니다.

무저갱에 있다가 풀려나온 사탄보고 인간 중에서 너(사탄)를 따르는 인간들과 함께 어디 한번 내(하나님)게 다시 대들며 배도할 테면 해 보거라, 이렇게 하십니다. 하나님께서는 신이십니다. 인간처럼 일을 처리하지 않으십니다."

"아, 네… 그런가요…. 무슨 뜻인지 알겠습니다."

"1,000년의 인간 및 지구 땅 정화 기간에도 인간 중에는 하나님께 대들고 배도하는 사람들이 1,000년의 새 세상에서도 여전히 나타난다는 것입니다. 그런 사람들을 솎아내시려는 것입니다. 1,000년이란 긴 시간을 갖고 인간들을 정화했는데도 그런 사람들이 여전히 나온다니, 참 슬픈 일입니다."

김 목사는 긴 한숨을 쉬었다.

"1,000년의 끝 무렵에 풀려나온 사탄은 1,000년의 새 세상 지구에서 활동하고 있었던 졸개 악령들과, 다시 사탄을 따르는 인간들과 함께 다시 하나님께 배도하며 하나님께 반항하며 대들 것입니다. 그 1,000년의 새 세상 끝 무렵에 하나님께서는 사탄과 악령들, 사탄을 따른 인간들 그들 모두를 '영벌의 장소'로 던져 넣으십니다(2차 곡마곡 전쟁). 사탄을 따랐기에 사탄의 자식, 사탄의 백성으로 보십니다.

2차 곡마곡 전쟁 후 백보좌 심판을 하십니다. 백보좌 심판 후 '영벌의 장소'는 아마도 제가 개인적으로 생각하기에는 현재는 지옥이 지구 땅속 지구 내핵에 위치해 있으나, 백보좌 심판을 하시는 그때에는 지구 핵 땅속이

---

18) 제2차 곡마곡 전쟁: 2차 곡마곡 전쟁은 대환란 후에 오는 1,000년의 새 세상의 끝에서 발생한다. 그리고 제1차 곡마곡 전쟁은 대환란이 오기 직전 즈음에 지구 세상에서 발생하는 전쟁.

아닌 우주 변방에 다른 한 장소(2층천의 한 변방, 쓰레기장)로 그 '영별의 장소 (The Lake of Fire)'를 옮기시지 않을까 저는 개인적으로 그런 견해를 갖고 있습니다.

자~ 아브라함과 욥. 아브라함이나 욥도 많은 복을 받았죠. 더구나 신비한 체험도 많이 했습니다. 하나님께서 주시는 복을 받기 이전에 그들은 하나님 말씀을 따랐음이 먼저 있었습니다.

이것이 일반 크리스천이나 비크리스천들이나 무신론자들하고 다른 점입니다. 이것을 가르쳐야 하는데 하나님 말씀은 제쳐 놓고 복부터 받아라, 무조건 복 받는다 하는 식의 설교는 잘못된 것입니다."

김 목사는 안타까운 표정으로 한숨을 내쉬었다. 성규는 그저 조용히 듣고만 있었다.

그러다 이런 질문을 하였다.

"그럼 목사님, 아브라함과 욥이 어떤 상황과 어떤 고난과 어떤 어려움이 있었는지요? 어떤 복을 하나님께서 내려 주셨는지요?"

"네, 좋은 질문을 하셨습니다."

"아브라함은 약 4,000년 전 사람입니다. 욥은 약 3,800년 전에 살았던 사람으로 추정됩니다. 두 사람은 현재의 중동 이스라엘 및 그 인근 지역에 살았었습니다."

'아브라함'은 자기와 가족들이 자기 조상 때부터 살고 있는 갈데아 우르 (유브라데스강과 티그리스강의 하류 지역)에서 살았습니다. 어느 날, 하나님께서 그곳을 떠나라고 말씀하셨습니다.

아브라함은 하나님께서 가라고 하는 곳으로 무조건 떠났습니다. 언뜻 듣기에는 별것 아닌 것처럼 들리지만 결코 쉬운 일이 아닙니다. 자기 생활 터전이 닦여진 곳에서 그것을 다 청산하고 새롭게 타지로 가서 새롭게 적응하며 일구며 산다는 것, 쉽게 따르기 어렵습니다. 특히 아브라함이 바로 오늘날의 '이스라엘'이라는 한 나라의 최초 조상이 되었습니다.

아브라함은 하나님 앞에서 바로 선 자였습니다. 또한 자기의 독자 아들 (이삭)의 생명까지도 내놓게 되었는데, 이 일도 주저하지 않았습니다. 그 외에 다른 많은 일이 있었습니다. 창세기에 그에 대한 일들이 쓰여 있습니다.

다음은 '욥'인데 성경에서 주시해서 봐야 할 대목입니다. 욥은 아들 일곱에 딸 셋을 두었고, 부자였고, 하나님 앞에서 신실한 사람이었습니다. 그런데 이때 사탄이 등장합니다. 사탄이 하나님 앞에 나아가서 이렇게 말하죠.

'욥이 하나님 앞에서 신실하게 사는 것은 하나님께서 그에게 많은 복을 내려 주셨기에 욥이 하나님 앞에서 충실한 것 아닙니까?'

이렇게 하나님께 아룁니다. 이 뜻은 뭐겠습니까? '욥에게 내려 주신 그 복을 하나님께서 거두어들이시면 욥이 하나님께 신실하지 않을 것이지 않습니까?' 이런 뜻이죠?"

그러자 성규는 그럴 수도 있겠구나 하고 생각했다.

"하나님께서 사탄에게 네가 하고픈 대로 해 보라고 욥을 공격하겠다는 사탄의 청을 허락해 주셨습니다. 다만 욥의 생명에는 손대지 말라고 말씀하셨습니다.

사탄이 드디어 욥과 그의 자녀들과 그의 모든 재산을 파괴시킵니다. 먼저 욥의 재산을 깡그리 파괴시킵니다. 다음 욥의 자녀들 아들 일곱과 딸 셋 10명을 모두 죽입니다. 이 정도 되면 거의 미칠 지경에 이릅니다. 그런데도 욥이 하나님을 원망하지 않자, 드디어 비장의 무기를 사탄이 꺼냅니다. 바로 욥 자신을 치는 것이죠. 욥을 피부병으로 때립니다. 피부병…. 병중에서도 가장 견디기 힘든 병이 피부병입니다.

아토피라고 들어보셨을 것입니다. 아토피 피부병 증세가 심할 경우 당사자는 거의 미칠 지경에 이릅니다. 진짜 견디기 힘듭니다. 저는 실제로 스스로 목숨을 끊는 일이 발생했다는 뉴스를 본 일이 있습니다. 얼마나 견디기 힘들면 그렇겠습니까? 당해 보지 않은 사람은 상상 불가이지요…."

성규는 심각히 얼굴이 일그러져 가고 있었다.

김 목사는 말을 이었다.

"그런데도 욥은 직접적으로 남이 들으라고 하나님을 원망하지 않았습니다. 그러나 이렇게 말합니다. 자기가 차라리 태어나지 않았다면 더 좋았을 거라고 말합니다. 이게 무슨 말입니까? 성규 씨는 욥의 이 말뜻을 뭐라고 보십니까?"

김 목사가 묻자 성규는 언뜻 생각이 나지 않았다.

그러다가 이렇게 대답했다.

"안 태어났으면 이런 일도 없었을 거니, 안 태어났으면 더 좋았다고 말한 것 같습니다."

"욥이 바로 하나님을 원망한 것입니다. 직설적이진 않지만 하나님께서 나(욥)를 지으셨는데 나를 만들지(창조하지) 않으셨으면 내가 세상에도 없고 이런 고난도 없는 것 아니냐? 왜 나를 창조하셨습니까? 이렇게 말이죠…. 허나 원망하진 않겠습니다…. 나를 지으신 또 다른 무슨 이유가 있으십니까? 이렇게 하나님께 되묻는 뜻도 숨어 있는 것입니다."

"아! 그렇군요."

성규는 이 말을 듣자 조용히 머리를 끄덕였다.

"자… 사탄은 이제 최후의 카드로 욥의 아내를 부추깁니다. 여기서 주목해야 할 것은 사탄이 욥의 아들딸 다 죽이고 재산 다 파탄 나게 하고 욥 자신을 최고 악질 피부병으로 칩니다. 그런데 욥의 아내는 손가락 하나 다치지 않게 합니다. 욥의 아내가 남편 욥에게 이렇게 말합니다. '하나님을 욕하고 죽으라'고….

에덴동산에서 아담과 하와가 선악을 알게 하는 나무의 실과(선악과)를 먹는 배도를 하였습니다. 그때의 상황을 생각해 봅시다.

그때 아담과 하와는 사탄의 속임수에 말려들어 갔습니다. 허나 욥은 그렇지 않았다는 것입니다 '아담과 욥' 두 사람이 어디가 어떻게 다른지 이해가 됩니까? 사탄의 속임수에 말려들어 간 '아담의 아내와 아담' , 사탄을 물리친 '욥'은 서로 극과 극의 차이가 발생했습니다.

아담과 하와는 에덴에서 쫓겨났으나 욥은 그의 신실함으로 욥의 아내와 욥의 가정은 다시 회복하게 됩니다. 욥과 욥의 아내는 아들 일곱과 딸 셋을 다시 낳았고 딸들의 아리따움이 세상에서 으뜸으로 아름다웠습니다. 거기에 욥의 재산은 파괴되기 전보다도 두 배나 더 큰 재산으로 불어났고, 욥의 피부병은 씻은 듯이 깨끗해졌고 이전보다 더 건강해졌고 수명도 다른 사람들보다도 훨씬 더 장수하였습니다.

그러나 '아담과 하와'는 사탄과의 싸움에서 졌습니다. 물론 하와와 아담이 사탄의 속임수에 속기 이전에 사탄이 자기들을 속이려 드는 것을 눈치챘다 해도, 하와와 아담의 마음속엔 '선악을 알게 하는 나무의 실과'를 먹고 싶다는 욕심이 이미 두 사람에겐 꿈틀대고 있었을 거라고 저는 봅니다."

성규는 무슨 뜻인지 알 것 같았다.

"한편 욥은 어떻게 했습니까? 끝까지 사탄과 대적하며 끝내는 사탄을 물리칩니다."

"특이한 일은 '욥'인데, 욥은 이스라엘 사람이 아닙니다. 그런데 이방 족속인 욥이 하나님 앞에서 '이스라엘 사람'들보다도 더 신실하였다는 것이고 복도 더 받았습니다."

제 3 1 - 3 장

New Millennium - 영원의 관문(關門)

"하나님 말씀(성경)이 시작은 이스라엘에서 시작하였지만 이방 나라 사람들(이스라엘이 아닌 다른 여러 나라 사람들)에게로 퍼져 나갈 것을 암시하심입니다.

성경 말씀이 전 세계 모든 사람에게로 퍼져 나갈 것을 보여 주셨습니다. 하나님의 말씀 창세기부터 요한계시록까지가 출애굽 하였던 약 3,500년 전부터 오늘 이 순간까지 세상 모든 사람에게 전하여져 오고 있습니다. 현재 세상 모든 사람에게 거의 다 선교 전파되어 가고 있습니다.

다만 성경 말씀, 주 예수 그리스도를 자기의 구세주로 영접하느냐 아니하느냐는 각 개인의 자유의지에 달렸습니다. 하나님께서는 강제로 하지 않으십니다. 그러나 그에 따른 천국 지옥으로 나뉨에 대하여 그 누구도 이의를 달지 못합니다.

앞으로 올 이 새천년의 끝에 마지막 관문을 남겨 놓고 있습니다. 그 마지막 관문이 무엇입니까? 성규 씨!"

"백보좌 심판입니다. 목사님도 저도 생명책에 이름이 올라가도록 기도하겠습니다."

"성규 형제도 저도 하나님께서 내리시는 마지막 관문인 백보좌 심판 앞에 서야 합니다. 새천년의 끝에서 하나님께서 백보좌 심판을 하십니다. 그 심판대 앞에 서야 합니다. 생명책에 자기의 이름이 올라가 기록되어 있어야 합니다. 생명책에 기록된 사람들만이 하늘에서 내려오는 거대한 정육면체의 집에 들어가며, 사탄 악령들과 그것들을 따랐던 인간들이 받는 '영벌의 장소(The Lake of Fire)'에 떨어지지 않고 그것들이 사라진 1층천과 2층천에서 영원 영생하게 됩니다."

"목사님도 저도 생명책에 올라가도록 열심히 기도하겠습니다."

"성규 형제! 기도도 중요하지만 행함이 먼저입니다."

"행함이라고요?"

"행함이 없고 말만 해서 생명책에 이름이 올라갈까요? 한 사람이 산 일생을 보고 백보좌 심판을 하십니다. 그러니 우리 사람들은 온전치 못하더라도 하나님 말씀에 합당하도록 노력해야 합니다.

이 세상 삶이 허무한 것이 아닙니다. 귀하고 귀중한 것입니다. 일생을 보시고 백보좌 심판을 하시기 때문입니다."

"삶이 그냥 거저 온 것도 아니고 아무 의미 없는 것이 아니네요. 아주 중요하네요. 삶을 보시고 백보좌 심판을 하시니까요. 행함이 없는 예수님 영접은 허위이니까요."

"그렇습니다. 최종 심판(백보좌 심판)이 내려진 후에 구원을 받은 인간들(영원인간들)은 새 삶을 시작합니다. 인간의 역사는 그때 완전히 종말을 고합니다. 1,000의 새 세상 끝에서 인간 역사는 완전히 끝나고 구원받은 사람들(영원인간들)은 '하나님께서 하사하시는 하늘에서 지구 땅으로 내려온 거대한 정육면체의 집'으로 들어갑니다.

그때부터는 지구 1층천은 영원인간들이 새 땅으로 온전히 가꾸어 나갑니다. 악령들이 망가뜨려 놓은 2층천도 우리 사람들(구원받은 영생의 인간들, 영원인간들)이 새롭게 가꾸어 나가게 됩니다.

영화에서는 마치 인공인간 로봇 또는 기타 등등 다른 존재들이 등장하여 우주로 나아간다고 스토리를 만들기도 하지만 그것이 아닙니다. 영원인간들이 1, 2층천을 가꾸어 나아갑니다. 1, 2층천은 영원인간들의 생활권입니다."

"아… 그런가요."

성규는 다시 물었다.

"그럼 천사들은 1, 2층천에는 오지 않나요?"

"아닙니다. 현재와 같이 1, 2층천에 자유로이 왕래합니다. 필요가 있을 때면 오지 않겠습니까~ 인간들과 교류도 계속하겠지요. 다만 천사들의 주된 생활권은 3층천이지요."

"아! 네 그렇군요."

"영원 영생의 인간들이 살 새집, 그 집을 성규 씨는 알고 계십니까?"

"……."

"거대한 정육면체의 매우 큰 곳입니다. 각양의 보석들로 만들어졌습니다. 가로세로 높이가 각각 2,400km 정도의 어마어마하게 큰 집입니다. 그 내부가 몇 층으로 이루어졌고 어떻게 이루어졌는지 그 내부까지는 상세하게 쓰여 있진 않지만, 생명나무가 있고 생수의 강이 흐른다고 쓰여 있습니다. 하나님께서 내리시는 사랑의 선물입니다.

각양각색의 보석과 순금으로 지어진 거대한 이 정육면체의 집은 하늘에서 지구 땅으로 내려옵니다. 이 지구가 없어지는 것이 아닙니다. 그대로 있습니다. 인류가 멸망하는 것이 아닙니다. 오히려 그 반대입니다. 우리 인류의 미래는 희망과 축복이 기다리고 있습니다.

그렇기에 예수님을 나의 구세주로 영접해야만 하는 것입니다. 그 길 외에는 방법이 없습니다. 그리고 배도하지 않아야 합니다. 무늬만 크리스천으로는 사탄에 속아 넘어가기 쉽기 때문입니다.

열심히 일하며 현재 삶에 충실해야 합니다. '이 세상 망해서 없어질 테니까 오늘 신나게 실컷 놀자'가 아닙니다. 내일 백보좌 심판대에 서게 되는 날까지 열심히 올바르게 살아야 합니다. 성경에 '일하지 않는 자는 먹지도 말라, 언제까지 게으를 것이냐?'라고 말씀하셨습니다. 새 1,000년의 기간과 천 년 끝에 있는 백보좌 심판 이후 제1, 2층천을 새롭게 가꾸는 일, 그 예행연습이 현재 사람들의 삶인 것이지요."

"네~~~!"

"그 집에는 동서남북 네 면에 3개씩 열두 대문이 있습니다. 그 문은 언제나 닫히지 않습니다. 사탄과 악령들과 그것들을 따르던 인간들 그들 다 모두가 '영벌의 장소(The Lake of Fire)'에 던져졌기에 지구 땅엔 그 어떤 악도 없습니다. 완전하게 악이 사라졌습니다. 문밖으로 나오면 지표면이 정원 동산 뜰이 되는 것입니다.

3차원의 생활(늙음, 병, 죽음)이 없습니다. 지구에서 그간 사용하던 3차원적 생활 도구들과 시설들, 현대의 각종 문명 이기들이라 불리던 것이 박물관에서나 보는 유적 유물이 될 것입니다.

4차원 이상의 삶을 살게 됩니다. 영생의 영광체로 성화됩니다. 이 얼마나 흥미진진합니까? 감히 상상 불가입니다.

영생, 화평, 화목, 즐거움, 기쁨, 환희, 영광의 새 세계가 끝없이 펼쳐집니다. 구원에 이른 인간들은 현재처럼 지구 땅에 국한하여 살아오던 3차원의 세계에서 벗어나 5차원, 10차원도 넘는 고차원의 생활을 할 것입니다.

사탄과 악령들과 그것들을 따르던 인간무리들이 망쳐 놓은 지구 땅(1층천)과 2층천을 영원인간들이 희락과 기쁨과 영광의 환희 속에서 다시 새롭게 가꾸어 나갈 것입니다."

성규는 다시 물었다.

"그럼 3층천까지도 자유롭게 왕래하게 됩니까?"

"아닙니다. 구원받은 사람들이라도 다 똑같지는 않습니다. 지구 땅에 사는 동안 하나님 앞에서 신실하고 충성되게 살아온 사람들과 영벌의 장소를 겨우 면한 정도의 사람들과는 구원은 같이 받았더라도 천국 시민의 신분에 차이가 있습니다. 영성 높은 충성된 하나님의 자녀들은 낮은 계층의 구원받은 사람들과는 천국 신분에 상급이 서로 다릅니다. 지도자급의 사람들이 그 거대한 정육면체의 집에서 제3층천, 천국을 왕래할 수 있을 것으로 저는 그렇게 봅니다."

"구원은 받았다 해도 신분에 차이가 있네요."

"네, 그렇지요. 구원받은 사람들이라고 해도 하나님께서 하사하시는 천국 상급에 차이가 있습니다."

"영원인간들에게는 늙음, 병, 죽음이 영원히 없게 되는 것입니다. 영원인간들은 서로 다툴 이유가 전혀 없습니다. 그 원인이 완전히 해결되었기 때문입니다. 사탄, 악령들, 사탄과 악령들을 따른 인간들 그들이 모두 다 영벌의 장소에 떨어진 이후의 1층천과 2층천은 불로, 무병, 영원, 영생, 무고통, 속이는 것이 없고 싸움 전쟁이 없습니다. 늙음, 죽음이 없습니다. 화목과 화평, 사랑이 영원한 곳입니다.

현재 지구에서 가장 자연 경치가 으뜸인 곳보다도 비교 불가입니다. 에덴으로 돌아가는 것입니다. 100년, 천 년, 만 년, 백만 년, 억만 년, 몇천억만 년이 가도 늙음, 병, 죽음이 없습니다.

진시황제가 늙지 않고 병들지 않고 죽지 않으려 온갖 방법을 다 동원했다지요? 중국을 샅샅이 뒤졌겠죠. 한반도에 경남 해금강까지 제주도까지 사람을 보냈다 하지 않습니까? 오늘날에도 마찬가지입니다. 만약 불로초, 불사의 명약이 있다면 너도나도 그 불로초와 명약을 사러 끝이 안 보이게 줄을 설 것입니다.

성규 씨는 이미 그 불로초, 불사의 명약이 어디에 있는지를 알아냈고 찾아가고 계십니다. 부디 찾아 가지십시오."

"네, 알겠습니다. 찾아 가지겠습니다."

그러면서도 한쪽으론 이런 생각이 들었다.

"목사님, 어떻게 사람이 늙지 않을 수가 있으며 병이 어떻게 없을 수가 있으며 사람이 어떻게 죽지 않을 수가 있단 말입니까?"

"하하하~"

김 목사는 크게 웃으며 말했다.

"천사와 같이 됩니다. 인간의 육신을 재창조하십니다. 영성체의 육신으로 재창조하십니다. 인간 신체가 지금의 신체가 아닙니다. 생명수와 에덴동산에 있던 생명나무의 열매를 주신다고 하셨습니다.

천국에서는 결혼하지 않습니다. 자녀를 낳으며 살지 않습니다. 가정을 꾸려서 열심히 돈 벌어서야 먹고 사는 그런 곳이 아니란 말입니다. 4차원을 넘어서 그 이상의 고차원의 세계입니다. 승화, 성화된 완전한 개개의 완전체로 바뀝니다. 천국에서 병원이 필요할까요? 학교에 가서 배워서 스펙 쌓아서 좋은 직장 구해 돈 벌어야 할까요? 현재의 지구 땅에서 사는 것처럼 그런 3차원적 생활이 아니란 말입니다.

고치를 찢고 나온 나비처럼, 이전에는 애벌레로 기어다녀야 했습니다. 그러다 나비가 되니 그 차이는 얼마나 엄청나겠습니까~ 나비(구원받은 사람들에 비유), 그들이 살게 될 거대한 정육면체의 그 집을 버리고 다시 애벌레(구원 이전에 인간 세계의 3차원적 지구 생활)로 돌아가겠습니까? 절대 그러하지 않지요~!

구원받은 사람들을 천사와 같이 바꾸십니다. 현재와는 전혀 다른 영성체로 갈아입는 것입니다.

성규 씨도 유체이탈(幽体離脱, Out-of-Body Experience: 영혼이 자신의 신체를 빠져나와서 영혼만 별도로 움직이는 상태) 체험도 몇 번 하시면 차차 알게 되시고 확신이 서게 됩니다."

"으음…."

성규에게서 나직이 신음이 흘러나왔다. 다시 물었다.

"목사님, 성경 어디에 그 커다란 새집이 하늘에서 백보좌 심판 후 이 지구 땅으로 내려온다고 쓰여 있습니까?"

"요한계시록 거의 끝부분에 있습니다."

"언뜻 기억이 가물가물합니다. 읽어 본 듯도 하고요."

김 목사는 책꽂이에서 성경책을 꺼냈다.

성규는 성경책을 받아 펼치며 요한계시록의 끝부분을 빠르게 살펴보았다.

요한계시록

21장

10 성령으로 나를 데리고 크고 높은 산으로 올라가 하나님께로부터 하늘에서 내려오는 거룩한 성 예루살렘을 보이니

11 하나님의 영광이 있으매 그 성의 빛이 지극히 귀한 보석 같고 벽옥과 수정같이 맑더라

12 크고 높은 성곽이 있고 열두 문이 있는데 문에 열두 천사가 있고 그 문들 위에 이름을 썼으니 이스라엘 자손 열두 지파의 이름들이라

13 동편에 세 문, 북편에 세 문, 남편에 세 문, 서편에 세 문이니

14 그 성에 성곽은 열두 기초석이 있고 그 위에 어린 양의 십이 사도의 열두 이름이 있더라

15 내게 말하는 자가 그 성과 그 문들과 성곽을 척량하려고 금갈대를 가졌더라

16 그 성은 네모가 반듯하여 장광이 같은지라 그 갈대로 그 성을 척량하니 일만 이천 스다디온[19]이요 장과 광과 고가 같더라

---

19) 1 스다디온: 대략 180m~200m(stadion stadium), 고대 그리스 거리의 단위, 고대 그리스의 경기장 12,000×200m=2,400km, 가로세로 높이가 같은 정육면체의 거대한 집. '영생의 사람들(영원인간, 최종 구원받은 자들, 27절 어린 양의 생명책에 기록된 자들)이 입성한다.

17 그 성곽을 척량하매 일백사십사 규빗[20]이니 사람의 척량 곧 천사의 척량이라

18 그 성곽은 벽옥으로 쌓였고 그 성은 정금인데 맑은 유리 같더라

19 그 성의 성곽의 기초석은 각색 보석으로 꾸몄는데 첫째 기초석은 벽옥이요 둘째는 남보석이요 세째는 옥수요 네째는 녹보석이요

20 다섯째는 홍마노요 여섯째는 홍보석이요 일곱째는 황옥이요 여덟째는 녹옥이요 아홉째는 담황옥이요 열째는 비취옥이요 열한째는 청옥이요 열둘째는 자정이라

21 그 열두 문은 열두 진주니 문마다 한 진주요 성의 길은 맑은 유리 같은 정금이더라

22 성안에 성전을 내가 보지 못하였으니 이는 주 하나님 곧 전능하신 이와 및 어린 양이 그 성전이심이라

23 그 성은 해나 달의 비췸이 쓸데없으니 이는 하나님의 영광이 비취고 어린 양이 그 등이 되심이라

24 만국이 그 빛 가운데로 다니고 땅의 왕들이 자기 영광을 가지고 그리로 들어오리라

25 성문들을 낮에 도무지 닫지 아니하리니 거기는 밤이 없음이라

26 사람들이 만국의 영광과 존귀를 가지고 그리로 들어오겠고

27 무엇이든지 속된 것이나 가증한 일 또는 거짓말하는 자는 결코 그리로 들어오지 못하되 오직 어린 양의 생명책에 기록된 자들뿐이라

김 목사는 '영적 신비 체험'에 대하여 다시 설명하기 시작했다.
"성규 형제!"

---

20) 1 규빗 : 대략 50cm(cubit), 고대 이집트 , 바빌로니아에서 사용된 길이 단위 팔꿈치에서 가운뎃 손가락끝까지 144×50cm=72m

"네."

"우리는 신비 체험이 있을 때 그것이 '성령 역사'인지 사탄이 주는 '악령 역사'인지를 구분해야 하는데, 초신자 때에는 그것 구분이 매우 어렵습니다.

때론 어느 정도 수준에 올라선 크리스천들조차도 자기 욕심이 앞서다 보면 분별력이 어두워져 악령 역사를 성령 역사로 오판하는 경우가 자주 있습니다. 영의 세계는 사람의 입장에선 알기 어려운 고차원의 세계입니다.

유일한 대처 방법은 성경 공부를 올바르게 해서 제대로 깨달아 알면 사탄 악령 마귀들이 주는 악령 역사를 물리칠 수 있습니다. 하나님께서 천사를 보내어 그런 신실한 사람들을 지키고 보호해 주십니다(수호천사)."

"하나님께서 '알곡과 쭉정이'로 나누시려고 키질하시는 장소가 이 지구 땅, 이 세상이라고 말씀하셨는데 그에 대하여 설명 좀 부탁드립니다."

"음… 이런 말을 들어 보셨을 겁니다. 커다란 수조에 천적인 물고기도 같이 넣어 놓아두어야 한다는 말 들어 보셨죠?"

"네."

"왜 그렇게 합니까?"

"그렇게 해야 다른 물고기들이 나태해지지 않고 더 민첩해진다고 합니다."

"네! 바로 그것입니다. 하나님께선 체험적 교육 방법을 사용하십니다!"

귀가 번쩍 뜨였다.

"체험적 교육 방법이라고요~~~?!"

"사탄과 악령들을 하나님께서 지구 세상(지구 연수원)에 왜 풀어 놓으셨는지? 그 이유가 무엇입니까?"

성규는 잠시 골몰히 생각에 빠졌다.

"어렴풋하지만 조금씩 이해가 옵니다. 우리 사람들이 성령 체험도 하고 새사람이 되어 가다가 어느 날 하나님 앞에서 배도할 수가 있다는 뜻 같습니다."

"바로 그것입니다. 성규 형제, 잘 말씀하셨습니다. 천사들도 하나님께 배도하지 않았습니까!?"

히브리서

10장

26 우리가 진리에 관한 지식을 받은 뒤에 고의로 죄를 지으면 다시는 죄들로 인한 희생물이 남아 있지 아니하고

27 대적들을 삼킬 불같은 격노와 심판에 대하여 두렵게 기다리는 일만 남아 있느니라

28 모세의 율법을 멸시한 자도 두세 증인으로 인해 긍휼을 얻지 못하고 죽었거늘

29 하물며 하나님의 아들을 발로 밟고 자기를 거룩히 구별한 언약의 피를 거룩하지 아니한 것으로 여기며 은혜의 영께 무례히 행한 자가 당연히 받을 형벌은 얼마나 더 극심하겠느냐? 너희는 생각해 보라

30 원수 갚는 일은 내게 속하였으니 내가 갚아 주리라 주가 말하노라, 하시고 또다시, 주가 자신의 백성을 심판하리라, 하고 말씀하신 분을 우리가 아노니

31 살아 계신 하나님의 손안으로 떨어지는 것은 두려운 일이로다

야고보서

2장

17 이와 같이 행함이 없는 믿음은 그 자체가 죽은 것이라

26 영혼 없는 몸이 죽은 것같이 행함이 없는 믿음은 죽은 것이니라

마태복음

7장

13 좁은 문으로 들어가라 멸망으로 인도하는 문은 크고 그 길이 넓어 그 리로 들어가는 자가 많고

14 생명으로 인도하는 문은 좁고 길이 협착하여 찾는 이가 적음이니라

15 거짓 선지자들을 삼가라 양의 옷을 입고 너희에게 나아오나 속에는 노략질하는 이리라

16 그의 열매로 그들을 알찌니 가시나무에서 포도를, 또는 엉겅퀴에서 무화과를 따겠느냐

17 이와 같이 좋은 나무마다 아름다운 열매를 맺고 못된 나무가 나쁜 열 매를 맺나니

18 좋은 나무가 나쁜 열매를 맺을 수 없고 못된 나무가 아름다운 열매를 맺을 수 없느니라

19 아름다운 열매를 맺지 아니하는 나무마다 찍혀 불에 던지우느니라

20 이러므로 그의 열매로 그들을 알리라

21 나더러 주여 주여 하는 자마다 천국에 다 들어갈 것이 아니요 다만 하늘에 계신 내 아버지의 뜻대로 행하는 자라야 들어가리라

22 그날에 많은 사람이 나더러 이르되 주여 주여 우리가 주의 이름으로 선지자 노릇 하며 주의 이름으로 귀신을 쫓아내며 주의 이름으로 많 은 권능을 행치 아니하였나이까 하리니

23 그때에 내가 저희에게 밝히 말하되 내가 너희를 도무지 알지 못하니 불법을 행하는 자들아 내게서 떠나가라 하리라

24 그러므로 누구든지 나의 이 말을 듣고 행하는 자는 그 집을 반석 위 에 지은 지혜로운 사람 같으리니

25 비가 내리고 창수가 나고 바람이 불어 그 집에 부딪히되 무너지지 아 니하나니 이는 주초를 반석 위에 놓은 연고요

26 나의 이 말을 듣고 행치 아니하는 자는 그 집을 모래 위에 지은 어리석은 사람 같으리니

27 비가 내리고 창수가 나고 바람이 불어 그 집에 부딪히매 무너져 그 무너짐이 심하니라

28 예수께서 이 말씀을 마치시매 무리들이 그 가르치심에 놀래니

29 이는 그 가르치시는 것이 권세 있는 자와 같고 저희 서기관들과 같지 아니함일러라

"생각해 보세요. 입으로는 예수님을 자신의 구세주로 영접하였다고 말은 합니다. 그런데 하는 행동들은 노략질하는 이리요, 못된 짓을 합니다. 영적 체험도 하고 방언도 받고 신비 체험도 한 사람들이었는데, 하나님을 배도하게 되는 사람들이 있다는 뜻입니다. 앞으로 이런 자들이 많이 나타날 것입니다. 그들은 다 가짜들입니다. 진짜 크리스천이 아닙니다. 거짓의 아비라고 말씀하셨습니다. 그런 자들이 생명책에 이름이 올라가겠습니까?!"

"아닙니다 절대로!"

성규는 단호히 말했다.

"예수님께서 지상 재림하실 때 대환란의 종지부를 찍으십니다.

2,000년 전에 이스라엘 땅 나사렛에 오셨던 예수님께서 이 지구에 다시 오십니다. 예수님께서 2,000년 전경 골고다 언덕에서 십자가 대속하신 후 3일 만에 부활하시고 40일간 제자들에게 보이시고 승천하셨는데, 승천하실 때 이스라엘 성전 동편 감람산(올리브산)에서 제자들이 보는 중에 승천하셨습니다. 지상 재림하실 때도 감람산으로 다시 내려오십니다."

사도행전

1장

8 오직 성령이 너희에게 임하시면 너희가 권능을 받고 예루살렘과 온 유대와 사마리아와 땅끝까지 이르러 내 증인이 되리라 하시니라

9 이 말씀을 마치시고 저희 보는 데서 올리워 가시니 구름이 저를 가리워 보이지 않게 하더라

10 올라가실 때에 제자들이 자세히 하늘을 쳐다보고 있는데 흰옷 입은 두 사람이 저희 곁에 서서

11 가로되 갈릴리 사람들아 어찌하여 서서 하늘을 쳐다보느냐 너희 가운데서 하늘로 올리우신 이 예수는 하늘로 가심을 본 그대로 오시리라 하였느니라

12 제자들이 감람원이라 하는 산으로부터 예루살렘에 돌아오니 이 산은 예루살렘에서 가까와 안식일에 가기 알맞은 길이라

"예수님께서 감람산으로 다시 오시는 '예수님 지상 재림' 직전에 사탄은 무저갱에 갇힙니다. 예수님이 공중 재림하신 후부터 지상 재림하시기까지는 이 땅 지구 세상에는 대환란(7년 대환란)이 일어납니다. 그 대환란은 예수님의 공중 재림(신실한 크리스천들이 들림 받음)부터 지상 재림 직전까지 이 지구 땅에서 7년간 일어납니다.

앞에서 말씀드린 바와 같이 예수님께서 지상 재림하신 때부터 이 땅 지구 세상은 새천년(1,000년)이 시작됩니다.

'예수님 공중 재림부터~예수님 지상 재림 때까지' 지구 세상에서는 '7년 대환란(계시록의 일곱 나팔 재앙과 일곱 대접 재앙)'입니다.

7년 대환란은 '7나팔 재앙=전3년반', '7대접 재앙=후3년반'입니다.

7년 대환란을 끝내시고 그간 인간 역사에서 먼저 하나님 안에서 죽어 천국에 먼저 올라갔던 사람들, 그들 모두와 함께 예수님께서 하늘(천국, 3층천)에서 이 지구 땅 감람산으로 내려오십니다. 지상 재림하십니다. 지상 재

림하시기 직전에 그 두 사람(첫째 짐승과 두 번째 짐승)은 '불호수(The Lake of Fire)'에 던지십니다."

요한계시록

19장

20 짐승이 잡히고 또 그 앞에서 기적들을 행하던 거짓 대언자도 그와 함께 잡혔는데 그는 짐승의 표를 받은 자들과 그의 형상에게 경배하던 자들을 기적들로 속이던 자더라 이 둘이 산 채로 유황으로 불타는 불호수에 던져지고

20장

1 또 내가 보니 한 천사가 바닥없는 구덩이의 열쇠와 큰 사슬을 손에 들고 하늘로부터 내려와

2 마귀요 사탄인 그 용 곧 저 옛 뱀을 붙잡으니라 그가 그를 붙잡아 천 년 동안 결박하여

3 바닥없는 구덩이에 던져 넣어 가두고 그 위에 봉인을 하여 천 년이 차기까지는 그가 더 이상 민족들을 속이지 못하게 하니라 그 뒤에는 그가 반드시 잠시 동안 풀려나리라

4 또 내가 보니 왕좌들과 그것들 위에 앉은 자들이 있는데 그들에게 심판이 맡겨졌더라 또 내가 보니 예수님의 증언과 하나님의 말씀으로 인하여 목 베인 자들의 혼들이 있는데 그들은 짐승과 그의 형상에게 경배하지도 아니하고 자기들의 이마 위에나 손안에 짐승의 표를 받지도 아니한 자들이더라 그들이 살아서 그리스도와 함께 천 년 동안 통치하되

5 그 나머지 죽은 자들은 그 천 년이 끝날 때까지 다시 살지 못하였더라 이것은 첫째 부활이라

6 첫째 부활에 참여하는 자는 복이 있고 거룩하도다 둘째 사망이 그들을 다스릴 권능을 갖지 못하고 도리어 그들이 하나님과 그리스도의 제사장이 되어 천 년 동안 그분과 함께 통치하리로다

7 그 천 년이 다 차매 사탄이 자기 감옥에서 풀려나고

8 나가서 땅의 사방에 있는 민족들 곧 곡과 마곡을 속이며 그들을 함께 모아 전쟁을 하게 하리니 그들의 수가 바다의 모래 같으리라

9 그들이 땅의 넓은 곳으로 올라가 성도들의 진영과 그 사랑받는 도시를 에워싸매 불이 하늘에서 하나님으로부터 내려와 그들을 삼켰고

10 또 그들을 속인 마귀가 불과 유황 호수에 곧 그 짐승과 거짓 대언자가 있는 곳에 던져져서 영원무궁토록 밤낮으로 고통을 받으리라

11 또 내가 크고 흰 왕좌와 그 위에 앉으신 분을 보니 땅과 하늘이 그분의 얼굴을 피하여 물러가고 그것들의 자리가 보이지 아니하더라

12 또 내가 보매 죽은 자들이 작은 자나 큰 자나 할 것 없이 하나님 앞에 서 있는데 책들이 펴져 있고 또 다른 책이 펴져 있었으니 곧 생명책이라 죽은 자들이 자기 행위들에 따라 책들에 기록된 것들에 근거하여 심판을 받았더라

13 바다가 자기 속에 있던 죽은 자들을 내주고 또 사망과 지옥도 자기 속에 있던 죽은 자들을 넘겨주매 그들이 각각 자기 행위들에 따라 심판을 받았고

14 사망과 지옥도 불 호수에 던져졌더라 이것은 둘째 사망이라

15 누구든지 생명책에 기록된 것으로 드러나지 않은 자는 불 호수에 던져졌더라

"자기들을 창조하신 창조주 하나님, 주 예수 그리스도를 외면한 사람들입니다. 오히려 그 반대로 피조물인 사탄을 자기 주인으로 따른 사람들입니다. 이런 사람들은 그 누구도 이의를 제기하지 못합니다. 불호수에 던져

지는 영벌을 내리십니다.

　예수님께서 지상 재림하시기 직전에 사탄은 무저갱에, 사탄을 따른 그 두 사람(두 짐승)은 불호수에 던지십니다. 무저갱에 갇힌 사탄은 천 년 찰 즈음 잠깐 다시 풀어 놓으십니다. 하나님께서는 사탄을 인간들 정화용으로 한 번 더 사용하십니다. 지구 땅에 사는 사람들에게 정화 교육 체험용 도구로 사탄을 사용하시기 때문입니다. '키질하신다는 의미'를 깨달으시기 바랍니다. 가짜 크리스천들을 골라내시기 위한 도구용이었기에 그렇게 하십니다."

　"아하!!"

　성규는 고개를 끄덕였다.

　"그리고 새천년이 다 흐르고 그 끝에 이를 때에 사탄 악령들과 그것들을 따랐던 인간들 모두는 다 '영벌의 장소(불호수, The Lake of Fire)'에 들어가며, 영원히 영원히 그곳 불호수에서 나오지 못합니다. '영벌의 장소'입니다. 그곳에는 죽음이 없습니다. 죽으려 해도 죽지가 않습니다. 영원히 산 채로 영원히 영벌을 받아야 합니다.

　천국의 반대 개념입니다.

　그리고 지구 이 땅도 1,000년 끝 그즈음에는 에덴동산으로 회복되어져 있으리라. 저는 개인적으로 그렇게 봅니다. 자~~~ 이제 금년이 새천년이 시작하는 그 첫해입니다. 우리는 마음을 다시 재정비하고 가다듬어야 합니다."

　"저는 미처 생각도 못 하였습니다. 아~~~"

　성규는 두려움이 마음 한 곳에 느껴졌다.

　"예수님 지상 재림하시면 그때부터 새천년 시대가 펼쳐집니다. 그러나 아직 재림하시지는 않았습니다. 그러나 공중 재림하실 때가 매우 가깝습니다. 1 공중 재림, 2 대환란, 3 지상 재림, 4 천년 왕국, 5 백보좌 심판 6 새 하늘과 새 땅, 이 지구 세상이 앞으로 이렇게 갑니다. 1,000년의 시대에는 장수의 시대로 바뀝니다. 창세기에 쓰여 있는 사람의 나이로 환원됩니다. 육식이 사라집니다. 사자가 풀을 먹습니다. 양과 사자가 같이 뛰놉니다. 인간들의 전쟁 무기들을 다 꺾어 버리십니다.

땅을 회복시키십니다. 지구 정화의 기간입니다. 회복의 시간입니다. 새 1,000년의 끝에 있는 백보좌 심판을 마치시면 앞에서 말했던 그 거대한 집이 하늘에서 이 땅 지구로 내려옵니다. 하나님께서 내려 주시는 사랑과 은혜의 집, 구원받아 영원 영생할 사람들이 살 집, 영원 인간들로 승화된 크리스천들이 살게 될 영생 영원의 집입니다."

"아……!"

성규는 깊은 고뇌가 휩싸여 왔다.

김 목사는 다시 운을 떼었다.

"자~ 성규 형제, 아직 우리는 사탄 악령들 눈에 보이지 않는 그것들과 마주 부딪히며 살아가야 합니다. 하나님께서 사람들에게 악령들 속에서 어떻게 살아가라고 말씀하셨는지 아십니까!?"

김 목사는 성규에게 물었다.

"잘 모르겠습니다."

"그것들과 싸워 이겨라! 그것들을 물리치라! 하고 말씀하셨습니다. 이제 그것들의 얘기를 합시다. 그들의 정체를 알아야 합니다!"

성규는 눈이 크게 떠졌다….

사탄과 악령들… 성규는 여전히 온전히 이해하지 못하고 있었다. 긴가민가하는 상황 속에서 지내고 있었던 것이다.

3년 전 인희의 노루재 교통사고가 악령들의 소행이란 말을, 인희의 장례를 마치고 며칠 후 다시 김 목사를 만났고 김 목사로부터 당시 상황을 전해

들었지만 설마…?? 이런 의문 속에서 지내 오고 있었다.

바짝 마음을 간장하며 가다듬었다.

"사탄과 그의 졸개 수하 악령들, 이것들이 인간들에게 쓰는 술수에 속아서는 안 됩니다. 여러 가지 방법과 고단수 술수로 사람들을 공격합니다. 사탄과 악령들의 속임수와 술책에 대다수의 사람들이 노출되어 있지요.

사탄 악령들이라고 해서 무섭게 생기고 머리에 뿔 달리고 송곳니가 앞으로 삐죽 삐져나온 그런 흉한 모습으로 나타나는 것은 아닙니다(때에 따라서 흉측한 모습으로도 나타나기도 하지만).

3차원의 생활을 하는 우리 인간들을 뛰어넘는 아주 고차원의 영물들입니다. 그것들은 사람들을 속이는 데에 탁월합니다. 정신적 영적으로 사람보다 우월하니까요. 당연히 사람들을 갖고 놀 수 있지요. 사람들을 파탄 나게 하고 서로 싸우게 만들지요. 사람들이 눈치채지 못하게 사람 눈에 보이지 않게 행동합니다."

성규는 다시 묻지 않을 수 없었다.

"태초 때 하나님께서 사탄과 악령들을 만들지(창조) 않으셨으면 더 좋지 않나요? 더군다나 사탄과 악령들을 왜 그냥 놓아두시는지요?? 당장 모두 붙잡아 벌을 내리시면 좋지 않습니까?!"

"네, 그런 의문이 드는 것이 당연합니다. 아직 성경을 다 이해하지 못하는 초신자들이나 비크리스천이나 무신론자들이 항상 갖고 있는 질문이 바로 그 질문입니다. 왜 그냥 놓아두시냐고 반문하지요? 하나님께서는 왜 그냥 보고만 계시냐고요?

앞에서 말씀드렸다시피 그 이유는 사람에게 회생의 기회를 부여하기 위한 교육 훈련용 도구로 사탄과 악령들을 사용하십니다. 또한 참과 가짜를 가려내시는 키질용 도구들입니다.

사람도 잘못한 것이 많습니다. 사탄과 악령들을 지금 당장 영벌에 처하게 되면 인간들도 그와 똑같이 벌을 당장 내리셔야 하지 않겠습니까? 예수님께서 십자가 대속의 구원 기회를 주셨지만 그와 동시에 사람들이 '예수님을 영접하느냐? 않느냐?' 또한 진짜 크리스천과 가짜 크리스천을 가려내시려고 사탄을 사용하십니다. 다시 말하면 사람들에게 영생의 기회를 부여하시려고 사탄과 악령들을 지금 당장 '영벌의 장소(불호수, The Lake of Fire)'에 처하지 않고 계십니다.

사람 사회에서도 법적으로 잠시 유예하는 것이 있지 않습니까?

새 1,000년 끝에는 사탄과 악령들과 또한 사탄 악령들을 따른 인간들까지 앞에서 말씀드린 것처럼 모두 다 '영벌의 장소(The Lake of Fire)'로 가게 됩니다.

사탄과 그의 졸개 악령들, 그것들은 천국에서 쫓겨나는 1차적인 벌은 이미 받았습니다. 이것은 인간들에게도 마찬가지로 적용됩니다. 인간들은 현재 이 지구 연수원에서 하나님께서 주시는 교육 훈련 및 체험적 시험을 치르고 있습니다. 우리 인간들은 그 체험 학교(지구 연수원)에 입교(출생, 태어남)한 피교육생(세상에서 살고 있는 사람들)이라고 보세요.

사람이 출생(지구에서 태어남)한다는 것은 지구 연수원에 입교했다는 의미이고, 죽음은 이 연수원을 졸업했다는 의미이며 천국에 들어감은 졸업 시험에 합격했다는 의미입니다. 그런데 천국 입성하지 못함은 무엇을 뜻합니까?"

"불합격했음을 뜻합니다! 마음이 아파옵니다…."

"네, 저도 마음이 아프고 괴롭습니다. 허나 어찌하겠습니까? 그들 스스로가 예수님 영접을 거부하고 외면했습니다! 그리고 영접했다 해도 다시 배도하였기 때문입니다!!"

잠시 두 사람은 아픈 마음을 진정시켰다.

이윽고 대화는 다시 시작되었다.

"사탄은 본래 천국에서 살았던 대천사들(체루빔, Cherubim) 중에서 하나의 대천사(체룹, Cherub)이었습니다. 그런데 어느 날 하나님께 배도하였고 그로 인하여 천국에서 쫓겨났습니다. 천국에서 가장 상위급 천사였는데 말이죠."

이사야
14장
12 너 아침의 아들 계명성이여 어찌 그리 하늘에서 떨어졌으며 너 열국을 엎은 자여 어찌 그리 땅에 찍혔는고

13 네가 네 마음에 이르기를 내가 하늘에 올라 하나님의 뭇 별 위에 나의 보좌를 높이리라 내가 북극 집회의 산 위에 좌정하리라

14 가장 높은 구름에 올라 지극히 높은 자와 비기리라 하도다.

15 그러나 이제 네가 음부 곧 구덩이의 맨 밑에 빠치우리로다.

16 너를 보는 자가 주목하여 너를 자세히 살펴보며 말하기를 이 사람이 땅을 진동시키며 열국을 경동시키며

17 세계를 황무케 하며 성읍을 파괴하며 사로잡힌 자를 그 집으로 놓아 보내지 않던 자가 아니뇨 하리로다.

"그 배도한 '체룹(사탄)은 12절 계명성'입니다(계명성이라고 비유적 표현으로 말씀하셨습니다). 천국에서 쫓겨날 때 같이 천국에 있던 천사 중에서 약 1/3이 사탄과 같이 하나님께 배도하였습니다. 그들은 하위급의 천사들이었습니다.

그렇게 천국에서 쫓겨난 사탄과 사탄보다 하위급의 천사들이 전체 천사들의 1/3입니다. 그것들이 현재 1층천(지구)과 2층천(지구 대기권 정도에서 천국(3층천) 사이의 우주)에서 배회하며 머물고 있고, 때론 지구 핵(지옥)에도 왕래합니다.

그러면서 지구에 살고 있는 인간들을 오늘도 공격하고 있습니다. 그것들이 천국에서 쫓겨난 후 화풀이 대상으로 1층천(지구 땅)에서 살고 있는 우리 사람들을 공격하고 있는 것입니다.

사탄과 악령들은 이렇게 하나님께 항변합니다. 인간들도 하나님께 잘못을 범하는데 왜 인간들에게만 구원의 기회를 주시느냐 하며 따지고 대듭니다.

인간의 잘못과 천국에서 살던 천사들이 배도하는 것은 그 차원이 같지 않습니다. 같은 피조물이지만 천사의 차원과 사람의 차원은 다르기 때문입니다. 하나님께서는 천사들이 배도하였을 때와는 다르게 사람들을 처분하셨다고 그렇게 저는 봅니다.

그렇기에 예수님께서 인간들을 구원하시기 위하여 십자가 대속하심으로 인간들에게 한 번 더 영생의 기회를 부여하셨습니다.

지구에서 하나의 사람이 태어나기 전에 개개의 사람들의 혼은 이미 창조되어 존재하고 있었다고 저는 그렇게 생각합니다. 왜냐하면 성경에 인간들의 혼은 하나의 인간이 죽으면 육신은 썩어 흙이 되나 혼은 육신에서 분리되서 '본향(신실한 크리스천들이 가는 천국을 뜻함)'으로 간다고 쓰여 있기 때문입니다.

이미 존재하고 있던 그 개인 혼들은 어머니 배 속에서 출생할 즈음 태아의 육신에 하나의 혼이 들어가 결합되어 하나의 사람으로 지구 땅에서 출생하여 삶을 시작하게 하셨다고 저는 그렇게 생각합니다.

이 지구 땅 지구 연수원에서 다시 한번 회생의 기회를 부여하시기 위함입니다. 천상에서 혼적 인간으로 먼저 존재해 있었다고 저는 그렇게 추측합니다. 그렇게 천상에서 이미 존재하여 있었을 때 잘못한 개개의 혼들이었겠지만 천상에서 혼으로 있었을 때의 기억을 지우시고 지구 연수원에 입학(출생, 태어남)하게 하셨다고 저는 그렇게 개인적 견해를 가지고 있습니다."

"그럼 개개의 혼들로 있었을 때 천국 어디에서 있었습니까?"

성규는 다시 물었다.

"제3층천의 외곽 어느 지점이 될 것이라고 그런 견해를 가지고 있습니다. 천상(천국, 3층천)의 어느 한 곳이 아닐까 합니다.

김 목사는 또한 이렇게 말했다.

"옛날 고구려, 조선 시대에 살던 사람들에게는(성경 말씀 전파가 되지 않은 시기) '중간 지대(아브라함의 품)'에 갈 것이라고 생각합니다. 이에 대해 부연 설명하자면 아브라함의 품이란 아브라함이라는 사람을 뜻하는 것이 아니고, '천국도 지옥도 아닌 중간 지대(2층천의 어느 지점)'을 가리키는 비유적 표현으로 저는 그렇게 봅니다."

누가복음

16장

20 나사로라 이름한 한 거지가 헌데를 앓으며 그 부자의 대문에 누워

21 부자의 상에서 떨어지는 것으로 배불리려 하매 심지어 개들이 와서
  그 헌데를 핥더라

22 이에 그 거지가 죽어 천사들에게 받들려 아브라함의 품에 들어가고
  부자도 죽어 장사되매

"아! 중간 지대…."

성규는 머리를 끄덕였다.

"피치 못할 사유가 있는 사람들이 있을 것인데 그런 사람들이 '중간 지대(아브라함의 품)'에 가서 회생의 기간을 다시 가질 것이라고 봅니다. 대다수의 크리스천들은 이에 같은 견해를 갖고 있습니다.

거지 나사로가 언제 하나님 말씀 들을 기회를 가질 수 있을까요? 들으려

해도 주변 사람들이 냄새나고 꼴 보기 싫다고 시나고그(Synagogue)[21]에 들어오지도 못하게 했을 거란 말입니다. 이런 예외적인 상황에 처한 사람들도 있으니까요.

자, 계속 말해 봅시다. 천사와 사람은 분명 차이가 있습니다. 하나님께 배도한 그 체룹과 그 체룹을 따라 같이 배도한 1/3의 천국 천사들에게는 사람처럼 회생의 기회를 부여하지 않으셨습니다. 왜 그런지는 하나님만이 아시고 인간들은 접근 불가한 하나님의 영역이며 하나님의 주권입니다. 천사의 차원과 인간의 차원은 분명 다른 그 무엇이 있다고 저는 그렇게 생각합니다.

배도한 천국 천사들을 하나님께서 2, 1층천으로 내어 쫓아 버리신 후 천사였던 본래 지위를 모두 박탈하셨습니다. 그리고 사탄과 그의 휘하 모두를 악령들로 만들어 버리셨습니다."

"네 이해가 옳니다…."

"자, 다시 '욥기'로 돌아갑시다."

김 목사는 계속 말했다.

"욥기에서 가장 특이한 점을 발견한 것이 있습니까? 성규 형제?"

김 목사는 성규에게 되물었다.

"네, 있습니다."

"무엇입니까?"

"그것은 사탄이 욥을 공격하기 이전에 하나님께로부터 허락을 먼저 받았다는 것입니다."

성규가 이렇게 말하자 김 목사는 입가에 미소가 돌았다.

---

21) 유대인들의 회당, 구약 성경 말씀을 공부하는 곳. 유대인들의 사교의 장소이기도 하다.

"네! 바로 그것입니다. 정확히 잘 보셨습니다! 사탄도 그 휘하의 악령들도 다 우리 사람들과 마찬가지로 하나님께서 지으신 피조물(창조물)들입니다. 하나님 손아귀에 있지요.

사탄 악령들도 하나님께서 창조하셨습니다. 그들은 피조물들이지 신이 아닙니다. 그렇지만 그들은 사람과는 전혀 다른 '영물(靈物)'들입니다. 사람과는 비교할 수 없는 고차원의 능력을 가졌지요. 자기들의 모습을 변모시킬 수도 있고, 우리 인간들의 정신을 장악할 수도 있고, 인간의 육신을 욥처럼 병들게도 하며 파괴할 수도 있습니다. 때론 역으로 사람들에게 큰 육신적인 힘과 악령적 능력을 불어넣어 주기도 합니다. 괴력을 발휘하거나 고능력의 지식을 가진 사람으로 악령적 능력을 주기도 합니다."

성규는 다시 김 목사에게 물었다.

"사람이 사탄이나 악령들을 눈으로 볼 수 있습니까?"

"볼 수 없습니다. 사람 눈에 보이지 않는 영물들입니다. 그러나 하나님께서는 필요한 경우 어떤 사람에게는 생시에 맨눈으로 볼 수 있게 해 주십니다. 사탄이나 그의 졸개 악령들은 어떤 특정한 상황의 경우 사람과 대화도 하거나 또는 깔깔깔 거리며 웃거나 기타 여러 모습으로 변신하여 나타나기도 합니다. 그러므로 사탄 및 그의 졸개 악령들이 실제로 존재하고 있음을 사람들이 깨달아 알게 하십니다."

"아, 네…. 알겠습니다. 그런데 사탄이나 그 휘하의 졸개 악령들이 그런 막강한 고차원의 능력을 가졌다면 사탄과 악령들이 마음만 먹으면 이 세상 모든 사람을 전부 다 죽일 수도 있단 말이 됩니다??"

"그렇습니다. 욥의 예에서 나타났듯이 욥의 아들 7명, 딸 3명을 순식간에 다 죽이지 않았습니까? 그리고 건강한 욥을 병들게 하지 않았습니까?"

"아… 네…."

"인류 전체를 모두 다 몰살시킬 수 있는 영의 고차원적 능력을 가지고 있습니다. 인간의 시각으로 보는 과학 생물 물리학의 차원과는 다르지요. 영의 세계에 있고 인간적 한계선인 3차원을 뛰어넘는 4차원 이상의 영적 능력을 가지고 있습니다. 이 지구 땅도 다 파괴시킬 수 있습니다.”

성규는 깜짝 놀랐다.

“아, 아니…. 그렇다면 목사님 만약에 사탄과 그 휘하의 악령들이 인류를 공격하면 우리 인간들의 능력으로는 막아 내지 못하는 것 아닙니까?!”

“네, 그렇습니다. 못 막아 냅니다!”

“아, 아니…. 그런데 지금 우리 인류는 이 세상에서 현재 그럭저럭 살아 나아가고 있지 않습니까? 사탄이 인류를 공격하지 않고 있어서 그런가요?”

성규는 눈을 크게 뜨고 다시 되물었다.

“하하하하~”

김 목사는 크게 웃으며 말했다.

“성규 씨, 욥기를 자세히 읽어 보세요. 욥기에 해답이 있습니다! 하나님께서 때론 사탄의 공격을 허용도 해 주시지만, 허용을 해 주시지 않을 때가 더 많지 않겠습니까? 수조 속에 천적 물고기 역할을 합니다. 인간들이 나태해져 방탕하게 되면 사탄 악령들이란 몽둥이를 사용하시겠지요. 인간 교육 및 인간들에게 깨달으라 경고하십니다.”

“아, 네…! 이제 이해가 됩니다. 알겠습니다.”

그리고 이렇게 말했다.

“혹시 사탄이 하나님께 허락을 득하지 않고 몰래 인간들을 공격할 수도 있지 않나요?”

“그것은 불가능합니다. 하나님께서는 전지전능하십니다. 악령들과 그들의 수장인 사탄이 아마도 그렇게 해 보려 하다가는 오히려 엄청나게 혹독한 벌을 받기에, 그렇게 하려 해도 못 하지요. 또한 하나님 몰래 할 수 있는 것은 우주 만물에 존재하지 않습니다. 하나님께서는 무소부재(無所不在) 하십니다.

자~ 욥기는 까마득한 옛날에 쓰였는데 그때 이미 지구가 둥글다고 쓰여 있습니다. 더구나 허공, 즉 공중 우주에 지구가 떠 있다고 욥기에서 말씀하셨습니다.

'갈릴레오'가 지구가 돈다고 하니 미쳤다고들 했고, 콜롬버스가 미대륙을 발견할 즈음에도 바다 멀리 나가지 못했지요. 지구가 평평하다고 생각했으니까요. 그리고 태양이 돈다고 생각했던 때가 불과 몇백 년 전 사람들이 가지고 있던 사고방식 아닙니까~"

성규는 조용히 듣고 있었다. 그러면서 마음 한편으로 성경에서 우주 만물의 근원을 알려주고 있음을 다시 상기하고 있었다.

"우주 만물 삼라만상은 하나님께서 지으셨고 주인은 당연히 하나님이십니다. 우주 만물을 지으셨으니 지은이가 주인이지요. 우주 세상의 질서를 요약해 보자면 이렇습니다.

하늘 우주는 크게 셋(제3층천, 제2층천, 제1층천)으로 대별해 볼 수 있습니다.

제3층천은 천국을 뜻합니다.

제2층천에는 사탄과 악령들이 활동하고 있습니다. 사탄과 악령들의 영향력은 제1층천까지 활동력이 미칩니다. 그리고 천국 천사들과 성령님께서도 2층천과 1층천에서 활동하고 있습니다. 성령님과 천국 천사들은 제3층천에서 왕래합니다.

제1층천은 지구 인간들이 있습니다.

사탄과 악령들은 2, 1층천에서 활동하고 있습니다.

이렇게 천사, 악령, 사람, 하늘, 지구, 태양, 달, 온 우주에 수많은 별들, 그런 모든 것들이 모두 다 하나님(토기장이)께서 만드신 피조물(토기그릇)들이라 보시면 이해가 빠를 것입니다.

하나님께서는 온 하늘 우주의 주인이시며 최고의 심판자이십니다. 사람이 사탄과 악령들을 두려워할 이유가 전혀 없습니다. 왜냐하면 사탄과 악령들이 뛰어 봤자 하나님 손바닥에 벼룩이 아닙니까? 오히려 사람들이 경외하며 진짜 두려워해야 할 분은 오직 하나님 한 분이십니다."

"으음….."

성규는 다시 마음을 가다듬었다.

김 목사는 다시 물었다.

"사탄이 욥을 공격할 때 사탄이 자기 마음대로 욥을 공격했나요??"

"아닙니다. 사탄 악령들이 사람을 공격하려면 하나님께 먼저 허락을 득해야 합니다. 사람들이 진짜 두려워하고 경배해야 할 분은 오직 하나님 한 분이십니다. 우주 만물을 지으신 주인이시니까요. 모든 권한은 만물의 주인이신 조물주 하나님의 손에 있습니다."

"잘 보셨습니다. 사탄이나 악령들은 자기들 마음대로 사람들을 공격할 수 없습니다. 반드시 하나님께 허락을 먼저 득해야만 가능합니다. 사람 사는 세상(제1층천)을 비유로 알기 쉽게 말하자면, 링에서 레슬링 또는 권투를 한다고 할 때 사각 링은 지구 땅, 인간 사회, 이 세상이요, 한쪽은 성령과 천국 천사에 속한 팀, 다른 쪽은 사탄과 악령들에 속한 팀이며 링에서 주심은 하나님이십니다.

주심이신 하나님께서는 공의로 심판을 보십니다. 최종 판단과 심판과 경기의 주도권은 주심(하나님)이 가지고 계십니다. 어느 쪽에 유리하게 심판을 보실까요?"

"성령님과 천국 천사들 편에 유리하도록 심판을 보실 것 같습니다."

"왜요?"

"반대편인 사탄과 악령들은 하나님께로부터 이미 벌을 받은 팀이기 때문입니다."

"옳습니다! 그렇지요, 성규 씨! 둘로 나뉜 양쪽에선 코치도 있고 트레이너도 있고 작전도 짜겠죠. 이때 성령님과 천국 천사들은 하나님을 믿는 사람들 편에서 인도해 주십니다. 그리고 은사, 병 고침, 방언, 신비 체험 등등으로 옆에서 지도해 주십니다.

반대편은 어떻겠습니까? 사탄과 그 휘하의 악령들은 사람들을 영적 정신적으로 속이고 속입니다. 속임의 대가(大家)입니다. 때론 악마적 능력과 힘도 자기(사탄)를 따르는 특정한 사람들에게는 불어넣어 주기도 합니다. 그러나 그것은 한계를 지녔고 그 한계를 넘어서지 못합니다.

악령들도 그들의 방식대로 합니다. 악령들도 사람들에게 자기네들 방식대로 악령적 힘을 사람에게 줍니다. 신비한 체험도 하게 해 줍니다. 그런데 그 끝은 항상 파탄과 사망으로 몰아가지요. 그것을 일반 사람들은 거의 분별해 내기 어렵습니다.

'성령 체험' 대 '악령 체험'…. 이 둘을 잘 분별해야 합니다. 이 둘의 경계선은 분간이 어렵습니다. 이 세상이라는 링 위에서 살고 있는 우리 인간들은 수시로 이쪽과 저쪽을 왔다 갔다 한다는 것입니다."

성규는 좀 더 자세히 말해 달라고 김 목사에게 주문했다.

김 목사가 다시 말했다.

"즉, 우리 사람들은 성령과 악령 사이에서 왔다 갔다 방황한다는 것입니다."

"성령과 악령 사이를 왔다 갔다 한다고요? 무슨 뜻인지 잘 모르겠습니다."

"네, 인간의 한계성 때문입니다."

"인간의 한계성이라니요?"

"인간은 온전치 못합니다. 깨지기 쉬운 질그릇과 같습니다. 그래서 수시

로 마음이 왔다 갔다 하는 것입니다. 조변석개(朝變夕改), 조삼모사(朝三暮四)
이지요. 나한테 이득이면 우선 그쪽으로 마음과 눈이 갑니다. 사탄 악령들
편이라도 자신에게 이득이 있다면 사탄과 악령들에게 마음이 가기도 한단
말입니다.

사람들이 짓는 죄가 꼭 사탄 악령들 때문만은 아닙니다.

사람 자신 스스로가 자기 욕심, 기타 여러 이유로 죄를 짓습니다. 죄 없
는 사람 세상에 단 한 명이라도 있습니까?"

"없습니다."

"사탄과 악령들은 사탕발림의 것들로 인간들을 꾀어냅니다. 그러나 성
령님과 천국 천사들은 하나님 말씀(성경)을 기준의 법으로 세워 인간들을
이끌어 주고 깨닫게 하며 가르쳐 줍니다. 두 편중에서 어느 쪽이 막강합니
까?"

"그야 물론 성령님과 천국 천사들 편입니다. 사탄과 악령들이 인간보다
야 우위에 있긴 하지만, 하나님 앞에서는 한낱 보잘것없는 미물에 불과하
니까요. 그러나 성령님은 하나님의 영이시고 사람들에게 능력과 힘을 주시
니까요. 그리고 천국 천사들이 쫓겨난 천사들(사탄 악령들)보다도 훨씬 더 우
위에 있습니다. 사탄과 악령들은 이미 하나님께 벌을 받은 팀이니까요."

"잘 보셨습니다. 사탄과 악령들은 하나님 손바닥 안에서 뛰어 봤자 벼룩
에 불과한 겁니다. 토기그릇이 자기들을 빚어서 만든 토기장이에게 대들
수 있습니까?

토기장이가 집어서 던지거나 발로 밟아 깨뜨리지요. 또는 쓰레기통에
버리겠지요. 토기장이는 하나님이시오, 토기그릇들은 사람이나 천국 천사
사탄과 그의 졸개 악령들에 비유할 수 있고, 하늘 우주 삼라만상 모두 다
토기그릇 같은 피조물이요, 하나님의 창조 작품들인 것입니다."

"그런데요, 당장 사탄과 악령들 그리고 사탄 악령들을 따르는 인간들 모
두를 다 붙잡아 벌을 내리시면 되지 않나요??"

성규는 또다시 물었다.

"하하하, 이미 앞서 설명드린 바와 같습니다. 수조의 비유, 천적인 물고기도 같이 넣어 두는 예로 말씀드린 바와 같습니다."

김 목사가 이렇게 말하자 성규는 그제야 깨달음이 오고 있었다.

성규는 이렇게 물었다.

"그럼 이젠 사탄이든지 그의 휘하 졸개 악령들이든지 하등 겁낼 이유가 없네요?"

"네! 바로 그렇습니다. 우리 인간들이 한때 죄짓고 잘못할 수는 있어요. 한때 악령들 편으로 갈 수도 있어요. 그러나 그 잘못을 하루빨리 깨닫고 회개할 때엔 성령과 천국 천사들 편으로 합류하는 것을 인정해 주십니다. 넘어서는 안 되는 선을 넘지 않는 범위 내에서 말입니다. 그 선을 넘은 후에는 회개하고 뉘우친다 해도 다시 성령과 천국 천사들 편으로 받아들여 주시지 않습니다."

김 목사가 이렇게 성규에게 알려 주자, 성규는 눈을 크게 뜨고 다시 되묻지 않을 수 없었다.

"그럼, 목사님. 인간들이 절대 넘어서는 안 되는 선이 무엇입니까?"

"그것은 2가지가 있습니다. 첫째는 십계명입니다. 그중에서도 '수직계명(제1계명~제4계명)'이 매우 중요하며 반드시 지켜야 합니다. 물론 나머지 6계명(수평계명)들도 중요합니다.

아시다시피 수직계명은 하나님께서 하늘에서 땅으로 인간들에게 내리시는 계명입니다(수평계명은 인간 대 인간의 수평적입니다).

십계명 중 1계명~4계명은 반드시 지켜야 합니다.

4번째 계명은 '안식일을 지켜라'입니다. 부연 설명하자면 안식일은 일주일에 첫 번째 날 일요일(주일)입니다. 그리고 이날은 교회에 나가서 성경 말씀을 들으며 공부하는 날을 뜻합니다. 그러나 개개인의 사정으로 교회 출석이 어렵다면 집에서 인터넷으로 올바른 목사님을 찾을 수 있습니다.

특히 '가짜 이단 삯꾼 목사'들을 피하셔야 합니다. 이들이 천국에 들어가려고 온 사람들을 오히려 영벌의 자식이 되게 합니다. 인생 망칩니다. 차라리 안 만나는 것이 살 기회를 잃지 않는 길입니다. 그들은 자기들의 손아귀에 걸려든 사람들을 아주 망하게 하는 데에 특별한 힘을 발휘하지요.

올바른 교회를 찾았다 해도 출석하기가 형편이나 여건상 어렵다면 집에서 인터넷이나 보조 서적 등으로 공부하십시오(꼭 일요일에만 성경 공부하란 뜻이 아닙니다).

최소한 일주일에 한 번은 공부하란 뜻입니다. 매일 공부하면 더 좋지요. 안식일(제4계명)이 구약에서 신약으로 넘어오면서 매일매일 365일이 안식일, 즉 주님의 날 주일(제4계명)인 것입니다. 일주일에 한 번 있는 일요일만 주일이 아니란 뜻입니다.

수직계명인 1~4계명은 반드시 지켜야 합니다. 그리고 이와 함께 '요한계시록'에서 알려주신 '경고의 말씀'을 절대 지켜야 합니다. 그래야 천국에 들어갈 수 있습니다."

"네, 잘 알겠습니다!! 요한계시록을 다시 잘 읽어 보겠습니다!"

"영의 세계는 매우 고차원이자 매우 복잡합니다. 인간의 한정된 지혜, 지식으로 알 수가 없습니다. 하나의 인간 신체가 수십조 개의 세포로 이루어져 있다고들 말하지요. 그리고 그 하나의 인간 세포당 수십억 개의 DNA가 있다고 추정한답니다. 상상이나 됩니까? 인간 머리로는 상상 불가지요. 자기 머리에 머리카락이 몇 개인지 셀 수 있는 사람 있습니까? 눈에 보이는 머리카락도 헤아려 셀 수가 없는데, 사람 눈에 안 보이는 혼 또는 사람이 아닌 천사들, 그리고 영의 세계는 어떠하겠습니까?

구원받은 사람들이 가는 천국은 얼마나 찬란한 영광의 세계이겠습니까! 반대로 구원에서 탈락한 사람들이 사탄과 악령들과 같이 취급되어 그것들과 같이 가는 그 '영벌의 장소(The Lake of Fire)'는 얼마나 처참하겠습니까?

우주 만물 삼라만상 만유의 주인이시고 만물을 창조하신 神이신 야훼[22)를 우리 인간들이 어찌 접근이나 하겠습니까!

성경에서 말씀하시길 하나님께서 보시기에 사람은 미물 벌레에 불과하다고 하셨습니다."

다시 성규에게 물었다.

"안 형제는 성령 체험을 해 보셨나요?"

"네? 성령 체험이요? 잘 모르겠습니다. 특별한 체험은 없었던 것 같습니다."

"음… 잘 생각해 보세요. 예수님을 자신의 구주로 영접하고 크리스천이 된 이후 도저히 현실에서 보지도 못하고 과학으로도 설명도 할 수 없는 특이한 체험이 없었는지?"

성규는 영신교회에서 정식 크리스천이 되고자 김 목사에게 세례식도 받았고 예수님을 자신의 구주로 영접한다고 말하므로 크리스천이 되었다. 그리고 7년 세월이 흘러갔다. 그러나 이렇다고 할 특이한 경험이나 체험은 없다고 생각하며 지내왔다.

성규는 다시 곰곰이 생각해 보았다.

그렇다! 번쩍 머리를 스치는 일이 있었다.

"저… 목사님. 이상한 일이 있긴 있었습니다."

"무슨 일이 있었습니까!? 성규 씨?"

"네~ 이상한 일이 있었습니다."

---

22) 야훼(YHWH, YAHWEH) = 엘로힘(ELOHIM) = 메시아(MESSIAH) = 예수아 메시아(YESHUA MESSIAH) = 지저스 크라이스트 = 예수 그리스도 = 예수님 = 사람의 주인님 = 주님

"자세히 말해 보세요!"

"저… 다름이 아니라… 3년 전 그 사건으로 제가 인희와 세상에서 이별하고 인희는 춘천공원묘원에 잠들게 된 후, 저는 가평산림원을 떠나 서울 방화동으로 이사하게 되었지요."

"네, 참 가슴 아픕니다…."

성규는 계속 말을 이었다.

"제가 가평산림원을 떠나 서울 방화동에 방 한 칸 얻어 놓고 이사한 그날, 바로 그날 새벽에 이상한 일이 있었습니다. 그리고 이틀째 새벽에도 그 이상한 일이 다시 일어났습니다. 두 번이나… 도저히 말로는 설명도 안 되고 제가 이런 말 하면 다른 사람들은 저 보고 미쳤거나 거짓말한다고 할 겁니다! 목사님!"

"자세히 일어난 일을 사실 그대로 말씀해 주세요, 성규 씨!"

"일어난 일을 그대로 말씀드리겠습니다."

성규는 또렷이 기억하고 있었다.

"가평산림원을 떠나 방화동에 방 한 칸 마련해서 이삿짐을 싣고 도착했고, 몇 안 되는 짐 정리하고 초저녁에 일찍 잠들었고, 다시 잠이 깨서 이리저리 뒤척이다 다시 잠들었는데…. 잠결에 우르르르~ 하며 방벽이 흔들리는 것 같았고 부엌 쪽문에서 쾅쾅쾅 쿵쿵쿵 탕탕탕~ 하는 요란한 소리에 잠이 깼습니다.

잠에서 깨어나 전등을 켜고 방을 둘러보았습니다. 새벽 2~3시경쯤 되었을 겁니다. 방은 다시 조용해졌고 부엌 쪽문을 열고 밖에 나가 보아도 조용했고 아무도 보이지 않았습니다.

밖은 조용한 적막 속에 아무것도 없었습니다. 제가 새 세상에 와서 마음이 안정되지 못해서 그런가? 그렇게 생각했죠.

이사 온 둘째 날에 이사 전입 신고하고 주민등록도 옮겼죠. 그날 밤 새벽이었어요. 또다시 우르르르 쾅쾅쾅 하는 소리가 다시 났습니다."

성규는 가평을 떠나 서울 방화동 단칸방에 온 날, 이틀에 걸쳐 그날 새벽에 있었던 일을 그대로 회고하였다.

성규가 하는 말을 조용히 듣고 있던 김 목사는 시간이 잠시 지나고 이윽고 말문을 열었다.

"당시 북쪽으로 멀어져가며 사라졌다고요?"

"네, 그렇습니다!" 성규는 대답했다.

"우주 하늘 북쪽의 끝(2층천의 끝 지역)에는 천국, 즉 제3층천이 시작됩니다."

"천국이요?? 우주의 맨 끝(2층천의 맨 끝) 북쪽에요?"

"네, 그렇습니다. 천국은 지구에서 보면 북쪽입니다."

"그렇다면 목사님! 미국 NASA의 여자 연구원 마샤 메이슨 (Marcia Masson) 박사가 1993년 12월 26일에 자신이 근무하고 있는 미국 메릴랜드주 고다드 우주비행센터(Goddard Space Fligt Center)로 전송된 우주에 빛나는 물체, 화성 무인 우주 탐사선에 탑재된 허블 우주망원경에 찍힌 그 빛나는 물체! 그 사진의 성 같은 물체가 천국의 일부임에는 틀림없다는 얘기입니까?!"

순간 김 목사는 깜짝 놀라듯 말했다.

"아니, 성규 씨도 1994년 2월 8일 위클리 월드 뉴스(Weekly World News)에서 발표한 그 뉴스를 보셨나요?"

"네. 이사 오고 이틀간 그런 이상하고 신비한 일을 경험하고서 곧바로 종로1가로 갔습니다. 대형 서점에 가서 천문학 서적들을 살펴보다가 책에 기재되어 있어서 알게 되었습니다."

"아! 그러셨군요."

"네!"

김 목사는 골똘히 생각에 잠겼다. 잠시 후 다시 말하였다.

"성규 씨, 성규 씨에게 찾아온 두 사람… 그 두 사람은 야훼와 인희 자매가 틀림없습니다."

"네에?? 야훼께서 오셨다고요? 그리고 인희가 왔다고요?? 아… 믿을 수가 없습니다, 아아…!"

"야훼께서 인희와 수많은 천군 천사들과 함께 성규 씨를 만나러 오셨습니다. 물론 성규 씨에게 말을 건넨 두 사람의 목소리는 '야훼'와 '인희'입니다."

그리고 김 목사는 성규에게 이렇게 물었다.

"성규 씨는 인희 자매가 죽었다고 보십니까?"

"… 정말 인희가 살아 있습니까… 확신이 안 섭니다."

"인희 자매가 영혼의 형태로 성규 씨를 만나러 온 것입니다. 유체이탈(幽體離脫, Out-of-Body Experience, 영혼이 자신의 신체를 빠져나온 상태) 체험을 안 해 보셨기에 그러하시겠지만, 그 경험을 성규 씨도 하시게 되면 이해가 되실 겁니다."

"아아… 유체이탈…. 아아….""

"사람의 육신은 죽으면 썩어 흙이 되지만 사람의 영혼은 육신과 분리되어 육신에서 빠져나옵니다."

"믿어지지가 않습니다. 정말 그렇게 되나요?"

눈을 동그랗게 뜨고 다시 반문하였다.

"천국에 들어가도록 인정받은 사람들은 죽으면 영혼은 육신에서 빠져나오고 죽은 육신은 흙이 됩니다. 즉, 자신의 신체에서 분리된다는 뜻입니다. 그리고 승화된 새로운 육신인 늙거나 병이 없는 영원히 사는 영성체의 육신으로 자기 혼이 들어가 결합되어 영성체의 육신으로 갈아입습니다. 그리고 천국으로 올라갔다가 예수님 지상 재림 때 예수님과 같이 이 지구로 다시 내려옵니다. 새천년(New Millennium, 1,000년)이 지나가고 그 끝에 백보좌 심판이 끝나고 하늘에서 지구로 내려온 거대한 정육면체의 보석과 순금으로 지어진 집에서 영원히 살게 되는 것입니다.

또한 천국 입성에서 탈락한 사람들은 혼이 육신에서 빠져나오나 그 반대의 장소인 '영벌의 장소(The Lake of Fire)'로 가는 것입니다. 영벌의 장소에서 자신이 이 땅, 이 세상에서 죽기 직전의 육신으로 재차 다시 만들어지는데 영벌에 떨어진 사람의 혼이 그곳의 자기 육신 속으로 들어갑니다. 그런 후 그곳 영벌의 장소에 자기가 와 있음을 그때 알게 되는 것입니다."

성규는 김 목사에게 다시 물었다.

"목사님! 천국에 들어가도록 인정받는다는 뜻이 무엇을 말합니까?"

"세상에 죄 없는 사람은 없습니다. 나도 너도 누구든지 죄인입니다. 온전한 사람은 단 한 명도 없습니다. 나 자신이 불완전함을 인정하는 것입니다. 자기 자신의 불완전함을 인정하는 사람은 하나님 말씀을 듣습니다.

자기가 완전하다고 으시대는 사람이 하나님 말씀 듣겠습니까? 하나님이 어디에 있냐고 오히려 큰소리칠 것입니다."

"……."

성규는 아무 말도 할 수 없었다.

김 목사는 계속해서 이런 말로 대화의 끝을 맺었다.

"성규 씨는 인간이 인간의 문제를 해결할 수 있다고 보십니까?"

"음… 다 해결하지 못합니다. 일부분 정도는 어느 정도 해결하겠지만 모든 인간의 궁극적인 3가지는 해결하지 못합니다."

"잘 보셨습니다. 인간이 인간의 문제를 해결하는 듯 보였고 또한 수없이 많은 노력도 하였고, 길을 찾아왔습니다. 과학, 인문, 사회, 의학 등등 진보를 이루어 왔습니다. 그러나 아무리 인간이 이전보다 발전하였다지만 늘 발전과 동시에 병폐와 함께 어둠의 그림자도 동시에 같이 나타났습니다."

"저도 이런 생각도 들더라고요. 20대 초에는 자신이 푸르게 젊기에 모르겠지만 허나 그 젊은 희망의 날이 순식간에 지나가고요…. 그리곤 어느 틈엔가 늙고 병들게 될 테지요. 그리고 화려하게 살았든 초라하게 살았든, 살아온 것들이 주마등처럼 멀어져 가고 황량한 벌판 사막같이 자신이 늙고 병든 몸이 되고 차라리 마지막이 빨리 오길 바랄지도 모르게 되겠지요.

단란하게 살던 가족에게서도 떠나가야 하고 사랑하는 사람에게서도 이별되어 떠나가야 하고, 명성도 한낱 부질없고 수많은 재산도 늙고 병든 몸을 20대로 돌아가게 해 주지 못합니다. 참 슬픈 일입니다. 이런 일이 누구에게나 동일하게 닥칩니다. 왜 인간은 이런 일을 당해야 하는지…. 안 늙고 병이 없고 영원히 기쁘고 행복하게 왜? 그것이 안 되지요? 무슨 이유라도 있습니까? 전 그것이 알고 싶습니다!"

김 목사 역시 말없이 성규의 말을 묵묵히 듣고 있었다.

"성규 씨의 질문에 저 역시도 모든 해답을 가지고 있지 못합니다. 다만 이 땅 지구라는 별에서 백보좌 심판이 마쳐지는 그날까지 사는 동안은 그렇다는 말입니다. 그렇기에 우린 지구 땅의 애벌레 신세에서 벗어나 고치를 찢고서 나비처럼 승화, 성화되어 반드시 천국 입성(하늘에서 내려오는 그 집에 들어감)을 해야 합니다."

"아~~~ 애벌레에서 나비로 승화… 고치를 찢듯이."

"인간은 오랜 세월 갖은 방법을 찾고 시도해 왔습니다. 허나 인간이 늙고 병들고 죽는 이 근원적 원초적 문제를 해결했나요? 앞으로 계속 기다리면 안 늙고 병 없고 죽지 않고 영원히 사는 신약이라도 나올까요…?"

"불가능합니다. 애벌레에서 나비로 승화한다는 것 좀 설명해 주십시오."

"그것은 사탄 악령들을 보고 깨달으셔야 합니다. 사탄과 악령들이 왜? 그런 꼴이 되었습니까? 대답해 보세요!"

성규는 머뭇거리며 대답을 제대로 하지 못했다.

다시 김 목사는 말했다.

"사탄은 본래 천국 천사들 중에서 그 영광과 아름다움이 이루 다 말할 수 없었지요. 하나님께 늘 이렇게 생각하였겠죠.

'고맙습니다, 하나님! 저를 이렇게 최고급으로 멋지게 창조해 주셔서 정말로 하나님께 찬양드리나이다.'

그런데 점점 시간이 갈수록 그 고마움을 잊기 시작한 것입니다. 사람이나 천사나 결국 같습니다. 그 체룹(사탄)은 못된 생각을 하기 시작했습니다. '아… 나도 하나님처럼 되고 싶다' 이런 엉뚱하고 가당치 않은 흑심을 품기 시작한 것입니다.

교만이 움트기 시작한 것입니다. 급기야 배도의 반란을 일으킨 것입니다. 하나님께선 사탄에게 반성과 회개의 기회를 주셨지만 끝내 배도의 길로 들어갔고 자기 휘하의 하급 천사들까지 선동하고 부추겨 약 1/3의 천국 천사들과 같이 하나님께 대들며 배도하기에 이르렀습니다.

남은 2/3의 천사들은 사탄의 배도 선동을 뿌리치고 거부하였습니다. 하나님의 법도에 충실하였습니다. 그리고 사탄과 그 휘하의 1/3천사들과 전쟁에 돌입하였습니다. 어느 편이 이기겠습니까?"

"당연히 사탄이 패하였겠지요."

"그렇습니다. 하나님께선 사탄과 1/3 천사들보고 너희들 하고픈 대로 다 해 보아라, 이렇게 풀어 놓아두신 것입니다. 이것은 다른 천국 천사들에게 교육이 되며 본보기가 되는 것입니다. 배도의 반복이 일어나지 않게 하시려는 하나님의 뜻이 숨어 있습니다?!"

"으음…."

성규는 귀를 쫑긋 세웠다.

"사람에 비유하면 부모의 고마움을 모르는 자식과 같은 것입니다. 부모가 자식에게 큰 재산을 물려주었는데 그 자식이 부모의 은혜를 모르고 허랑방탕하게 다 탕진 낭비하고 오히려 부모에게 더 재산을 주지 않는다고 대든 것과 같습니다. 공짜로 생기면 값어치를 모르기 쉽지요.

물론 모든 자식들이 다 이렇지는 않습니다. 부모의 고마움을 잘 알고 물려주신 유산을 더 크게 성공시키는 자식들도 많지요(배도하지 않은 2/3 천사 또는 신실한 크리스천들). 천국 전쟁 때 배도하지 않은 천사들이 2/3로 더 많았습니다. 그리고 사탄과 1/3 천사들, 그들과 하늘 전쟁에서 사탄을 물리치는 데 앞장서고 용맹을 떨친 천사가 있습니다. 성규 씨는 그 천사를 아십니까?"

"음… 모르겠습니다."

"대천사 미가엘(Michael The ArchAngel)입니다."

"아! 네~ 미가엘 대천사장이란 이름을 들어 본 적이 있습니다."

성규는 고개를 끄떡였다.

"사탄과 악령들은 미가엘 천사장을 이길 수 없습니다.

하나님께서 미가엘의 충직하고 성화된 성품을 사랑하시고 미가엘에게 더 높은 능력과 고차원의 영성을 부여하셨습니다."

"아아~ 그렇군요. 미가엘이 부럽습니다."

성규가 이렇게 말하자 김 목사는 웃으며 말했다.

"사람은 사람으로서 본분을 지키면 됩니다. 나중에 천국 입성하면 사람도 천사처럼 영광체로 승화하지요."

"앞으로 저는 어떻게 살아가야 합니까?"

성규는 길을 물었다.

"스스로 찾아가십시오."

둘의 대화 속에서 어느덧 땅거미가 내렸다. 사방이 어둑해져 갔다.

성규가 교회 사무실에 있는 간이 숙소에서 잠을 청하겠다고 부탁하자 김 목사는 흔쾌히 수락하였다.

성경책은 참 오묘하고도 난해하며 신비하며 인간이 풀지 못한 모든 이 세상의 질문들에 대한 모든 해답이 들어 있음을 새삼 느꼈다.

성규는 김 목사가 한 말을 다시 한번 더 깊게 상기하였다.

풀지 못하고 늘 자신을 괴롭혔던 명제, '사람은 신의 창조물이냐? 아니면 찰스 다윈이 주장하는 진화론처럼 우연히 어떤 아메바 같은 것이 생겨나고 그것이 장구한 세월을 지나면서 벌레가 되고 더 시간이 지나 육지 동물이 되더니 더 우연히 진화하더니 사람이 되었다?' 이걸 믿는 사람들이 있다니 웃어야 하나… 울어야 하나!

집도 지은이가 있다. 그런데 그 집이 어느 날 벽돌이 저절로 만들어지더니 그 벽돌들이 저절로 날아와서 착착 쌓이고 저절로 지붕이 슝~ 어딘가에서 날아오더니 벽돌 위에 저절로 얹혔단 말인가? 창문도 출입문도 사람 키에 맞게 저절로 만들어지더니 창문은 창문 자리에 출입문은 출입문 자리에 저절로 고정되었단 말인가?

진화론자 무신론자들처럼 우연히 일어나고 시간이 지나더니 저절로 그렇게 된단 말이냐?! 이게 맞는 말이냐??

만일 진화가 맞다면 사람이 계속 진화 중에 있어야 할 것이다. 날고 싶어 열심히 양팔을 흔들었더니 어느 날 사람 겨드랑이에서 날개가 생겨나야 할 것이란 말이다.

교회 간이 숙소에서 혼자 적막감에 묻힌 채 가만히 의자에 앉아 있었다. 성규는 늘 가장 궁금한 것이 하나 있었다. 김 목사와 대화 중에 이런 말이 생각났다.

'하나님께서 사람을 만드실 때 하라는 대로만 하게끔 그렇게 사람을 만드셨다면 사람은 저차원의 로봇에 불과하다고 하라는 대로만 하는 로보트가 귀할까?

… 스스로 생각하고 스스로 판단하는 개개의 자유의지를 사람에게 부여하셨다고 신묘막측하게 사람을 창조하셨기에 그만큼 사람을 아끼고 귀하게 사랑하신다고 사람이든 천사이든 하나님 말씀 안 듣고 끝내 하나님께 배도하면 그 벌로 '영벌의 장소'로 떨어진다.

하나님께서는 사람을 하라는 대로만 하는 로봇으로 만드시지 않으셨다. 사람은 자기 자유의 의지로 행동하며 움직이는 신묘막측한 피조물로 지음받았다.'

성규는 이 말의 의미를 조용히 되짚어 보았다.

그러면서 자신이 지나온 길, 그간 살아온 날들을 되짚어 보았다.

김 목사는 성규에게 또한 이렇게 말했다.

"사람은 아픔을 당해봐야 철듭니다. 하나님께서는 부모가 사랑하는 자녀를 위하여 회초리를 들 듯 때론 시련도 내리십니다."라고.

"칭찬도 하시고 상급도 내리십니다. 하나님께서는 인간의 자유의지를 강제로 막지 않으십니다. 비록 아담 타락으로 그의 후손인 우리들의 자유의지가 부패되어 온전치는 못하더라도 성령님께서는 인도하십니다 하나님의 인도하심을 '사람이 따르느냐? 아니냐?'는 개개인의 자유의지, 즉 각자에게 달렸습니다.

사람들은 늘 이런 의문을 가지고 있습니다. 천국에 들어가면 도대체 무슨 일을 하며 산다는 것인가?"

김 목사가 성규에게 물었고 "어휴~~~ 그것을 제가 어찌 알겠습니까!"라고 대답했다.

"저는 개인적 견해입니다만, 성경에서 이렇게 말씀하셨습니다. 하나님을 본 따 사람을 만드셨다 하셨습니다. 이 말의 의미는 사람이 지구에 살 때 각각의 개성, 특성, 능력을 다 다르게 주셨고 각 개인이 하는 일이 다 다르지요. 즉, 천국에서도 그럴 것이라고 저는 봅니다.

지구 세상에서 살면서 우리 인간들은 이와 같은 이치로 현재 살고 있습니다. 지구 세상이 천국 입성 이전에 연습의 의미가 숨겨져 있습니다. 마치 오케스트라가 지휘자의 지휘에 맞추되 각각의 연주는 따로따로 협업하며 멋진 하모니를 이루어 내는 것과 같지요. 그런 하모니를 3층천에서도 하게 될 거라고 저는 생각합니다.

하나님께서 계시는 3층천 왕래는 아마도 지도자급으로 천국 입성한 사람들만이 왕래하게 될 것으로 저는 봅니다. 즉, 천국 입성자라도 그 상급이 각 개인마다 다 다르지요. 지구 땅에서 살 때의 영적 높낮이가 다 다르니까요."

성규는 김 목사가 말한 이 의미를 조용히 되새겨 보았다. 김 목사는 성규에게 이렇게 말했다.

"사람은 어떠한 경우에도 소망과 희망의 끈을 놓지 않아야 합니다. 희망과 소망이 있는 한 인간은 외롭지 않습니다. 그 소망과 희망은 허공과 절망과 공허의 긴 암흑에서 우리를 건져내어 일으켜 줍니다.

사탄과 악령들은 우리에게 정반대로 속삭입니다. 내일 죽으면 끝이니 오늘 신나게 마시고 먹고 네가 하고픈 대로 다 하라고. 사악하고 못된 일도 서슴지 말고 하라고 사람들을 부추기며 속삭입니다. 그래서 공허와 절망과 허망의 긴 암흑 속으로 자꾸 밀어 빠뜨립니다. 절망, 낙담으로 자꾸 빠지게 합니다.

성규 씨, 사탄과의 싸움에서 승리하세요! 희망의 끈을 꽉 쥐고 있는 한 물리칠 수 있습니다. 낙담하지 마세요!

성규 씨는 성규 씨만의 능력과 개성을 가지고 있습니다. 그것은 누구와도 바꿀 수 없는 자신의 것입니다. 남을 부러워하지 마세요. 남과 비교하지 마세요. 자신의 길을 가세요.

지금 당장 삶에 누구나 필요하고 절실한 것들도 물론 우리 삶에 중요합니다. 그러나 아무리 현 세상에서 잘되었다 한들 길어야 80세입니다. 죽을 때 가져가는 사람 없습니다. 그러나 하나님 말씀을 듣는 사람들은 몸은 썩어 흙이 되지만, 영혼은 몸에서 빠져나와 천국으로 갑니다. 천국에서 성화체로 다시 만들어진 자신의 성화체 육신으로 자신의 혼이 들어갑니다. '영원인간'으로 성화되어 영원 영생합니다.

이 세상에서 떵떵거리고 누려본들 80세 넘기기도 어렵고 곧 떠납니다. 천국 입성 못 하면 이 세상 영화 부귀가 무슨 소용이 있습니까~ 제 말을 잊지 마세요! 이 세상에서 사는 동안 하나님 말씀을 듣는 사람으로 사세요. 그때에 성규 씨는 빛날 것입니다!"

"네, 고맙습니다. 목사님을 잊지 않겠습니다!"

나비…. 그래 가평산림원에서 난 나비를 만났었다.

그때 난 절규하였다.

"나비야, 난 어떡해야 하냐?"라고 길을 물었었다. 그 큰 호랑나비는 가평산림원 앞산 저 멀리 날아가 내게 이렇게 크게 소리쳤다.

"넌 나를 따라올 수 없다고!"

난 나비에게 소리쳤었다.

"네가 길을 가르쳐 준다고 했잖아? 어서 이리로 와!"라고.

나비는 저 멀리에서 큰 음성으로 내게 다시 소리쳤었다.

"너를 덮고 있는 그 두꺼운 고치를 찢고 벗어 버려야 해!"

성규는 김 목사와 대화를 마치며 마지막으로 물었다.

"인희는 왜 죽었습니까?"

김 목사는 말하였다.

"악령의 공격을 받았습니다. 성규 씨는 인희가 운전 실수나 미숙으로 노루재에서 사고 났다고 보십니까?"

"아닙니다. 절대 그럴 리가 없습니다."

"네, 정확히 보셨습니다. 악령들과의 싸움은 옛적에도 현시대에도 미래에도 계속될 것입니다. 그 전쟁에서 우리는 이기게 될 것입니다. 성령께서 이끌어 주시고 계십니다. '악령' 대 '성령'의 긴 전쟁 속에서 오늘도 우리 인간들은 살아가고 있는 것입니다."

가평경찰서 교통사고 조사계 현 반장이 강원의료원 응급실에 왔을 때, 김 목사는 당시 노루재에서 이상하고 기괴한 일들이 있었음을 현 반장이 제6야수교 천 중위로부터 들었다. 그리고 우두동 대일차량정비창에서 있었던 기괴한 일까지, 현 반장은 이 일이 이상하다며 김 목사에게 소상히 전달해 알려 주었었다.

직감적으로 이 사건의 핵심을 파악할 수 있었다고 인희의 장례식을 마치고 며칠 후 성규는 김 목사의 요청으로 다시 만나서 당시 노루재와 대일차량정비창에서 일어난 기괴한 상황을 김 목사를 통해 전해 들었지만, 성규는 여전히 그때에는 정말 믿을 수가 없었다.

이제야, 3년 동안 가슴에 응어리진 인희의 노루재사고의 원인과 그 전모가 눈에 그려지고 있었다.

강대상 쪽으로 다가갔다. 약간의 성금을 봉투에 넣어 헌금함에 넣었다.

성규는 3년 전 그때를 돌아보며 잠 속으로 들어갔다.

·

제 3 2 장

── 수호천사 ──

일찍 일어났다. 이른 시간인데 벌써 일부 교우들이 와서 기도 중에 있었다.

마음속에 담겨 있던 것들을 토로하듯 30년 인생을 다 꺼내어 놓았다. 그렇게 마음을 정돈하며 다잡으며 기도하였다.

돌아갈 시간….

"목사님, 말씀 가르쳐 주셔서 고맙습니다. 길 잃고 헤맬 때 목사님께 도움 청하겠습니다."

"언제든 전화하세요. 작은 능력이지만 힘닿는 데까지 친구가 되어 드리겠습니다."

"고맙습니다! 목사님, 항상 건강하세요~"

"꿋꿋하게 앞날을 걸어가세요. 늘 건강하시길 주님의 이름으로 기도합니다~"

영신교회를 나와서 천천히 운전하며 공지천교로 향하였다. 그리고 의암호를 바라보았다. 공지천교를 건너자… 도로 갓길에 차를 세웠다.

인희를 처음 만난 날 이 공지천교를 지났다. 로키하우스에서 저녁 식사를 했었다. 벌써 7년이 지났다.

"인희야, 어디에 있니! 인희야! 인희야! 인희야!! 인희야!"

춘천 시내를 뒤돌아보았다. 그리고 인희 묘소가 있는 춘천공원묘원 쪽을 바라보았다. 주마등처럼 그녀를 만나던 날들이 스쳤다.

그렇게 몇 분의 시간이 흘렀을 때였다.

갑자기 말소리가 들렸다.

"성규야! 성규야! 넌 어디를 바라보느냐~"

"앗? 이게 무슨 소리야!"

"인희는 그곳에 있지 않노라."

위쪽에서 무언가가 내려오는 것이 느껴졌다. 그리고 공중 몇 미터 앞에 나타났다. 산림원에서 일과 후 고요 속에서 책과 씨름할 때 만났던 그 호랑나비였다.

"아앗! 나비야! 네가 어떻게… 나비야 어떻게 여기에….'

성규는 자신도 모르게 소리쳤다.

"내가 나비로 나타난 것은 애벌레의 고치를 찢고 나오라고 나타났었다. 널 계속 지켜보고 있다. 네가 '예수아메시아' 앞에서 올바르게 걸어갈 때 너를 지키라고 '엘로힘'께로부터 명 받았다.

나는 너의 '수호천사'이다. 사탄과 악령들과 전투에서 꿋꿋하라. 그러나 명심하라! 하나님 중심의 삶에서 벗어나면 사탄과 악령들의 전투에서 네가 패주하더라도 너를 돕지 않을 것이다."

이 말소리가 끝나자마자 호랑나비는 순식간에 사라지고 눈부시게 흰 세마포 옷을 입고 등에는 희고 빛나는 날개 한 쌍이 있는 천사가 나타났다. 성규는 그만 "아앗~" 하는 소리를 냅다 질렀다.

"아아… 아아…. 누구입니까? 누구입니까?! 아아… 아아아!"

"너의 길을 가라!"

천사는 성규를 잠시 바라보더니 이내 하늘로 오르면서 홀연히 사라져 버렸다.

"아아~ 아아~~"

성규는 그저 멍하니 공중만 바라보고 있었다.

옆에서 택시를 기다리던 사람들이 의아하게 성규를 쳐다보았다.

"아니, 저 사람 왜 저래…? 허공에 대고 말하더니 소리까지 치네… 나비? 나비가 어디 있어? 지금 겨울 아냐??"

"그렇게 말이야??"

성규는 흐르는 눈물을 주먹을 꽉 쥐고 손등으로 닦았다.

"악령들과 전투에서 이기고 말 거야, 반드시! <u>으흐흐흐흑~</u> 인희는 죽지 않았어. 인희는 죽지 않았어!"

성규는 크게 소리쳤다 그러자 옆에서 이 광경을 지켜보고 있던 사람들 눈이 더더욱 휘둥그레졌다.

"아아니, 저 사람 왜 저래? 아까부터 허공에 대고 말하더니 점점 더 이상해지네. 인희? 인희가 누구야??"

"아까부터 찾고 있어."

"인희가 죽지 않았대??"

"악령들과 전투에서 이기겠대…??"

근처에 있던 사람들은 성규를 바라보며 머리를 가로 흔들며 수군거리기 시작했다.

"인희야, 우리의 이별이 헛되게 하지 않을 거야. 반드시 악령들에게 되갚아 줄 거야. 너를 공격한 그 악령을 찾아내어 반드시 죗값을 물을 것이야~!! 이 어둠 속에서 너처럼 빛으로 나아갈 거야~!"

성규는 차에 올랐다. 흐르는 눈물을 연신 닦으며 한 손은 핸들을 잡았다.

그녀와 같이 꿈꾸었던 날들, 그 꿈이 서려 있는 이 길~ 다신 울지 않으리라 다짐하고 다짐했건만….

"그 악령을 찾아내고 말 거야. 그 죗값을 치르게 하고 말 거야. 반드시, 반드시!"

이제야 자신에게 무슨 일이 일어난 것인지를 알았다. 성규의 믿음은 더더욱 확고해졌다.

"두 번이나 읽었던 성경 말씀이 모두 사실이란 말인가~"

이제야 하나님 계심을 뼛속 깊이 실감하고 있었다. 눈에 어떤 비늘이 떨어지는 것 같았다.

*****

응암동 집.

창문을 열었다.

늘 보이는 봉우리…. 북한산 저 봉우리를 볼 때마다 왠지 서러워 보이곤 하였다. 창문을 닫고 작은 거실 소파에 앉았다. 앞으로 어떻게 해야 하는가? '가야 할 길을 가라'니, 이 무슨 말인가? 어디서부터 어떻게 가란 말인가?

… 아무것도 손에 잡히지 않는다. 다시 곰곰이 생각해 보았다. 여전히 모르겠다. 내가 할 수 있는 일이 무엇인지…?

며칠째 마음으로만 끙끙 앓고 일주일을 헤맸다.

결국 답 찾기를 중단하고 잠시 여행이라도 떠나기로 마음먹었다. 마음을 추스르며 국내 여행이라도 잠시 이곳저곳 다니며 마음을 추슬러 보기로 했다. 대중교통으로 무작정….

예금 통장을 챙겼다. 등산용품점에 들러서 배낭과 등산화, 간단히 밥해 먹는 도구들과 슈퍼에 들러 포장된 쌀과 반찬을 샀다. 서울역으로 향하였다. 늦은 밤 남쪽 지방으로 향하는 야간열차에 무작정 몸을 실었다.

제33장

여행

한밤중을 뚫고 동이 터 올 무렵, 경남 하동에 도착하고 있었다.
작고 허름한 역, 을씨년스럽기가 그지없는 외톨이….

버스 정류장 표지가 저 앞에 눈에 띄었다. 남해대교가 표시되어 있다. 그쪽으로 가 보자. 멀지 않은 거리인 듯, 오래지 않아 버스 앞 유리 밖으로 다리가 하나 보였다.

"저 다리가 남해대교입니까?"
"네~"

남해대교 앞에서 내려 무작정 건너갔다. 다리 끄트머리에 다다르자 아래에 웬 작은 승선 매표구가 하나 보였다. 내려가 물어보니 한려수도를 거쳐 여수가 종착 항구라고 하였다.

타 보자…. 기대감 속에서 난생처음 타 보는 배. 점점이 떠 있는 듯한 작은 섬들 사이로 작은 배는 달려가고, 눈 앞에 펼쳐진 한 폭의 바다 그림.
"아~~! 이래서 한려수도라고 하는구나!"

'여수항구'

커다란 표지판이 보였다.

'백도관광'이라는 그림이 부착되어 있었다. 흥미가 솟구쳤다. 가 보자. 아참, 내일 가고 오늘은 여수나 구경하자~

걸었다. 무작정 이곳저곳을⋯. 시간은 어느새 어둑해져 오고 인근 야산에 올라 텐트를 쳤다. 아래쪽을 보니 여수의 작은 마을 전체가 한눈에 들어왔다.

밤바다와 여수, 깜박거리는 작은 배들이 통통거리며 항구로 들어오고 있다. 작고 평화롭고 정감있게 보였다. 텐트로 들어가 막 잠이 들었는데 밖에서 누군가 텐트를 흔들며 잠을 깨우는 것이었다. 부시시 얼굴을 부비고 텐트의 지퍼를 열었다.

"누구요?"

웬 경찰 복장의 사람이 보였다.

"여기서 뭐 하세요?"
"여행 왔는데요~"

이상한 눈으로 보며 주민등록증을 보여 달라 하며, 이것저것 물어보았다. 주민등록증을 살피더니 여기서 야영은 금지되어 있으니 철수하라는 것이었다.

"아니~ 이 밤중에 갑자기 어디 가요?"

이 밤만 지내고 내일부턴 여관에서 자겠다고 하였다. 경찰은 어쩔 수 없다는 듯이 내려가며 한 마디 툭 던졌다.

"불 나지 않도록 산불 조심해요~"

"네."

다음날 백도로 가려던 것을 하루 미루고 이왕지사 여수에 왔으니 하루 더 돌아다녀 보기로 하였다.

"언제 이곳에 또 오랴~"

하루 종일 이곳저곳 기웃거렸다. 저녁때가 되자 한 그릇 사 먹고 사람 발길이 뜸한 곳을 찾아 텐트를 쳤다.

날이 밝자 배낭을 챙기고 여수항으로 발길을 옮겼다.

"백도를 가 보자."

승선 매표원에 물어보니 거문도에 도착해서 백도유람선으로 갈아탄다고 한다. 여수항을 떠난 그다지 크지 않은 배는 하염없이 느릿느릿 이 섬 저 섬을 들르며 마냥 가더니, 4시간도 더 넘게 걸려서 거문도에 도착하였다.

여기저기 발걸음을 옮기다 보니 네덜란드 선원 공동묘지란 표지판이 눈에 띄었다. 야트막한 언덕 한 곳에 네덜란드 스페르베르(Sperwer)호, 그리고 거문도에서 죽은 네덜란드 선원들 몇 개의 작은 묘비들이 정돈되지 않은 상태로 꽂혀 있었다.

'하멜표류기'

350년 전쯤 이야기이다…. 감옥에 갇히기도 했고 매도 맞고 구걸도 하며 지내야 했다고. 그 사람들 심정이 어땠을까?

인생 난파자, 무상식의 항해로 세상 파고 속에서 몇 번의 죽음의 순간을 지나서 난 여기까지 왔다. 먼저 간 세상의 난파자들에게 어떤 진혼곡이라도 불러야 하는가?

　바다가 내려다보이는 이 야트막한 이름 모를 언덕에서 성규는 묵묵히 세상을 바라보았다. 인간의 역사는 흘러가고 우리 주변엔 누구인지도 모르는 수많은 사람들이 매일 태어나고, 누구인지도 모르는 수많은 사람들이 매일 죽는다.

　고난, 고통, 다툼, 전쟁, 괴로움, 외로움, 늙음, 병들고 죽음… 때론 그 속에서 잠깐 맛보는 사랑, 안위, 기쁨과 희망을 보기도 하지만 사람의 노력으로 불합리하거나 난제들을 해결하여 더 나은 세상을 만들어 나가고는 있다고 하지만….

　여전히 왜? 늙어야 하고 왜? 병이 들어야 하고 왜? 죽음에 이르러야만 하는지 그것을 설명했고 그것을 해결해 준 사람이 있을까?

　　1 난 왜 태어났는가?(난 내가 태어나게 해 달라고 부탁한 적이 없기 때문이다. 아니 부탁할 수도 없다. 나란 존재는 없었으니까…)
　　2 난 왜 늙어야 하는가?(모른다)
　　3 난 어느 날 죽을 것이다.

　난 외부의 어떤 능력이나 힘에 의하여 태어났다.
　살아가게 되었다. 동시에 늙어가고 있다. 끝은 죽음이다.
　난 내가 이렇게 해 달라고 원한 적이 없다. 그런데 내가 원하지 않아도 내 바람과는 상관없다. 어떤 능력에 의해서 그렇게 되어 가고 있기 때문이다. 그것은 사람의 범주를 넘어선 초능력이다.

　그럼 그 능력은 무엇인가? 신(하나님)께서 그렇게 하시는가?

한 사람, 그 사람 외에 누가 알려 주었고, 누가 설명해 주었고, 누가 해결책을 만들어 주었단 말인가?!

사람이 어디서 왔고, 삶은 무엇인지를 인자(the Son of Man from Nazareth) 외에는 그 누구도 사람의 존재에 대하여 삶에 대하여 죽음에 대하여 소상히 알려 주지 못했다. 죽음, 그것에 대하여 해결책을 우리에게 남겨 주지도 못했다.

역사 속에서 동서고금 수많은 사회학자 철학자 심지어 과학자들까지 인생에 대해 논해 왔다. 그러나 복잡하게 말고 평범하게 생각해 보자. 만일 죽음으로 그 한 개인이 끝이라면 그냥 없어지는 것이 우리네 인생이라면 삶은 무의미한 것이다. 아니, 무의미한 것이 되고 만다.

아니!? 이보게 이 사람아! 죽음으로 모든 게 끝이라면 인생이 무슨 의미가 있는가? 죽으면 모든 게 끝인데?

잘살든 못살든, 원하는 것을 이루었든 못 이루었든, 값지게 살았든 그렇지 않든 성공자로 살았든 실패자로 살았든, 이 세상에서 한 개인이 산 게 무슨 의미가 있는가? 죽으면 모든 게 끝인데….

그러나 그렇지가 않다.

광대한 하늘 우주 2층천의 중심이 지구이다. 땅은 자전과 공전을 하나님(신)의 섭리에 따라 오늘도 움직인다. 태양은 오늘도 따뜻이 비추고 있다.

늘 한 가지 의문인 '나는 어디에서 왔고 지금의 나는 왜 존재하고 있는가?' 그것을 알려면 성경을 읽고 공부하면 알게 된다고, 그 의문에 해답이 성경이라고 그러므로 '신(하나님)은 이러이러하시다'를 알게 되고, 사람(나)이 어디에서 왔고 왜 존재하고 어디로 가는지도 알게 된다고 한다.

'하나님과 사람(나)'의 관계가 서술적으로 알게 되며 정립된다고.

창조주 하나님께서는 사람을 만드시되 사람 스스로가 자유의지를 갖도록 지으셨다.

1 만일 모든 사람이 모두 다 하나님 말씀을 듣도록 만드셨다면 이는 분명히 로봇을 만드신 것이다.
2 만일 모든 사람이 모두 다 하나님 말씀을 듣지 않도록 만드셨다면 이 역시도 로봇을 만드신 것이다.
3 사람 각자에게 자유의지를 주셨다. 그러기에 사람을 신묘막측하게 만드셨다고 성경에서 말씀하셨다.

일생이라는 시간을 주셨다. 우리는 그 시간에 스스로 자기가 결정을 내려야 한다 하나님 말씀을 들을 것인가? 아닌가?

사람도 자기 집안에 불필요하거나 나쁜 것들은 쓰레기통에 버린다. 하나님께서 사람을 만드실 때 하나님을 본뜬 모양으로 사람을 지으셨다고 하셨다. 사람 사회에는 법도와 사회법이 존재한다.
천국도 마찬가지이지 않는가?

사람도 불필요한 것은 쓰레기통에 버리는데 하나님께서 하나님의 집(천국)에 불필요하거나 나쁜 것들을 그대로 놓아두시겠는가? 한 개인이 죽으면 지옥과 천국으로 나뉜다고 분명하게 말씀하셨다.
"각자가 자기의 자유의지로 결정해야 하리라."

창세기
1장
27 하나님이 자기 형상 곧 하나님의 형상대로 사람을 창조하시되 남자

와 여자를 창조하시고

말씀의 의미를 곰곰이 생각하였다. 이런 생각이 문득 들었다. 인간 가정 및 사회를 보자. 사람도 부모가 되면 자기 자식을 먹이고 입히고 가르쳐야 한다. 그렇기에 하나님께서도 그러하셨다. 하나님께서 창조하신(사람이 낳은 자식에 비유) 인간들에 대하여 책임을 지신다.

그러하시기에 예수님께서 오셔서 사람을 살리시려 십자가 대속을 하셨다. 그리고 예수님 영접하는 사람들을 하나님의 양자로 삼으셨다고 하셨다.

사람도 자기 재산을 자녀에게 준다. 그러나 회초리도 든다. 그런데 인간과 하나님과의 관계, 즉 하나님과 나와의 관계는 하늘의 법도에 의거 행하실 것이다. 그러하기에 지옥 천국으로 나뉜다. 토기그릇인 인간들이 토기장이이신 하나님에게 인간적인 사고방식으로 접근 해석이 안 되고 할 수도 없지 않은가? 신(하나님)의 법도와 피조물세계의 법도는 같을 수가 없는 것이다 또한 토기장이이신 하나님께서 토기그릇(구원에서 탈락한 인간)들을 깨뜨려 쓰레기장(The Lake of Fire)에 던져버리심 그것은 하나님의 주권이자 영역이다 미물에 불과한 인간이 어찌 알겠는가

이사야
29장

16 너희의 패리함이 심하도다 토기장이를 어찌 진흙같이 여기겠느냐 지음을 받은 물건이 어찌 자기를 지은 자에 대하여 이르기를 그가 나를 짓지 아니하였다 하겠으며 빚음을 받은 물건이 자기를 빚은 자에 대하여 이르기를 그가 총명이 없다 하겠느냐

45장

9 질그릇 조각 중 한 조각 같은 자가 자기를 지으신 자로 더불어 다툴진 대 화 있을진저 진흙이 토기장이를 대하여 너는 무엇을 만드느뇨 할 수 있겠으며 너의 만든 것이 너를 가리켜 그는 손이 없다 할 수 있겠느 뇨

64장

8 그러나 여호와여 주는 우리 아버지시니이다 우리는 진흙이요 주는 토 기장이시니 우리는 다 주의 손으로 지으신 것이라

로마서
9장

20 아니라, 오 사람아, 네가 누구이기에 하나님께 대꾸하느냐? 지어진 것이 자기를 지은 이에게 말하기를, 어찌하여 나를 이렇게 만들었소, 하겠느냐?

21 토기장이가 같은 덩어리의 진흙으로 한 그릇을 만들어 존귀에 이르 게 하고 다른 하나를 만들어 수치에 이르게 할 권한이 없겠느냐?

예레미야
10장

23 오 주여, 내가 알거니와 사람의 길이 사람 자신에게 있지 아니하며 걷는 자의 걸음을 인도하는 것이 그 사람에게 있지 아니하나이다.

24 오 주여, 나를 바로잡으시되 공의로 하옵시고 주의 분노로 하지 마옵 소서. 주께서 나를 없애실까 염려하나이다.

잠언

16장

9 사람의 마음이 그의 길을 계획할지라도 주께서 그의 걸음을 인도하시느니라.

아…. 그래.
사람의 자유의지,
하나님의 개입하심,
그 사이에서 살고 있구나.

하나님께서 주신 사람의 자유의지, 사람은 자기가 자기 마음대로 결정할 테지만, 때때로는 하나님께서 필요하시다면 개입하심이 있지 않는가.

텐트에서 밤을 보내고 아침을 대충 해 먹고 배낭 챙기고 백도행 유람선을 타러 선착장으로 갔다. 오전 한 번, 오후 한 번, 1일 2회 뜬다고 했다. 날씨 변동이 심하고 기상이 나쁘면 좋아져야 뜬다고.

"오늘은 뜰 수 있나요?"
"약간 흐리고 비가 올 것 같은데, 곧 가부를 연락받으면 알려 줄 거예요."
"네~"
잠시 기다렸다. 매표 창구가 열리면서 매표원이 말했다.
"오늘 유람선 뜹니다. 기상이 아주 나쁘지 않대요~"

승선표를 끊었다. 한때의 관광객들로 보이는 사람들이 들어오더니 그들도 매표소 앞에 줄서기 시작했다.

5~60명 정도의 관광객을 태운 유람선 뱃머리 앞에서 저 앞을 보았다. 맨눈으로 작게 보였다. 가까울 것 같지만 50여 분 걸려 이윽고 백도에 근접하였다.

"으와~" 하는 감탄사가 절로 나왔다.

날씨는 약간 흐렸고 빗방울 몇 개가 떨어졌다. 저 끝을 모르는 깊은 바다에서 웬 괴물이라도 막 솟구쳐 올라 이 배를 휘감아 넘어뜨릴 것만 같았다. 기묘하게 생긴 암석들이 솟아 있다. 더구나 빗방울도 몇 방울씩 떨어지니 두려움과 그 어떤 경외감마저 교차하였다.

"백도는 무인도라서 상륙할 수 없고 천연기념물로 지정되어 보호되고 있습니다."라고 스피커에서 안내가 흘러나왔다.

그렇게 흐린 날씨 속에서 백도 해상 관광을 마치고 거문도로 다시 왔다. 등대도 가 보았다. 그림이나 사진으로만 보았는데 실제로 보니 조용하고 평화스러웠다.

거문도에서 다시 여수, 여수에서 부산으로, 부산에서 제주도로 한라산 백록담에 오르고 제주에서 목포로, 목포에서 서해 홍도로, 다시 경주로. 경주 유적지 보고 후포항으로, 후포항에서 울릉도로, 울릉도에서 후포로, 설악산으로. 몇몇 유명하다는 산과 내륙 관광지를 이곳저곳 둘러보고 큰 도시들도 몇 군데 가 보았다.

어느새 2개월 보름여 훌쩍 지나갔다.

여행을 마치고 돌아오는 길 여기저기에는 4월의 봄꽃들이 피어오르고 있었다.

난생처음 여행길.

<<불청객>>

보고 싶다 바다야
넘실 넘어
왔다.

겨울 넘어서
어느 언덕
처마 아래

어느 길가에 누웠고
아침이 오면 걸었다.

은백의 태양 이글거리고 남녘 돌아 서해 끝에서
다시 미시령에 오르고

동면의 굳은 땅속에서 밖에 나온고로 봄바람은 아직 없구
새벽 별 숨는 이른 길 디뎌
그날에
떠났다.

한켠 응어리 움켜쥐어
산을 오르며

다시

섬들 사이를 돌고 돌아서니
침묵은 얼굴을 드러냈다.

두 다리에 의지한 채 마지막 표 원웨이 한 장 쥐었는데
차곡차곡 실낱의 희망
얼기설기 타래실
어깨에 메었다.

언젠가
포승줄에 동네 어귀에서 보았던 '빠삐용'처럼
조각 부표 하나 던진 '빠비용'처럼
한 해변가 닿는데

구름아!
객은 본체만체
너 홀로 가느냐

제 3 4 장

─── 폭풍의 봉우리 ───

바람 따라 한 장 낙엽이 되었던 시간.

인생은 참 묘하다…. 남녀 둘은 바다와 산맥도 넘겠다는 맹세를 하며 둘의 삶을 새로 시작하고, 폭풍우와 파고가 닥칠 때도 많겠지 그 배의 항해를 만만하게 가라고 하지 않을 때가 더 많겠지.

산속에서 야수들(menagerie)이 출몰하겠지. 동행할 가족들도 생겨나고 산도 넘어야 하고 봉우리에서 menagerie와 싸우고 피하기도 하며 또는 물리치기도 하며, 위기도 있겠지만 헤쳐가며 하루도 허투루 낭비할 날이 있을까?

좋은 날이든 아니든 다툼, 조화, 협력, 파탄, 선과 악, 욕심과 비움, 성취와 잃음, 허세와 진실, 전쟁과 평화, 파괴자와 치유자, 악마와 천사.

<<검은 마차>>

푸석돌처럼 부서진다.
가슴이 마른다.
오솔길 고갯길 산 너머 저 벌판, 거리엔 아무도 없다.

도시를 가르는
일그러진 미소
외마디

그리고

움막의 싸늘한 숨소리들이 살고 있다.

그들에겐 내리지 않는 정거장일 뿐
맨션들이며
높다란 벽의 성 대로를 달린다.

긴 날을 들이대는 드라큘라 백작처럼
뇌와 심장도 갉아 버린다 허수아비들을 인정사정없이
너의 소원의 샘에 깊게 드리운 희망 두레박은
비었어

위장막의 홀림이요
잇지 못한 갈급이요
그 손끝 어데 있오

잔잔한 화려 도시 펄럭대는 검은 망토
공포의 대왕
이정표를 꺾는 쇠 말발굽

마차 위에선 채찍이 춤추는도다 휘익~
그리고
휘파람~

점점이 거리의 혼들아!
한그루 소망나무야
조종간처럼 그처럼 뛰었던가?

벌써 며칠째 몸을 뒤척이고 있었다. 30여 년 시간를 반추하고 있다. 여행에서 돌아왔지만 하루하루가….

창문을 열었다.
족두리봉.
응암동으로 이사 온 후 늘 눈에 띄었다. 겨울 북한산을 3개월 전에 처음 올라갈 때, 구기터널 쪽에서 시작해 문수봉을 거쳐 백운대에 섰었다.
왠지 저 봉우리가 갑자기 서글퍼 보인다.
가깝고 높지 않기에 간단히 운동화만 챙겨 신었다. 불광동 쪽으로 시내 도로 따라 걸어가다 산길로 접어들었다. 바로 위에 족두리봉으로 이어진다.

간간이 진달래 개나리 봄꽃이 보인다. 천천히 올랐다.

갑자기 두리번거린다.

혹시 피어 있는지…. 히스꽃…. 인희가 좋아하는~ 늦가을부터 초봄까지 핀다고 난 히스꽃 한 송이도 인희에게 선물해 보지 못했었다 인희가 세상을 떠난 3년이 지나고 이제야 한 움큼을 묘소에 놓았다. 바보 같은 놈!

아아~ 아무리 주변을 둘러보아도 히스는 보이지 않았다.

"인희야, 인희야, 넌 어디에 있니…."

봉우리 한쪽으론 암벽의 낭떠러지였다. 암벽 절벽에서 뒤로 물러서 거리를 두고 앉았다. 평일 한낮, 지나는 등산객도 없는데 화창한 하늘 뭉게구름 적막만이….

만날 사람도 찾아올 사람도 없는 묵묵부답의….

멍하니 저편만 바라보았다. 그러다 소리쳐 외쳤다.

"인희야 인희야~~~"

메아리… 메아리만이 돌아왔다.

다른 사람들처럼 웃고 떠들며 즐겁게 살면 되지 않는가?

가슴에 새겨진 두 글자를 지울 수가 없구나. 이 세상과 이혼이라도 해야 하는가? 복수를 결심했지 않았는가? 그 악령을 찾아내겠다고 그 죗값을 묻겠다고!

그런데,

보이지 않는 세계.

그들… 그것들… 말이다.

어디에서 찾아내고 어떻게 싸운단 말인가? 공지천교에서 천사는 말했다. 너의 길을 가라고…. 나비로 나타난 것은 고치를 벗으라고. 내가 하나님 앞에서 올바르게 걸어갈 때 나를 지키라는 명을 받았다고.

'사탄과 악령들과 전투에서 꿋꿋하라. 그러나 내가 하나님 중심의 삶에서 벗어나면 사탄 악령의 전투에서 패주하더라도 나를 돕지 않을 것이다'라고.

성규는 막막한 가슴을 안은 채 시내를 내려다보았다. 그것들은 어디에 있단 말이냐? 그리고 무엇으로 싸운단 말이냐…? 어떻게 싸운단 말이냐!

어렸을 적부터 외톨이였던 성규….

겁도 많았다. 친구도 별로 없는, 아니 사귈 줄을 몰랐다고 해야 맞는 말일 것이다. 집안마저 풍비박산 나고, 그래서인지 세상을 바로 쳐다보질 못했던 것 같았다. 혼자만 마음에만 담아 두는 아이가 되었다. 표현도 할 줄 몰랐으리라. 말해 봐야 들어 줄 이 아무도 없었으니까…. 소년 시절 집안에 불어닥친….

<<폭풍의 언덕>>

흑암의 이야기는
그림자처럼
있습니다.

오늘이 지나갑니다.

석양
감미로운 저 노을은
세상을 포근히 잠들게 하지만

마디마디 조각진
영상길
나는 걷고 있습니다.

깊게 패인 그날들은
자취조차 사라졌지만
한줄기 자국 진 발자국을 그립니다.

작은 행복 작은 꿈 작은 웃음 기억하고 있어요
무지개 꿈이 한순간 무너지던 날
흙탕물보다 진한 혼탁

얼룩져 간 시간의 강
아무에게도 길을 물을 수 없었습니다.

오늘
바람 부는 언덕에 섭니다.

저쪽 불고 가버린 휘돌이
부서져 간
꿈
그리고
잃어버린 소망을

눈물도 걷어가 버린 하나하나 가시길
점점이 잇습니다.

작은 집이 있었습니다.

정오에 햇살이 눈에 부셔오는군요
그리고
속삭입니다.

잊지 않고 있다고

오늘
폭풍의 언덕에
다시
섭니다.

만날 거라고
만날 거라고
꼭

지나간 날들과 인희를 만났던 날들이 오버랩되고 있었다.

어디로 가야 하나.

이윽고 털썩 주저앉았던 엉덩이를 털며 천천히 일어섰다. 몇 발을 뗐다. 그때였다. 어디선가 울음소리가 뒤쪽에서….

"엉? 이게 무슨 소리야!"

성규는 자기도 모르게 몸을 돌렸다. 저쪽 낭떠러지 암벽 쪽에 사람 뒷모습이 하나 보였다. 머리카락이 길게 보였다.

"엇~"

자신도 모르게 튀어나왔다. 급히 그쪽으로 발걸음을 옮겼다.

"저, 여보세요! 여긴 위험합니다. 뒤로 좀 물러나세요."

"흐흐흐흑 흐흐흐흑~~"

"저, 여보세요. 여기 위험해요~"

"흐흐흐흑 흐흐흐흑~~"

"여보세요! 여기 위험하다니까요?"

"누구신지 모르겠지만 참견 마세요. 가던 길 가세요. 난 세상 살고 싶지 않아요! 난 이곳에서 당장 몸을 던질 거예요."

뒤도 돌아보지 않은 채 일어서려 했다.

"앗~ 안 돼요!"

성규는 다짜고짜 팔을 잡고 뒤쪽으로 잡아당겼다.

"아, 아니, 왜 이러세요? 이거 놓아요! 놓으라고요~!"

여자는 완강히 팔을 젖혔다. 팔을 놓치면 그대로 뛰어내릴 것 같았다. 꽉 잡은 채 성규는 뒤로 잡아끌었다.

"아아, 놔요! 놔요~!"

여자는 허리를 숙인 채 안 끌려오려고 팔을 뿌리쳤다.

어느 정도 뒤로 물러서게 되었다. 그제야 성규는 팔을 놓았다.

"흐흐흐흑, 흐흐흐흑⋯."

여자는 두 손으로 땅을 짚고 고개를 숙인 채 울기만 하였다. 그러더니 일어서서 다시 절벽 쪽으로 가려 했다. 성규는 팔을 벌려 앞을 가로막을 수밖에 없었다.

그러면서 볼 수 있었다.

"앗⋯⋯."

아직까지 본 적이 없는⋯.

여자는 성규를 비켜가려 했다.

성규는 여자를 가로막은 채 말했다.

"참견은 아닌데요, 무슨 일이시기에 이래야만 합니까?"

"흐흐흑~~"

"좀 진정하세요~! 무슨 일이시기에 이렇게까지 하십니까?"

"흐흐흑~~ 아… 결혼을 약속한 사람이 그만…."

"아~ 아… 네… 아…. 무어라 위로의 말을 드려야 할지 모르겠습니다."

"난 모든 꿈을 잃었어요. 그 사람 없는 세상은 무의미해요. 차라리 그 사람 뒤를 따르는 길이 제 길이어요. 이제 아시겠어요? 난 혼령이 되어서라도 그 사람이 올려 주지 못한 칠보족두리(七寶족두리)를 내 머리에 올릴 거예요. 그러니 내 앞을 막지 마세요. 어서 비키시라고요, 으흐흐흑~"

그녀의 구슬픈 소리가 족두리봉을 휘감았다. 그대로 놓아 주면 정말 암벽 아래로 뛰어내릴 듯이 보였다. 어쩐다….

"약혼자분이 병이라도 있으셨나 보군요!"

"아녀요. 저를 위해 꽃을 한 아름 사 오다가 그만 교통사고로…. 으흐흐흑~ 아~~ 벌써 3개월이 지났네요."

"네에??"

성규는 교통사고란 말에 흠칫 놀랐다.

"아…. 정말 안타깝군요!"

"……."

"저, 외람된 말씀입니다만…."

성규는 말끝을 흐렸다.

"네? 무슨 말씀이신지…??"

"저… 제… 제가 꽃을 사 드리겠습니다…. 그러니 마음을 이젠 다잡으세요! 그렇게 목숨을 버리는 것 아닙니다. 그 약혼자였던 분도 님이 이러시면 정말 마음 아파하실 것입니다!"

"네에~~??"

"저, 그 꽃 이름이 뭡니까? 정말 사 드리겠습니다!"

"아… 어떻게…. 하지만 차마 말 못 하겠어요…."

"괜찮습니다. 말씀만 하시면 사 오겠습니다."

"저, 이래도 되는지… 모르겠네요. 저… 제가 좋아하는 꽃은 히스(Heath)예요. 하얀 히스꽃을 좋아한답니다."

그녀는 방긋 웃었다.

"으앗~!!"

외마디와 함께 하마터면 뒤로 자빠질 뻔하였다. 소름이 송송 솟구치는 것만 같았다. 이… 이 여자, 혹시 인희가 아닐까… 하는 착각 속에 휘말릴 것만 같았다.

다시 얼굴을 유심히 살폈다. 분명 인희는 아니었다.

"어머 제 얼굴을 왜 그렇게 유심히 보시나요?" 하며 그녀는 생긋 웃었다.

성규는 혼이 나갈 것 같았다…. 으으음… 약혼자가 먼저 세상을 이별하여 그 아픔 때문에 이 벼랑에서 삶을 마치려 했다니.

내 심정과 어쩜 이리도 꼭 같단 말인가~ 인희를 먼저 보낸 3년여 전에 바로 자신을 보는 것 같았다.

이 여자를 살려내어야 하지 않겠나?

*****

불광동 시외버스 정류장.

"저는 신연희라고 해요."

"안성규입니다."

"댁이 구파발에서 가까운 인근이시라고요?"

"네~ 기와집이어요. 어머니와 둘이 살고 있어요."

"네에~ 그러시군요."

"아버지께선 몇 년 전에 돌아가셨어요."

"아, 네…. 저도 아버님이 일찍 별세하셨지요."

"어머, 그러세요?"

"네, 집이…. 가족들 모두 고생 많았지요. 연희 님께서도 어려움도 있으시겠어요…?"

"음… 조상 때부터 내려온 땅이 있어요. 아버님이 장손이셔서 물려받으셨어요. 지금 농토로 사용하고 있어요."

"아, 네. 다행이시군요. 두 분이 농사지으시려면 힘도 드시겠군요~"

"농사는 직접 하진 않고요. 다른 사람들에게 맡겨요. 직접 텃밭을 조금 가꾸고 나머지 식재료로 필요한 것들은 농토에서 나오는 것들로 충분해요."

"아, 그럼 전원생활이시네요…."

"그런 셈이죠. 얼마 전에 다세대 짓는 건축업자들이 땅을 하도 팔라고 해서 조금 판 것도 있고 그래요."

"아, 네…. 그러시군요. 저도 전원생활이 꿈인데 서울 가까이에 사시고 정말 부럽네요. 자연과 도시 문화를 둘 다 지니기는 정말 어려운데, 요즘 세상에."

"그렇다고 큰 부자는 아니어요. 살기에 구차하지 않을 정도이죠. 그저 평범한 사람이랍니다, 호호호~"

그녀는 앵두 같은 입술을 손으로 가리며 성규를 바라보았다.

그러면서 그녀는 이렇게 말했다.

"저, 괜찮으시다면 제 생명의 은인이신데 어찌 몇 마디 말로 다 하겠어요. 꼭 차라도 한 잔 대접해 드리고 싶습니다."

"아, 아니, 괜찮습니다."

"어머. 어찌 이리도 겸손하신지요, 호호호~"

다시 입술을 손으로 가리면서 고개를 살짝 옆으로 돌렸다.

"저, 휴대폰 번호 좀 알려 주세요. 답례는 꼭 해야지요. 저에게 살아갈 희망도 주셨잖아요?"

"아… 네…."

둘은 전화번호를 교환하였다.

"꼭 며칠 내로 제게 전화해 주시는 거 잊지 마세요~"

"네, 전화드리겠습니다."

이윽고 동산리행 버스가 출발할 시간이 되어 승강장으로 나갔다.

운전기사가 부르릉~시동을 걸며 말했다.

"자, 빨리들 타세요."

그녀는 손을 흔들며 탑승했다. 창문을 열고 손을 내밀어 보였다. 성규도 손을 들어 흔들어 주었다.

버스가 불광시외버스터미널을 빠져나가는 것을 보며 성규는 터벅터벅 집으로 향했다.

제 3 5 장

혼돈

갑자기 무언가가 뒤엉키는 것 같았다.

'신연희'

혼란스럽다.

다시 만나기로 했다. 하얀 히스를 사서 그녀에게 선물하기로 약속까지 했다.

아… 난 내가 해야 할 일이 있다. 아… 정말 천국에서 부활하였다면 왜 모습을 보여 주지 않니? 분명 3년 전에 방화동 단칸방에 나를 만나러 왔지 않니?!

"어찌 너를 잊겠니! 넌 나의 생명이고 나의 전부야. 아… 흐흐흐흑~"

신연희 그녀를 더 이상 만난다는 것은 인희를 헌신짝처럼 배신하는 것이라고. 그럴 순 없어! 그럴 순 없어! 괴로움과 혼란의 며칠이 지나가고 있었다.

전화를 걸지 않기로 마음먹었다. 그리고 히스도 사지 않기로 결심했다.

'뚜뚜뚜~ 랄랄라~~~'

휴대폰 벨이 울렸다. 집어 들어 보니 그녀, 신연희였다.

다시 몇 분이 흘렀다.

'뚜뚜뚜~ 랄랄라~~~'

망설여진다. 무작정 안 받을 수도 없지 않나. 차라리 말이라도 해야 하지 않나.

"네, 안성규입니다!"

"어머, 안녕하세요~ 저 연희예요!"

"네, 연희 씨 안녕하세요?"

"네~"

그녀는 명랑하고 밝은 목소리였다.

"저, 전… 전화만 기다렸어요. 무슨 일이라도 있으신가 해서요? 연락이 없으셔서 이렇게 실례를 무릅쓰고 걸었어요. 아무 일 없으신 거죠?"

"네, 저야 아무 일 없습니다."

"어머, 그럼 좀 연락해 주셨어야죠. 제가 얼마나 걱정했는데요!"

"아…. 미, 미안합니다. 제가 그만 깜빡했습니다."

"어머, 바쁘시면 그럴 수도 있지요. 괜찮아요. 저, 그런데 저와의 약속 잊지는 않으셨겠죠?"

"아, 아…. 네. 그… 그렇습니다. 히스꽃! 네, 꼭 사 드리겠습니다!"

"아이 고마워요! 성규 씨가 주시는 하얀 히스 정말 꼭 선물 받고 싶어요~!"

"아, 네…. 연희 씨가 삶에 힘을 회복하신다면 저도 다행이라 생각합니다."

"제 생명의 은인이시잖아요. 전 잊지 못할 거예요. 성규 씨에게 제 진심이 전달됐으면 해요."

"과찬의 말씀이십니다. 저야 해야 할 일을 했지요. 어찌 보고 외면하겠습니까?"

"어머~ 마음씨도 좋으시네요. 외모도 잘생기셨지만, 호호호~~~"

음성 속의 그녀….

성규는 혼란으로 다시 휘말리는 듯하였다. 그러나 굳은 결심을 하였고 그녀를 더 이상은 만날 수 없다고 솔직히 말하기로 마음먹었다.

"저, 연희 씨. 내일 만나죠. 말씀드릴 것도 있고…."

"내일요? 어머 좋아요! 몇 시에요?"

"내일 오후 3시경 어떻습니까?"

"네, 좋아요."

"불광시외버스터미널에서 만나지요. 인근에 커피숍도 있으니까요."

"네, 그래요. 3시까지 도착할게요 참… 내일 나오실 때 약속하신 것 잊지 마시고요?"

"아, 네. 히스꽃 꼭 갖고 나가겠습니다!"

"아이, 좋아라! 말씀만으로도 고마워요! 꼭 하얀 히스로 부탁해요~~~"

"아, 네! 그래야죠. 그렇게 하겠습니다~"

성규는 내일 만나면 꽃은 주더라도 이별의 꽃이라고 말하고 더 만날 수 없는 자신의 상황을 말해 주어야 하겠다고 결심했다.

히스꽃을 어디서 구한단 말인가? 응암동, 녹번동, 불광동 꽃집을 다 뒤져서라도 약속은 지켜야지. 허나 이 꽃은 이별의 꽃이라고 솔직히 말하자. 그것이 연희라는 그녀를 이해시키리라 생각하며….

겨우 구한 히스를 물병에 꽂아 놓았다. 하얀 히스와 무지갯빛 포장지. 무지개는 희망을 뜻하니까.

다음날 만감이 교차하면서 묵묵히 불광동으로 걸었다.

도착해 보니 아직 30분이나 남았다. 잠시 후 약속 시간보다 이른 시간에 화사한 봄옷으로 갈아입은 연희가 눈에 들어왔다.

"성규 씨, 안녕하세요?"

"네. 안녕하세요?"

"어머, 성규 씨 꽃 정말 가지고 나오셨네요?" 하며 연희는 성규가 들고 있는 하얀 히스를 바라보았다. 성규는 얼른 두 손으로 연희에게 내밀었다.

"어머, 고마워요. 아… 감격했어요!"

"뭘요, 꼭 드려야죠."

그녀는 함박웃음을 얼굴에 그렸다.

둘은 커피숍으로 발걸음을 옮겼다.

"어머니께 성규 씨를 만난 말씀을 드렸어요. 어머니께서 고마운 분이시라고 말씀하셨어요. 더구나 집에 꼭 한번 초대하시겠다고 하셨어요."

"아, 네. 그리 안 하셔도 됩니다. 말씀만으로도 고맙습니다."

성규는 무뚝뚝하게 대답했다.

"어머, 아니죠. 제 생명의 은인이시잖아요. 어찌 몇 마디 말로 다 할 수가 있겠어요? 저… 이런 얘기 해도 될까 모르겠어요…."

그녀는 말끝을 흐리며 성규를 뚫어져라 보았다.

성규는 시선을 어디에다 두어야 할지 난감했다. 더 이상의 대화는 그치고 더 만날 수 없는 자신의 상황을 알려야겠다고 말을 꺼내려 해도 자꾸 연희에게 쏠리고 있었다. 차마 입 밖에 나오지 못하였다.

"성규 씨? 지금 하시는 일이 잘되고 계신지요? 하시는 일이 마음에 안 드시면 저와 같이 새 일을 해 보시면 어떨까 해서요?"

"네? 그게 무슨 뜻인지…??"

"네, 저 사실은 어머니께서 지난 일은 잊고 새사람을 만나라고 하셔요. 산 사람은 살아야 한다고요."

"아, 네. 그렇지요. 연희 씨같이 아름다운 마음씨 가지신 분 다시 없을 것 같네요~!"

"어머~~~ 정말이세요! 아아, 너무 행복해요. 호호호~"

그녀는 앵두 입술을 손으로 가리면서 어쩔 줄 몰라 했다.

그런 그녀에게 그만 만나자는 얘기가 차마 나오지 않았다.

"저, 어머니께서 저보고 빨리 결혼하라고 말씀하셔요. 2년만 지나면 30세라고 그 전에 결혼해야 한다고 하세요."

"네? 2년 후면 30세라고요?"

성규가 흠칫 놀라자 연희가 물었다.

"아니, 왜 그렇게 놀라세요? 제가 나이가 많아서 실망하셨나요?"

"아, 아뇨. 그게 아닙니다…. 연희 씨 같은 미인 처음입니다. 정말 미인이세요. 연희 씨와 같이 있으면 저도 정말 놓치고 싶지 않은 마음이 굴뚝처럼 생깁니다. 이런 미인을 제가 언제 또 만나겠습니까?"

"호호호, 아이~ 너무 칭찬해 주시니 몸 둘 바를 모르겠어요. 호호호…."

그녀는 여전히 함박웃음 속에서 마냥 즐거워만 하였다.

"저, 성규 씨 저와 같이 사업해요. 크게 성공할 수 있어요."

"네에~!? 그게 무슨 말씀이신지?"

"솔직히 말할게요. 전 무남독녀 외동딸이어요. 아버님께서 돌아가시고 남겨 주신 유산으로 동산리에 땅이 커요. 대략 1만 5천 평쯤 돼요. 그리고 산도 있어요. 동산리에서 땅 부자 소리 들어요. 동산리의 반은 저희 땅이죠. 어머니께서도 성실한 남자이고 저만 오직 저만 사랑하는 남자라면 그 땅 전부 사위와 함께 경영하시길 원하세요. 사위가 남인가요?!"

성규는 연희라는 여자가 이렇게 말하자 그만 심히 모를 곳으로 급강하하는 것을 느꼈다. 미인도 이런 미인이 드문데 거기에 그 많은 재산까지 사업을 같이하자고….

연희가 다시 입을 열었다.

"요즘 빌라 짓는 건축업자들이 자꾸 땅 좀 팔라고 졸라 대더라고요. 그래서 한 1,000평 조금 떼어 팔았더니 뚝딱 금세 4층짜리 빌라 일곱 동을 짓더니 다 팔리더라고요. 요즘 집값이 좋대요. 아직 서울에 집이 부족하다

하고요. 동산리가 서울 인접해서 입지가 좋다고 해요. 그 건축업자가 빌라를 일곱 동 짓더니 돈 좀 벌었다고 했어요. 그리고 다음에 땅 팔 생각 있으면 자기에게 팔라고 명함도 주더라고요."

"아, 네. 부럽네요…."

"아이, 부럽기는요. 괜히 말했나 봐요. 자랑만 했네요… 죄송해요, 성규 씨!"

"아, 아뇨. 죄송하다뇨? 그건 연희 씨가 솔직하신 것이죠. 저 연희 씨…. 전 그저 평범하고 별거 없는 놈입니다. 제게 기대하실 것이 없어요. 실망이 크실 거예요, 연희 씨…."

"어머, 무슨 말씀을요. 전 성규 씨에게 사랑받는 것만으로 만족해요. 아무것도 더 바라지 않아요. 이런 제 마음 외면치 말아 주세요. 성규 씨 아니면 전 살아갈 희망조차 없어요. 땅도 무슨 의미가 있겠어요…."

성규는 혼란 속에서 마음을 가눌 수가 없었다.

그간 얼마나 천시와 멸시받으며 살아왔던가? 이 세상을 다 죽이고 싶었다. 멸시하던 놈들, 비웃던 그 눈동자들 하나하나 또렷이 기억하고 있었다. 언젠가는 복수하리라 다짐하며 살아왔다. 그런데 내 앞에 연희는 정말 선녀 같다. 마음씨가 이리도 곱단 말인가. 나에게 한 치 오만함이란 찾아볼 수조차 없다.

'아! 이런 선녀 같은 여자가 세상에 어디에 있단 말인가!'

속으로 감탄할 정도이다. 이런 여자를 만나다니…. 연희라는 이 여자를 더 이상 만나지 않겠다는 굳은 결심을 하고 나왔건만, 말은 꺼내지도 못한 채 결심은 온데간데없어지고 말았다.

"저… 성규 씨."

연희가 성규를 똑바로 쳐다보자 성규는 흠칫 놀랐다.

"네?"

"어머님께서 성규 씨를 초대하시겠다고 하셨어요."

"아, 네…. 그렇게까지 안 하셔도 되는데요…."

"어머? 아니어요. 성규 씨를 빨리 만나 보고 싶어 하셔요. 당장 데려오라고 하셨어요. 가까운 시일에 방문해 주세요!"

"아, 네. 음…. 그러시다면 저도 거절만 하지 못하겠습니다."

"아이, 고마워요! 호호호~~"

이틀 후 불광시외버스터미널에서 만나 성규 갤로퍼로 함께 타고 가기로 했다. 연희를 계속 만날 것인가 그만둘 것이냐는 그 후에 결정하기로 마음을 정리했다.

옆에는 연희가 즐거운 표정으로 앉아 있다.

*****

이틀 후.

갤로퍼는 야트막한 박석고개를 지나고 구파발을 지나니 이윽고 동산리에 다다랐다. 냇가를 끼고 잠시 들어가니 높지 않은 산 아래 큼직하고 잘 지은 기와집이 보였다. 연희가 휴대폰으로 도착하고 있다고 전화를 했고, 한복을 차려입은 중년을 넘어 보이는 한 여인이 대문 밖에서 기다리고 있었다.

담장 한쪽에 주차시키고 연희와 같이 내렸다.

그 여인은 만족한 표정으로 반색하였다.

"어머니, 성규 씨예요. 성규 씨? 어머니께 인사드리세요~"

"어머님, 안녕하십니까? 안성규라고 합니다!"

"오, 안성규 씨! 방문해 주셔서 고마워요~ 자 어서 안으로 들어갑시다!"

연희 어머니의 기품 있는 태도에 성규는 속으로 놀라고 있었다.

'그 딸에 그 어머니, 아니 어머니를 닮은 딸이구나!'

고풍스러운 대청마루에 앉으니 밖에 전원 풍경이 물씬 풍겼다.

연희 어머니는 장독대로 나가 작은 옹기 찻잔 3개에 무언가를 담아 왔다.

"성규 씨, 어머니께서 담그신 수정과예요."

"아! 네, 고맙습니다. 맛있게 잘 먹겠습니다."

"오늘 귀한 분을 만나니 그저 난 마음이 편합니다. 자주 오세요. 자~ 드세요~"

분위기는 성규를 압도하고 있었다.

연희 어머니가 운을 뗐다.

"제 딸자식이 부족하더라도 너그럽게 보아 주세요. 난 어서 빨리 손주를 보고 싶어요. 그리고 오늘 이렇게 오셨는데 만리장성도 하룻밤에 쌓는다고 서로 간에 솔직히 터놓고 대화해 봅시다."

"네, 그래요. 성규 씨."

"저… 전 평범하고 특별난 게 없습니다."

"아, 겸손하시네요."

"어머니, 성규 씨는 흠이라면 자신을 너무 낮추어요."

"아, 성품이 참 넉넉하시네요. 이 어미 마음에 듭니다. 그래도 간단하나마 본인 성장 과정 좀 듣고 싶네요."

성규는 간단히 자기소개를 하였다. 그러나 지금의 자신은 '인희'라는 여자 친구를 만남으로써 오늘까지 오게 되었다는 말은 차마 입에서 나오지 못했다. 연희를 만났을 때 그녀는 성규에게 무슨 일 하냐고 물어보기도 했지만, 상세히 말하지는 않았었다.

"역경을 이겨 낸 분이시네요. 그런 정성을 가지셨다면 무언들 이루어 내지 못하겠어요? 우리 같이 한 식구가 되어 봅시다. 오늘 든든한 천군만마를 얻은 기분이네요. 믿음직스러워요. 연희야, 이게 다 네 복이다. 어이구, 어서 사위 삼고 싶습니다."

그렇게 화기애애하게 대화하며 시간 가는 줄 몰랐다.

어찌해야 하는가…. 보화가 가득 담긴 박이 넝쿨째 온 것이다.

밭에서 뽑은 채소에 잘 차린 된장찌개, 숯불고기로 푸짐히 저녁을 대접받고 다시 만나기로 하며 돌아갈 채비를 하였다.

"안 서방 며칠 내로 또 오게나!"

"네, 어머님. 이렇게 환대해 주시니 제가 몸 둘 바를 모르겠습니다."

"오늘 보니 내 아들이라 생각하였네."

"성규 씨, 집에 도착하거든 전화해 주세요. 며칠 내로 오시는 거죠?"

"아, 네. 그렇게 하겠습니다. 연희 씨 마음 제가 어찌 모르겠습니까?"

"아이 좋아요!"

하루 이틀 시간은 흐르는데 인희를 죽게 한 그 악령들을 찾아내야 하는데, 인희와 나를 파괴시킨 그 대가를 몇 배로 갚으리라 다짐하고 또 다짐하였는데….

두 사람의 성규가 서로 싸우고 있었다.

그 악령 원수를 찾아내어 갚으리라, 그 길로 가리라 그렇게 외쳤지 않는가? 그런데 그 굳은 결심이 서서히 사라지려 하고 있다.

인희는 잊어버려, 인희는 없어. 행운이 너에게 오고 있지 않냐? 언제 또 오겠느냐? 어서 잊어버려. 즐겁게 살아. 왜 멍청하게 사는 거야? 크게 성공할 기회야! 지난날을 생각해 봐! 네가 받은 멸시와 고통…. 누가 너에게 이처럼 손 한 번 내밀어 주었니? 인희가 어디에 있단 말이냐? 인희는 잊어버려 연희를 꽉 잡아 놓치면 안 돼!

차마 그럴 순 없다. 아 그럴 순 없다! 재차 결심했다. 연희를 만나서 사실대로 얘기하고 정말 헤어지기로 마음을 다시 굳혔다.

전화가 오면 사실 얘기를 하고 자신이 가야 할 길이 따로 있다고 연희에게 털어놓을 결심을 하였다.

제36장

혼돈

뚜뚜뚜~ 랄랄라~~

"네, 연희 씨."

"성규 씨 저예요! 언제 오시는 거예요?"

"연희 씨, 할 말이 있습니다."

"네? 할 말이요?"

"미안해요. 저는 제가 해야 할 일이 있습니다. 연희 씨를 더 이상 만나는 것은 불가하네요. 미안해요."

"네에?? 무, 무슨 말씀이세요? 무슨 뜻인지 모르겠어요?"

"저와 앞날을 약속한 여자가 있었어요. 그런데 그만 어떤 일로 제 삶이 파괴되었습니다. 전 그 일이 왜 일어났는지를 알게 되었고 그런 일을 꾸민 그것들을 찾아내야 합니다. 그리고 그 대가를 치르게 할 사명이 있습니다. 그래서 연희 씨와의 만남은 계속할 수가 없습니다."

"뭐, 뭐라고요? 아니 이 무슨 뜻인지 전 하나도 모르겠어요. 지금 무슨 말씀 하시는 거예요?"

"자세히 말해도 연희 씨는 모르실 겁니다. 사람들이 제 말을 알아들을 수가 없어요. 저를 거짓말하거나 이상한 자로 볼 테니까요."

"성규 씨, 우리 만나서 얘기해요. 전화로는 안 되겠어요."

"네, 내일 만납시다."

"네, 알았어요!"

이튿날 불광동에 커피숍에서 다시 마주하였다.

"성규 씨. 성규 씨와 앞날을 약속한 그 여자는 지금 어디에 있어요?"

"세상에 없습니다."

"네? 자세히 말씀해 주세요?"

"죽었습니다."

"아… 더 이상은 묻지 않겠어요. 그런데 할 일이 있다니요, 무슨 뜻인지 자세히 좀 말씀해 주실 수 있죠? 세상 사람들이 믿지 않는다니 그게 뭐예요?"

"저의 약혼녀가 악령들에게 공격을 받고 그만 죽었습니다. 교통사고가 났는데, 그 사고가 악령들의 소행임을 3년이 지나서야 확신하게 됐습니다."

"아… 전 도저히 무슨 말씀을 하시는 것인지….”

"네! 연희 씨의 심정 이해됩니다. 저도 연희 씨처럼 처음에는 전혀 알지 못하고 그저 교통사고인 줄만 알았었고, 그렇게 의문 속에서 지내다가 3개월여 전에 춘천에 있는 교회 목사님으로부터 그 사고의 전말을 알게 되었습니다."

"아… 호호호~~ 아이참, 성규 씨 재미있으시다… 호호호."

연희는 웃음을 그치지 않았다.

"아, 이해합니다. 연희 씨의 마음."

"악령이라뇨, 동화 속 얘기하시는 것 설마 아니겠죠?"

"동화 얘기가 아닙니다. 몇 개월 전에 춘천 공지천교에서 천사도 만났었습니다."

"네에~? 천사라니요? 성규 씨, 저하고 지금 무슨 농담 하시나요? 장난도 정도껏 하셔야죠? 아이참, 갑자기 왜 이러세요! 호호홋~"

"연희 씨⋯ 저 지금 장난하는 것 아닙니다. 천사를 실제로 만났습니다. 3개월 전에 춘천에서 대명천지 생시에⋯. 제 정신 지금 멀쩡합니다. 천사하고 대화까지 했습니다."

"성규 씨, 무슨 말씀이신지 통 모르겠어요. 그런데 저와 왜 만나지 않겠는다는 거예요? 성규 씨 약혼녀분 교통사고 정말 안타깝네요. 아, 뭐라고 위로 말씀 드려야 할지 모르겠어요."

연희는 이어서 말했다.

"3년 전에 그랬군요⋯. 이젠 잊으세요. 성규 씨 어떤 착각을 본 거겠죠. 너무 상심이 크셨을 테니⋯ 아, 헛것을 보셨겠죠. 3년이나 착각 속에서 살고 계시다니 너무 마음이 여리신 것 같군요. 이젠 그만 잊으세요. 죽은 사람이잖아요!"

그렇게 말하는 그녀의 단호한 얼굴에는 차가움이 어렸다.

"그게 아닙니다. 연희 씨는 크리스천이 아니시죠?"

"네?? 아이 그런 말씀 마세요! 하나님이 어디 있다고 그러세요. 아참, 호호호~ 너무 순진하시다. 죽으면 끝이죠. 죽었다 살아난 사람 어디 있고 천국이 어디에 있어요? 호호호~"

"저⋯ 죽은 제 약혼녀가 저를 찾아왔었습니다. 3년 전에!"

"어머머~ 왜, 왜 이러세요! 저를 언제까지 놀리세요~~~ 저 혹시 저와 헤어지려고 이런 뚱딴지같은 말 하는 건 아니겠죠?"

"아, 아닙니다. 연희 씨는 크리스천도 아니시고 성경책을 읽은 일도 없으시고 성령 체험도 해 본 일 없으시고 하시니 이해 불가하실 거란 것을 저는 이해합니다. 저도 연희 씨와 똑같았지요. 크리스천이 되기 전에는 말입니다."

성규는 담담히 말했다.

"성규 씨, 안 되겠어요. 어디 저와 같이 여행이라도 하면서 심신을 회복하세요. 사람이 충격을 심하게 받으면 가끔 헛것이 보인다고 하잖아요? 아니면 제 집에 머무시면서 안정을 취하셔야겠어요….”

“연희 씨, 성경을 읽어 보실 의향 있으신가요?”

“어머니께서 그런 데는 다 사람 장사하는 데라고 하셨어요.”

“네? 사람 장사라뇨?”

“사람 모아 놓고 천국, 지옥 얘기하면서 그럴듯하게 말하면서 돈이나 가져오게 하는 그런 곳이라고 하셨어요. 그게 사람 장사나 다름없죠. 안 그래요?”

연희는 성규를 빤히 쳐다보며 말했다.

“연희 씨, 저도 그렇게 생각했던 사람입니다. 성경을 자세히 알아보고 성령 체험을 해 보기 전에는 저도 연희 씨와 똑같이 생각했지요. 그런데 그게 아니란 걸 나중에 깨닫게 되었습니다.”

“성규 씨, 이젠 그런 얘기 그만 해요. 3년이 지났어요. 이젠 잊으시고 새 길을 가셔야죠. 아아~ 참, 얼마나 괴로우셨을까? 전 이해해요.”

성규는 더 이상 말해 봐야 소용없다고 생각했다.

“저, 연희 씨. 이젠 연희 씨와 더 이상 만나지 않겠습니다. 미안해요.”

그러자 연희의 얼굴이 흙빛으로 바뀌었다.

“전 이만 가 보겠습니다. 안녕히 계세요.”

성규는 일어났다.

발길을 돌리려 순간, “성규 씨~” 하는 외마디 소리와 함께 연희도 같이 벌떡 일어서는가 싶더니 그대로 쓰러졌다. ‘콰다당~~’

*****

동산리 연희네 집.

“아니, 이게 웬일인가 안 서방!”

"네, 어머님! 잠시 충격에서…. 이젠 회복되어 다행입니다."

인근의 병원에서 안정을 취하고 정신을 차린 연희는 병원 처방을 받고 성규와 같이 택시로 집에 도착했다. 연희는 아무 말도 않고 안방에 누워만 있었다.

"안 서방 무슨 일이 있었는가?"

"네, 사실은…."

성규는 자신에게 있었던 가평산림원에서 인희를 만났던 일, 가평 산골에 있게 된 이유, 그리고 몇 개월 전에 춘천 영신교회 김 목사를 만나고 돌아오는 길에 천사를 만났고, 자신은 인희를 죽게 한 악령들을 찾아내서 그 대가를 치르게 할 사명이 있다고 말했다. 그러한 자신의 상황이 긴히 중하여 연희는 더 이상 만날 수가 없다고 털어놓았다.

"아니… 안 서방, 그게 무슨 말인가? 자네 헛것을 본 거 아닌가! 무슨 천사가 있단 말인가? 더구나 3년 전 일 아닌가, 이젠 잊어야지. 자네 마음 충분히 이해하네.

허나 그것 때문에 자네 인생을 버리겠다니, 그건 아닐세. 산 사람은 살아야지. 그리고 악령이 어디에 있단 말인가? 헛것을 보았네 그려~ 있지도 않은 하나님을 믿는다니…. 아하~ 다시 생각해 보게. 무언가 단단히 착각하고 있지 않은지…. 자네 교회 사람들에게 속고 있는 거 아닌가? 그 사람들 입은 번지르르하지 그걸 어찌 믿나? 안 그런가, 안 서방?"

"어머님 저도 어머님과 같은 생각을 가지고 있었습니다. 교회 나가는 사람들 보면 왠지 울화가 치밀더라고요. 엄청나게 있는 척 고상한 척하는 꼴 보기 싫더라고요. 전 아버님 돌아가시고 집은 풍비박산이 났고, 정말 고통이란 고통은 다 맛봐야 했고요. 하나님이 계시면 이럴 수는 없다고 생각했습니다."

"안 서방 자네 지난날 살아온 것 들으니 내가 다 눈물이 앞서네 그려?"

하며 연희 어머니는 눈가에 이슬이 맺혔다.

"아! 어머니 제가 쓸데없는 말을 했나 봅니다."

"아냐, 잘 말해 줬네. 이제 자네를 잘 이해하게 되었네~ 내 자네를 꼭 내 아들 삼고 싶네. 안 서방, 우리 여기서 같이 살기로 해!"

그러며 성규 손을 꼭 잡았다. 성규는 연희 어머니의 따뜻한 배려에 그만 눈물이 날 지경이었다.

"안 서방, 우선 며칠이라도 여기서 지내. 연희가 걱정이야. 충격받아서 또 무슨 일이라도 저지르면 어떡하나, 응?"

"네, 그럼 연희 씨가 회복될 때까지 며칠이라도 제가 있어야 하겠습니다."

"아이고, 고맙네. 이제 안심이야. 내 저녁 준비하고 연희 먹을 죽도 좀 쒀야겠네. 편히 있게~"

"네, 어머님!"

제 3 7 장

영적체험(靈的體驗)

두 사람은 대청마루에 앉았다.

겨울을 벗어난 5월의 신록이 동산리에 가득했다.

"과거에만 파묻혀 앞날도 다 버리겠다고요? 전 이해 못 하겠어요."

"하지만 어찌 없던 일로 돌리겠습니까?"

"이미 죽었잖아요. 산 사람의 생명이 죽은 사람보다 못한가요?"

"연희 씨는 누구보다도 귀하십니다."

"새 출발을 하셔야지요, 성규 씨~"

"네. 저도 그러고 싶습니다. 그러나 저는 영원, 화평, 기쁨, 영광의 삶을 외면할 수가 없습니다.

고통이 무엇인지를 저는 잘 압니다. 그러하기에 천국이 있는지 아닌지 저는 관심이 많았습니다. 그리고 천국이 있음을 알게 되었습니다. 이 세상 길다고 해 봤자 순식간에 갑니다. 제가 6~7살 때 기억이 생생한데 벌써 30세가 되었네요."

"하루하루가 귀한 거죠. 그러니 오늘 하루의 삶을 소중히 해야죠. 과거에서 사시고 있잖아요?"

"아, 네. 그러네요. 하루하루를 헛되이 보내면 안 되지요. 현재도 소중하죠. 어쩌면 현재가 가장 중요합니다. 마치 현재 생활은 아무 소용없다, 현재에 이 세상은 무가치하다고 보는 것은 초점을 잡지 못한 생활입니다. 왜냐하면 천국에 들어가려면 그 자격이 지구 땅 이 세상 삶으로 결정되므로 현재 살고 있고 살아온 그 삶으로 천국 입성을 하냐! 못하냐? 가 심판받으니 현재 삶이 가장 중요하고 소중하지요~"

"과거는 잊으세요. 현재가 과거보다 더 소중하고 앞날이 있잖아요!"

"깊이 생각해 봤죠. 아무리 이 세상에서 잘되어도 인간은 누구나 곧 늙고 병들고 죽어야만 한다는 것을 깊이 깨달았습니다. 그리고 그 해답을 찾아 헤매다가 성경에서 찾았습니다. 성령 체험도 했고요. 3차원을 넘어 4차원 5차원도 넘어서고 현대 과학이 접근도 할 수 없는 전혀 다른 세계입니다. 전 그 세계를 봤고 체험했어요. 그래서 하나님을 믿게 되었습니다."

"아… 도저히 전… 성규 씨가 무슨 말을 하는 것인지."

"네, 연희 씨 심정 이해합니다. 저도 연희 씨하고 똑같았으니까요. 성경 말씀을 듣고 보고 읽고 공부하기 이전에는 말입니다."

"전 그런 어려운 말보다도 성규 씨와 결혼하고 싶어요. 어머니께서 성규 씨와 같이 주택 사업도 구상하고 계셔요. 무얼 망설이세요?"

"저도 그러고 싶네요. 과거 일은 다 잊고 싶습니다. 성공했다는 말 듣고 싶습니다. 제가 겪었던 가난, 천시, 멸시, 야유, 조롱, 무시를 받으며 살았던 것들을 세상에다 다 되갚아 주고 싶습니다."

"그럼 됐어요. 가까운 시간에 우리 혼례 올리고 멋지게 사는 거예요, 우리~"

"시간이 필요합니다. 당장 무어라 말할 수 없네요."

"좋아요. 기다리겠어요! 속히 마음을 정리해 주세요."

여전히 두 사람의 성규가 성규 안에서 부딪히고 있었다.

성규는 자신의 능력 역량을 벗어난 너무 과한 목표를 잡은 것이 아닌가?

하는 의문도 들었다. 너무 감정에 치우쳐 복수만을 생각하고 있는 것이 아닌가, 내 능력으로 어떻게 악령을 찾아낸단 말인가, 어떻게 내 힘으로 그 대가를 치르게 한단 말인가? 오히려 악령들에게 내가 화를 당할 것 아닌가?

아… 도통 갈피를 못 잡겠다…. 현재 생활에 착실히 살며 교회도 나가고 성경 말씀도 열심히 듣고 배우고 하며 살면 되지 않는가? 설사 악령들을 찾아냈다 하더라도 무슨 힘으로 악령들과 싸운단 말인가? 악령들과 싸울 능력도 힘도 없지 않은가?

야 이놈아! 그래서 다 없던 일로 하고 연희와 결혼해서 잘 먹고 잘살고 삐까번쩍하게, 그간 못살고 멸시 무시당하고 살아온 삶에서 해방되어 어깨에 힘주고 남들 앞에 나가서 멋지게 과시하고픈 게냐? 보란 듯이 떵떵거리며 살겠다는 것이냐? 그 덕을 톡톡히 누리겠다고? 야~ 이놈아! 지금의 너는 누구로 인해 있느냐?

집에 돌아온 성규는 처절히 무릎 꿇었다. 단단히 마음먹고 생전 처음 금식기도를 하였다.

며칠이 지난 기도 중에….

[사람이 걸을지라도 그 걸음은 사람에게 있지 아니하느니라.]

으~~앗!! 놀라 자빠질 뻔하였다. 소름이 몸에 돋을 정도였다. 이 말소리가 성규 자신의 배 속에서 들려왔기 때문이었다. 기겁을 한 성규는 웃옷을 들어 제치고 자기 배를 쳐다보았다.

"아무것도 없는데?"

말소리가 다시 들려왔다. 이번에는 작고 미세한 음성이었다. 그 미세한 음성은 성규의 아주 가까이에서 들려왔다.

[네가 악령과 맞설 때 악령들을 물리치는 것은 네 힘, 너의 능력으로 물

리치는 것이 아니니라.]

"네에~~~?? 아아…!"

[너는 깨지기 쉬운 질그릇이니라.]

"네? 질그릇이요?"

[단단하고 빛나는 은그릇 금그릇이 되려면 아직 많은 단련을 거쳐야 하느니라.]

갑자기 앞 공중에 영화 화면 같은 것이 펼쳐졌다.

그 속에는 한 남자가 폐고철 수집장에서 일하고 있었다.

그 남자는 용광로에서 철이 나오는 제련소로 갔다. 자기도 잡철을 녹여 쓸모 있는 철을 뽑아내는 일을 하려 했다. 어떤 두 남자가 능숙하게 용광로를 작동시켜 불이 시뻘건 철을 뽑아냈다. 그 남자는 자기도 그렇게 하겠다고 용광로를 작동시키려다 그만 겁을 먹었다.

"와~ 잘못하면 저 불길에 내가 타 죽겠는걸."

그 남자는 용광로에서 벗어나 본래 있던 폐고철 수집장으로 돌아왔다. 그런데 그 남자는 바로 성규 자신이었다.

성규는 갑자기 멍해졌다.

성규는 성경 공부가 힘들고 하나님 말씀을 행하려고 할 때 현실의 괴리에 빠질 때면 "아! 괜히 하나님 말씀을 들었나? 남들처럼 편하게 살고 싶다."라는 생각이 들곤 하였다.

하나님은 모르지만 이 세상에 다른 사람들처럼 열심히 돈 벌어서 즐겁고 정신적 어려움도 갖지 않고 남들처럼 즐겁고 기쁘게 그렇게 살면 되지 않는가?

현실로 돌아가고픈 성규이다.

허나, 지난 세월 억울하고 통탄스럽다. 정말 천국이 있다면 그 천국에 들어가야겠다. 현 세상에서 누구보다도 고통 고난을 당하며 살았다. 거기에다 죽어서도 천국에 들어가지 못하고 다른 장소(멸망의 장소, 영벌의 장소)로 간다면 이거야말로 미칠 노릇 아닌가? 그러려고 태어나진 않았어! 어차피 현 세상에서 남보다 못한 여건과 상황 속에서 태어났고 남만큼 살아보지도 못했다면, 억울해서도 그냥은 못 죽겠구나….

누구나 늙고 병들고 죽는다. 현 세상에서 못 산 것은 그렇다 치더라도 현 세상에서도 비통하게 살고 거기에다 죽어서도 천국에 들어가지 못하고 천국 입성에서 탈락된다면 그거야말로 끔찍한 일이 아닌가??

현 세상은 버릴지언정(포기하더라도) 천국은 포기할 수 없다.

이렇게 두 사람의 성규가 서로 다투고 있다.

무시할 수 없는 현실 세상이고, 귀한 하루하루지만 언젠가는 떠나야 한다. 안 죽는 사람 봤나?

현실에서 고난 아픔 외로움 괴로움이 있지만 나는 만나야 한다! 잠시의 이 땅에서의 희락을 바라고 '영원세상'을 버리겠는가? 그렇게 할 순 없다. 인희를 배신할 순 없어, 절대로! 인희를 만나야 해!! 화평, 기쁨, 영생, 영원, 영광의 천국에서….

현실 세상을 극복할 작은 힘이라도 내려 달라고 기도하였다. 그렇게 다시 하루가 갔다.

이튿날 아침이 왔다. 성규는 잠에서 깨어났는데 이상하였다. 집안이 컴컴하였고 성규는 책상이 있는 방으로 갔다. 그런데 의자에 누군가가 앉아 있는 것이 아닌가?

"엇, 저게 누구야?"

의자에 앉아 있는 어떤 형체가 있었는데, 그 형체는 외투 모양으로 상체 부분이 의자에 앉은 모양이었다. 테두리가 있는데 빛이 배어있는 듯하였고 약간 굵게 테두리를 이루고 있었다. 그런데 그 테두리의 그 형체를 보는 순간 그 형체가 자기 자신(성규)임을 알 수 있었다. 그러더니 성규 자신이 그 테두리 속으로 들어가는 것이 아닌가? 그러더니 붕 떠올랐고 방 천장에 닿을 듯 움직이더니 거실 바닥으로 스르르 내려오는데 갑자기 앞이 깜깜하였다.

세상에 태어나 그렇게 깜깜한 것은 처음이었다.

마치 먹물 속에 들어간 느낌이었다. 거실 바닥에 닿는 순간 그 즉시 다시 침대방에 누워 있던 성규 자신의 몸(육신)과 결합되는 것을, 침대에 누워 있던 성규는 정신이 깨면서 알아차릴 수 있었다.

혼이 빠져나갔다 다시 육신 속으로 돌아온 것이었음을….

그러더니 다시 혼이 빠져나갔다. 침대에 누워 있는 성규 자신 바로 위에서 성규가 성규 자신을 내려다보았다. 성규 육신은 나무토막처럼 생기가 없었다. 혼이 빠져나갔기에 성규의 육신은 무감각한 통나무 하나가 누워 있는 것처럼 보였다.

그런데 의자에 앉아 있던 그 빛 테두리의 외투 모양이 누워 있는 성규 자신의 육신에 90도로 세워져 있는 것이었다. 그러더니 스르르 위로 약간 올라갔다. 그때 성규는 속으로 이런 마음이 들었다.

'더 올라가, 더 올라가, 그래서 하늘 높이 올라가 보고 싶다.'

이런 마음이 그 이상함 속에서도 갑자기 솟구쳤다. 방 천장이나 빌라 건물 위쪽은 없어지고 공중만 보였다. 그러더니 성규 마음에 책상 방에 무언가가 있는 기척을 느꼈다.

육신을 빠져나온 성규 혼이 책상 방으로 갔다. 그런데 무언가가 빠르게 현관문을 투과하여 없어져 버렸다. 성규 혼도 거실 현관문 앞에 붕 떠 서는 듯하더니, 문이 잠겨졌는데 그대로 문을 투과하여 밖으로 나갔다.

그때 성규는 자기 자신의 육신에서 빠져나간 자신의 혼의 모습을 봤다. 아니, 사람의 혼의 모습을 본 것이다.

그 모양은 사람의 그림자 전체 모양으로, 팔, 다리, 머리 등등 자기 자신 육신의 전체 그림자 크기와 생김새가 비슷하였고 그 그림자 모양이 자기 자신이라는 것이 저절로 알아졌다. 그렇게 집 밖으로 빠져나온 성규 혼은 악령과 맞닥뜨렸다. 악령은 보이지 않았으나 느낌으로 감지할 수 있었다. 무언가가 있다는 것을.

공중에 떠 있는 성규 혼 앞에 악령은 관(시신용 관)으로 변신하더니 성규 혼에게 붕 떠서 전진해 왔다. 성규는 순간 '성령의 검'이 저절로 마음속에 외쳐졌다.

오른손에 무언가가 잡혔다. 그런데 보이지는 않았다. 성규는 보이지 않는 그 검을 꽉 잡았다. 그리고 "얏! 얏!" 하며 악령이 변신한 관으로 전진하며 휘둘렀다. 그러자 그 관은 사라져 버렸다.

악령이 어디로 갔나? 하며 동네 밖 차도에 버스 정류장까지 붕~ 날아가서 주변을 살펴보았다. 더 이상 악령은 보이지 않았고 느껴지지도 않았다.

'으음, 멀리 사라졌군.'

마음속으로 이렇게 생각하는 순간, 침대에 누워 있던 성규 자신의 육신으로 돌아왔다. 그 순간은 마치 잠시 잠깐 환상 속에서 깨어나는 듯하였다.

"아! 이것이 유체이탈(幽体離脱, Out-of-Body Experience: 영혼이 자신의 신체를 빠져나와서 영혼만 별도로 움직이는 상태)이구나!"

유체이탈 체험을 한 것이었다. 아! 그래! 3년 전 가평 산골을 떠나 방화동 단칸방에 이사 온 날 새벽에, 다음 날 새벽에도 두 차례 일어났던 그 신비한 일이 되살아났다.

３차원적인 현재의 지구 생활로는 도대체가 알 수도 없고 이해도 안 되기에 사람들은 이런 체험을 말하면 거짓말 하네 뻥치네~ 하며 아무리 진실이라고 얘기해도 전혀 믿지 않는 것이다. 도대체가 믿어지지가 않는 것이다. 허나 믿지 않았던 당사자도 실제 체험을 하면 달라질 것이다.

성규는 의문이 하나 풀렸다.

그것은 성규가 비크리스천이었고 성경 말씀이 무엇인지 전혀 모를 때 교회 나가는 사람들 보면 이해가 잘 안되었다. 왜? 저 사람들은 저곳에 나갈까? 이 바쁜 세상에 교회에 나가면 금이 생기나 떡이 생기나? 그 시간에 다른 일 하는 게 낫지?

그런데 지금 가만히 생각해 보니 크리스천이 되고 그 어떤 성령 체험을 저 사람들도 하였을 것이기에 믿음이 생기게 되었을 것이다. 남이 안 믿고 무슨 소릴 하든지 거기에 상관 않고 착실히 교회 나가며 성경 공부도 하게 된 것임을 성규는 이제야 이해하게 되었다.

유체이탈 체험 이후에도 수차례 다른 성령 체험을 더 하였다. 이것은 인간의 영역을 넘어선 일이다. 이 체험은 크리스천이 되었고 성경도 다 알지는 못하였지만 여전히 불확신 속에 있는 성규 자신을 일깨워 주었다. 성경의 모든 말씀은 사실이며 쓰인 그대로 일어날 것임을 믿게 되었다.

거실로 나와 조용히 앉았다.

제 3 8 장

영(靈)

성령 체험은 세상 보는 시각을 다르게 갖게 하였다.

혼이 육신과는 별도로 존재하며 육신에 결합 또는 이탈하는 별도로 지음 받은 존재라는 것을 알게 되었다.

육신은 썩어 흙이 되나 혼은 육신에서 이탈되는 것이다. 육신에서 이탈되어 혼이 간 그곳에서 재창조된 자기의 육신으로 다시 결합된다. 혼이 간 그곳은 '천국'이든 '영벌의 장소'이든 두 곳 모두 실제 장소인 것이다.

창세기에 기록된 네피림(Nephilim)의 정체도 알게 되었다. 악령들이 사람의 모습과 같은 거인 육신을 만들었고, 그 거인 육신들에 악령들이 들어가 당시 지구 땅에 살던 여자들과 결혼해 자녀(변종 네피림)를 출산했고, 네피림들과 같이 섞여 산 그 당시가 노아의 홍수 심판을 내리시게 한 주요 원인이었다.

노아의 홍수: 약 4,400년 전 노아 가족 8명이 탔던 노아의 방주는 현재 튀르키예의 아라랏산 정상 인근 어딘가엔 있다. 언젠가는 아라랏산 높은

곳 어딘가에서 노아의 방주가 발견될 것이다. [23]

방주에 탄 3명의 며느리 중에 네피림의 유전자를 가진 며느리가 있었거나, 대홍수 이후에 다시 악령들이 네피림으로 모습을 하고 지구 땅을 침범하려 하였을 것이다. 그러나 더 이상의 네피림 침범은 하나님께서 어느 정도 제한하셨다고 본다.

대홍수 이전에도 피라미드는 있었을 것이다. 그 피라미드는 대홍수 때 지진과 지진에서 분출되는 대량의 물과 대기권에서 내리는 가공할 홍수 급물살로 다 파괴되었을 것이다.

현재에 있는 이집트 피라미드는 대홍수 이후에 태어난 변종 네피림들이거나 악령들이 다시 변형되어 침범하였을 것이다. 당시 인간들이 네피림들과 함께 축조했을 것이다.

악령들은 죽지 않는다. 사람도 육신에서 혼이 이탈되어 별도로 존재하는데 사람보다 고차원인 악령들인 것이다.

네피림이 죽을 때 네피림의 육신에 들어가 있던 악령들은 네피림의 육신이 죽는다고 같이 죽어 없어지지 않는다. 네피림의 육신은 사람의 육신과 같이 썩어 없어졌고 뼈는 남았다. 악령들은 네피림의 죽은 육신에서 빠져나와(이탈, 분리되어) 다시 2층천과 1층천인 이 지구 땅에서 현재도 여전히 공중에서 배회하고 있는 것이다.

---

23) 저자 註: 2009년 홍콩 크리스천들이 탐사대를 조직해 아라랏산에 등정하였다. 아라랏산 해발 4,200m 지점에서 노아의 방주를 발견했다. 그리고 동영상을 찍어 왔고 역청(pitch, 송진)을 칠한 고펠나무(gopher wood, 노송나무) 토막을 갖고 왔다. 그리고 세상에 공표하였다.

UFO(미확인비행체, 未確認飛行體, unidentified flying object)도 마찬가지이다.

사람들은 과학을 외치고 추켜세운다. 과학으로 해결하고 알아내겠다고 한다. 과연 그럴까?? 과학도 하나님의 창조 계획하심의 일부분일 뿐이다.

땅속에 철광석을 보자. 철광석을 사람이 만들어 지구 땅속에 넣어 두었겠나? 사람은 동물들과는 다르게 창조하셨다. 신묘막측하게 만드셨다고 성경에 쓰여 있다. 지구에 사는 동물은 동물에 입력된 본능(동물의 혼)은 동물의 육신이 죽을 때 같이 소멸된다. 동물의 육신과 동물의 혼(본능)은 동시 소멸이다. 그러나 사람은 그렇지가 않다. 이는 악령(쫓겨난 천국 천사)들도 마찬가지이다.

땅속에 철광석을 캐서 생활 도구를 만들어 쓰라고, 하나님께서 지구 땅속에 광물질들을 미리 놓아두신 것이다. 사람 보고 그것을 캐내서 쓰라고 하신 것이란 말이다. 코끼리가 호랑이가 독수리가 광물질을 캐내서 도구를 만들어 사용하는 것 봤는가?

사람은 동물과는 다르다.

성규는 이런 생각도 들었다.

UFO가 혹시 악령들의 소행이지 않을까…? 지구 밖 별들에는 엄청난 자원이 있다고 하지 않는가? 그래서 다른 별에서 자원을 캐 오자는 말도 있었지 않았는가~

악령들, 그들의 능력이라면 외계별에서 지구에는 없는 성분의 재료를 캐내어 비행접시(UFO)를 만들 수 있지 않을까…. 물론 악령들만이 아니고 천사들도 UFO를 만들 수 있을 것이다. 때론 악령들과 천사들이 UFO를 타고 서로 전쟁도 했을 수도 있지 않을까…??

영적인 전쟁도 했겠지만, 도구를 만들어 천사 대 쫓겨난 천사들(악령들)이 전쟁을 하였지 않았을까??

인간들도 말싸움도 있고 주먹 싸움도 한다. 말싸움만 하는 것은 아니다. 도구(무기)를 만들어 전쟁하지 않는가?? 악령과 천사들은 인간들이 만드는 무기보다 훨씬 월등한 무기나 도구들을 만들어 사용하지 않았겠는가?

악령들과 천국 천사들이 하늘에서 전쟁한 그 옛적 먼 먼 날 천국에서 일어난 전쟁, 사람이 창조되기 훨씬 이전에 일어난 하늘 전쟁 말이다. 사탄이 일으킨 하나님께 배도하며 일으킨 제3층천 전쟁 말이다.

그때 비행접시를 만들어 서로 전쟁(2/3 천사 대 배도한 1/3 천사)하지 않았을까?

비행기 조종사들이 UFO를 목격하고 동영상까지 찍어 공개하고 있지 않냐 말이다!

네피림이 그렇게 신체가 큰데 UFO에 탑승이 맞지 않는다 할 수도 있지만, 작게 변이한 형태로 변이는 얼마든지 가능할 것이기 때문이다. '이스카리옷 유다'처럼 신체를 과거 네피림의 크기에서 사람의 신체와 비슷한 정도로 다르게 나타났을 것이지 않는가?

현시대에서 발견되고 있는 네피림의 뼈들을 보면 매우 거대한 것들부터 작은 것들까지 크기가 일정하지 않다.

문득 옛날 그림이 떠올랐다.

'The Crucifixion Of Christ(1350)'

'코소보의 박물관'에 보관돼 있는 이 그림은 예수가 십자가를 지는 장면을 묘사했다. 양쪽 상단의 둥그런 물체(반원의 구형체)가 '외계인(악령? 또는 천사?)', 그들이 탄 UFO이지 않은가?

예수님께서 2,000년 전 이스라엘 예루살렘 골고다 언덕에서 십자가에 매달려 대속하실 당시, 그 주위에 있던 사람들이 공중에 떠 있는 비행접시를 보았을 것이다. 그러하기에 구전으로 계속 전해져 내려왔을 것이고, 그 구전을 듣고 누군가가 이 그림으로 그렸을 것이지 않을까…??

그 옛날 하늘을 나는 비행체를 상상한다는 것은 있을 수가 없다. 더구나 비행체 모습이 반원 형태로 같다는 것은 도저히 우연히 그렇게 그렸다고는 도저히….

성경 창세기에는 하나님의 아들들(천국에서 쫓겨난 타락한 천사들, 악령들)이 지구 땅으로 왔다고 쓰여 있다. 그들이 네피림이라고 분명히 창세기에 기록되어 있다.

지구 여러 곳에서 거대한 뼈들이 발견되고 있고 특히 흑해와 카스피해 사이의 코카서스산맥 인근에서 발견된 무지막지하게 거대한 네피림(Nephilim)의 뼈(Northern Caucasus Giant Human Skeleton)가 공개되었다.

인간의 모든 학술을 다 합쳐도 설명될 수 없는 것들이다. 아무리 잘나 봐야 지구 인간 세상은 3차원의 생활이고 지구상에서 최고의 인간들이라 할지라도 3차원적인 우물 안의 개구리들일 뿐이다.

우물 밖(우주 하늘)을 누가 안단 말인가?

거실 소파에 묵묵히 시간이 흐르고….

"성규야, 성규야~"

"어엇, 누, 누구얏!"

성규는 크게 외마디 소릴 질렀다.

"언제까지 악령에게 끌려다니고 있을 것이냐?"

"네? 끌려다니고 있다구욧?"

"악령이 너를 넘어뜨리려 한다."

"네? 무슨 말입니까?"

"아직도 모르겠느냐? 동산리에서 너를 넘어뜨리려 궤계(詭計)를 꾸미고 있느니라."

"네에~ 그게 무슨 말입니까!"

"그 모녀는 악령 들렸느니라."

"네에~?? 아, 아니…. 그게 도대체 무슨 말씀입니까?"

"내일 그 실체를 네게 보여주리라. 너는 내일 낮에 동산리 그 모녀 집에 가거라. 그리고 그 모녀에게 들어간 악령이 빠져나와 도망치는 것을 목격하게 되리라."

"앗. 그, 그렇습니까….."

눈앞이 환해지면서 3개월여 전에 공지천교에서 만났던 그 천사가 나타났다. 그리고 이렇게 말하였다.

"악령들의 존재를 알게 하시려는 하나님의 은혜가 너에게 임하셨느니라."

"아아…."

두려움에 무릎을 꿇었다.

"너는 내일 동산리로 가서 그 모녀를 불러 네 앞에 앉히고 나사렛 (Nazareth)에 인자(人子)로 오신 '예수아메시아(Yeshuah Messiah)'의 이름으로 담무스(Tammuz)에게서 아레스(Ares)와 아프로디테(Aphrodite)라고 이름 받은 두 악령을 그 모녀에게서 내어 쫓으라."

"네에~?? 어떻게 제가 쫓을 수 있단 말입니까?"

"이렇게 그 모녀 앞에서 외쳐라. '아레스(Ares)와 아프로디테(Aphrodite) 라고 이름 받은 두 악령아, 이 모녀에게서 나와 당장 떠나가라! 나사렛 (Nazareth)에 인자(人子)로 오신 예수님의 십자가 보혈에 의지하고 예수님의 이름으로 명령한다!' 이렇게 크게 외쳐라."

"네에. 아아, 그렇게 하겠습니다!"

성규가 이렇게 말하자 천사는 순식간에 사라졌다.

다음날 갤로퍼에 올랐다 연희에게 곧 간다고 전화하였다. 가속페달을 밟았다.

아… 연희라는 그 여자는 본 모습이 아니었고, 악령 들려 있었다니. 나를 넘어뜨리려 꾸민 궤계였다니!

대청마루에 앉자 연희 어머니가 수정과를 담아 왔다.

"그래, 안 서방 마음을 정했겠지?"

"그보다 긴한 일이 있습니다."

성규는 앞에 앉은 모녀의 눈을 뚫어져라 응시했다.

순간 악령들은 눈치챘는지 모녀의 온화하던 눈빛이 검게 변하더니 독기 서린 눈으로 변하였다.

성규는 이때다 하며, "아레스(Ares)와 아프로디테(Aphrodite)라고 담무스 (Tammuz, 사탄)에게서 이름 받은 두 악령아, 이 모녀에게서 나와 떠나가라! 나사렛(Nazareth)에 인자(人子)로 오신 예수님의 십자가 보혈에 의지하고 예수님의 이름으로 명령한다!"라고 목이 터져라 크게 외쳤다.

그러자 모녀는 순간 꼼짝 안 하는 석고상처럼 동작이 굳어지며 일시 정지하더니, 잠시 후 검은 두 연기가 모녀의 몸에서 빠져나오더니 없어졌다. 그리고 모녀는 정신을 잃었고 그대로 쓰러졌다. 그때 성규 뒤에선 보석빛처럼 반짝이며 투명하고 강렬한 빛이 세게 비추었다.

"아! 천군 천사들이 내게 왔구나."가 직감적으로 느껴졌다.

몇 분이 흐르자 모녀는 잠에서 깨어나듯 하더니, 본래 정신으로 돌아온 듯하였다. 성규는 악령이 빠져나간 모녀를 바라보았다. 모녀의 본래 얼굴이 돌아오자 그들의 얼굴은 이전과는 확연히 달랐다. 성규는 속으로 적잖이 놀랐다. 사람의 모습까지 변형시키는구나!

하긴, 악령들이 인간 모양(네피림)을 만들고 그 속에 자기(악령)가 들어가 거인의 행세를 해도 사람들이 악령인 줄 모르고 거인 사람으로 안다고 성경에 쓰여 있지 않는가?

또한 신약에 '이스카리옷 유다'는 사람이 아니고 악령이라고 쓰여 있다.[24]

쓰러졌던 모녀는 본래 정신으로 돌아오자 깜짝 놀랐다.

"아니, 이 사람 누구야? 어머니, 이 사람 누구예요? 누구세요?"

하며 연희가 소리치자 연희 어머니도 의아한 듯 성규를 보며 소리쳤다.

"아니, 이 사람 누구야? 당신 누군데 남의 집에 함부로 들어와요?"

"아, 네. 저는 지나가다 목이 말라 물 한 잔 먹을 수 있을까 해서 들어왔는데요."

"아니, 뭐요? 별사람 다 보네. 경찰 부르기 전에 빨리 나가욧!"

"아, 네. 미안합니다. 이만 가겠습니다." 하고 그 집에서 나왔다.

뒤돌아보는 순간 그 큰 기와집은 온데간데없고 웬 허름하고 작은 기와집이 있을 뿐이었다. 낡은 쪽마루에는 처음 보는 웬 모녀가 성규를 이상한 눈빛으로 계속 쳐다보고 있었다.

성규는 묵묵히 차에 올라 시동키를 돌렸다.

---

24) 저자 註: 이스카리옷 유다가 출생할 때 어머니 태 속의 유다에게 혼적으로 악령이 먼저 들어가 있었다는 뜻이다.

"아! 내가 경거망동을 했었구나." 한탄이 솟구쳤다.

자신이 부끄럽기까지 하였다. 아! 하나님의 은혜가 아니었다면 난 악령들의 밥이 되었을 것이야! 등골에 식은땀이 흘렀다. 난 악령에게 이미 휘둘리고 있었구나.

*****

바벨(Babel)은 노발대발하고 있었다.

"아레스야? 그깟 놈 하나 처치하지 못하다니? 아프로디테야? 너에게 미모를 준 담무스 왕께 이 일을 어찌 보고한단 말이냐, 으으~~~!"

"그놈이 어찌나 고집이 센지 아프로디테의 미모와 재력을 전면에 내세워 궤계를 꾸몄지만…. 대장 각하, 얼굴을 들지 못하겠나이다."

아레스가 어쩔 줄 몰라 분개하며 대답했다.

"으음… 이대로 고이 물러설 순 없다! 내 담무스 대왕께 긴히 얘기 좀 나누고 다시 오겠노라. 너희는 잠시 기다려라."

"바벨 대장 각하! 담무스 왕께 이 상황을 잘 말하소서!"

"알았노라. 이대로 물러서는 게 말이 되냐?! 아레스야~"

"바벨 대장 각하~! 이대로 물러설 순 없어요!"

아레스와 아프로디테라고 담무스로부터 이름 받은 두 악령은 분개하며 발광하더니 온몸에 상처를 내며 괴성을 질러댔다.

"뭣이야, 실패했다구? 으으으~ 그놈을 '후메내오'나 '필레토'처럼 저속하고 배도하여 이단을 퍼뜨리는 자로 만들고 우리 악령 편으로 끌어들여 우리 편을 만들었어야 했는데! 으으~~ 이 일을 어찌해야 하느냐~!"

악령들의 왕 담무스(Tammuz, 사탄)는 심히 낙담하고 있었다.

"담무스, 우리들의 왕이시여! 하나님께 따져야 합니다. 상소해야 합니다. 왜 그놈에게 은혜를 베푸시냐고요? 성규 놈이 아프로디테를 계속 만났지 않습니까? 성규 그놈 그 꺼면 속내가 보였지 않습니까?"

바벨은 하나님께서 공정하지 않으시다고 담무스에게 계속 불평을 털어놓았다.

"으으으~~ 바벨아, 이대로 물러설 수 없지. 좋다, 상소장을 올리겠노라."

"그럼요, 그렇고 말고요! 공의의 하나님이시지 않습니까!"

"우리들의 왕 담무스시여 경배드리나이다~!!"

바벨은 넙죽 엎드려 담무스에게 머리를 조아렸다. 그리곤 신이 나서 돌아갔다.

"아레스야~ 아프로디테야~ 우리들의 왕 담무스께서 상소를 올렸노라. 만물을 공의로 다스려야 하는데 성규 놈에게 내린 은혜는 너무 편파적이라고 그 점을 강조하셨노라."

"바벨 대장 각하, 다시 그놈을 공격할 기회를 꼭 받아 내야죠, 낄낄낄~~~"

아프로디테도 한마디 거들었다.

"이번에는 기필코 그놈을 꼭 넘어뜨리겠습니다. 더욱 분발하겠습니다, 낄낄낄~~~"

아레스도 주먹을 불끈 쥐며 들어 올렸다.

며칠 후, 바벨은 씩씩대며 분을 내고 있었다.

"담무스께서 올리신 상소장이 차단당했네. 그놈이 받은 은혜가 합당하다고 말야. 아니 우주 만물에 이런 불공정이 어디 있냐고??"

"아니, 왜요? 대장님?"

"나도 모르겠어….."

"그래서 담무스왕께서 일대일 결투를 하자고 다시 상소장을 올리셨네. 자네와 아프로디테하고 정면 승부 결투를 벌이자고. 낄낄낄~ 어떤가, 응? 이번에는 꼭 거꾸로 쓰러뜨려야 해. 안 그런가? 아레스! 으흐흐흐, 낄낄낄 ~~~"

"아오~ 좋구 말굽쇼, 그놈 처절하게 밟아 처발라 버리겠습니다. 걱정 마십시오, 바벨 각하~ 흐흐흐."

아프로디테도 음흉스럽게 맞장구쳤다.

"그놈 이번에는 아주 죽여 놓자고요, 흐흐흐~"

*****

성규는 거실에서 무릎 꿇고 있었다.

나약하기 짝이 없는 스스로를 확인하였다. 아 나는 껍데기요, 참되지 못하구나. 가식과 위선이 바로 나였구나. 방황 속에서 여전히 헤어 나오지 못하고 있구나. 언제 악령에게 걸려 넘어질지 모를 사람이로다. 굳게 맹세한 결의는 어디로 갔는가?

제39장

— 결투 - 족두리봉 —

이름을 불렀습니다

한 장의 낙엽처럼 왔다가
세상 거리에 어느 모퉁이를 살았습니다.

겨자나무처럼 변하였고
등대처럼 반짝였습니다.
영원의 별이 되었습니다.

걷습니다.

날개를 펴어
뿌연 하늘과 도시 물결을 얘기하였습니다.
밤바람은 옷을 뚫고 들어왔고 살갗을 매만져

세종로 공원 네모난 벤치에 앉아 바람과 나는 얘기하였습니다.

바람은 물었다.

당신은 어디서 왔냐고
오랜 시간 어디에서
살았었냐고

콘크리트 숲 땅거미가 덮는데
다시 피할 수 없는
질문을 던졌다.

어디에서 왔냐고

그림자는 몸을 기웃했다.
그저 작은 꿈이라고

가끔은 저편 생명수 강에 닿는 그런 꿈 하나 가지고 있다고
지금은 갈 수 없지만
언젠가는
갈 거라고

가로등 불 아래에서
대답했습니다.
만날 거라고

어둠을 달리는 전조등 물결이 가슴을 찢지만
어딘지 가버리는 행인들 속에서

저 별을 봅니다.

"성규야, 악령과 맞설 마음의 준비가 되었느냐?"

"네엣~? 그, 그게 무슨 말입니까?!"

"아레스와 아프로디테라고 담무스가 이름 지어 준 그 두 악령과 결투하겠느냐?"

"아, 네… 하지만 전 아무 힘도 없습니다."

"너에게 능력 주시는 분은 성령님이시다."

"그, 그렇습니까! 믿… 믿겠습니다! 아멘~!"

"두려움을 믿음으로 단단히 동여매라. 네가 가질 전부이니라."

"네, 알겠습니다!"

"성규야! 그 두 악령이 누구인 줄 아느냐?"

"모르겠습니다."

"그것들이 3년 전 노루재에서 인희의 교통사고를 일으켰느니라."

"네에!! 뭐라구욧! 뭐욧?? 이, 이럴 수가… 아아…."

그대로 쓰러져 통곡하였다.

주먹을 불끈 쥐고 일어섰다.

"나의 수호천사여, 그것들과 결투하겠습니다!"

"마음을 굳게 다잡으라."

"으음! 고맙소, 천사여! 드디어 왔구나! 내가 해야 할 일 앞에서 피하지 않으리라!"

"흰 세마포 옷을 준비하라. 바지와 상의를 준비하고 흰 양말과 흰 운동화도 준비하라."

"알겠소!"

동대문시장에서 흰 세마포 원단을 구하여 그것으로 상의와 바지를 만들었다. 허리띠도 단단하게 몇 겹을 대어 만들었다. 속 내의도 흰옷으로 바꾸었다. 흰 운동화와 흰 양말도 샀다. 그리고 목욕재계하고 흰 세마포 옷으로 갈아입고 기도하기 시작했다.

"오, 우주 만물의 주인이신 하나님! 저는 나약한 놈입니다. 저에게 능력과 힘을 불어넣어 주소서!"

"저는 죄 많은 놈입니다 이런 저를 구원하소서~"

"이대로 죽지 않게 은혜를 베풀어 주시옵소서~!"

그렇게 금식하며 3일이 지났다.

수호천사가 다시 나타났다.

"내일 정오에 족두리봉에 오르라."

"알겠소, 천사여!"

허리띠를 단단히 동였다 흰 운동화에 끈도 단단히 묶었다. 5월 말에 화사한 봄볕이 족두리봉에 가득했다. 하늘은 청명하였고 중천에 해는 투명하게 빛을 발하고 있었다.

정오까진 30여 분 남았다. 마음을 가다듬었다.

"이 죄 많은 놈 불쌍히 여기소서! 이 나약한 놈 외면치 마소서!"

청명하던 족두리봉 상공에 갑자기 먹구름 한 떼가 몰려들었다.

"여보시오, 젊은이 여기서 뭣하시오?"

"바람 좀 쐬러요."

"좋은 나이 때로 보이오…. 내 70이 넘어 돌아보니 인생은 잘살고 잘 먹고 즐길 줄도 알아야 하지, 그렇게 못 살면 나중에 후회가 되더라고. 죽으면 끝인 게 인생이야."

"……!"

"내가 이렇게 말하니까 어떤 사람들은 아니라고 하더라고. 왜 아니냐고 했더니, 하나님이 계신다나 그러길래 나에게 하나님을 보게 해 주면 내 빌딩과 재산의 반을 주겠다고 내기하겠냐고 했더니, 가 버리더라고. 그런 사람들 보면 헛것을 본 거겠지, 쯧쯧…. 젊은이는 절대 그런 사람들 얘기 믿지 마시오. 시간 낭비인 게야."

"…?"

"젊은이, 혹시 결혼은 했소?"

"아니요."

"내 작은 딸애가 아직 미혼인데 한번 만나 보겠나…? 내 딸애한테 내 재산도 일부 상속해 주었네. 젊은이가 성실하고 믿음직해 보이는구만. 지금 같이 가 보겠나? 생각지 않게 이리 만난 것도 인연이 닿나 보오, 젊은이…."

"야, 이 악령아! 한 번 속지 두 번 속냐? 내 앞에서 당장 꺼져! 예수님의 보혈로 저주한다! 예수님의 이름으로 명령한다!"

"이, 이놈이! <u>으으으</u>~"

독기를 뿜는 눈빛으로 변하여 한참을 노려보더니 분을 내며 사라졌다.

성규는 더더욱 기도에 혼신을 쏟았다.

"아! 하나님, 하나님! 저를 버리시지 마옵소서!"

주변 풀숲에서 스르르~ 스르르~ 하며 무언가 움직이는 것 같더니, 4m는 되어 보이는 커다란 뱀 두 마리가 다가오기 시작했다. 기절초풍하여 나자빠질 뻔하였다.

"예수님의 보혈! 예수님의 십자가 보혈이 나를 살리신다!"

목이 터져라 외쳤다.

한 마리가 성규에게로 바짝 다가왔다. 바로 앞에서 대가리를 치켜세우더니 커다랗게 아가리를 벌렸다. 물어뜯기 일보 직전이었다. 커다랗게 벌린 아가리는 시꺼멓게 보였고 송곳니에서는 독물이 떨어지고 있었다. 블랙맘바였다. 한 방 물리면 끝이다. 온몸에 소름이 송송 돋았다.

"으으으… 으으으으~~~"

그런데 다른 블랙맘바는 커다란 보따리 하나를 물고 있는 것이 아닌가?!

그 블랙맘바가 성규 옆으로 바짝 다가왔다. 그리고 그 커다란 보따리를 성규 발 앞에 떨어뜨렸다. 보따리가 펼쳐지자 금은보화와 황금 왕관과 거액의 숫자가 보이는 자기앞수표 다발이 여러 뭉치가 있었다. 보따리를 성규 발치에 떨어뜨린 그 블랙맘바가 말을 하는 것이 아닌가?

"성규야 네가 이겼다. 내가 졌다. 네가 이겼으니 이 보따리를 갖고 내려가라. 세상에서 왕처럼 살아라. 지금까지 멸시와 천시, 무시 받으며 살았지 않으냐? 억울하지? 자 이것 다 네 거다~! 내가 다른 생각 먹기 전에 어서 내려가! 멋지게 살아 보지도 못하고 독이 온몸에 퍼져 죽겠느냐?"

"으으으~ 으으으~"

성규는 악착같이 버텼다.

성규와 그 블랙맘바 두 마리는 서로 대치하기 시작했다…. 서로 노려보았다.

보따리를 물고 왔던 블랙맘바 역시 아가리를 크게 벌리더니 성규 머리를 즉시 물어뜯을 듯이 쉭쉭~ 소리를 내고 있었다. 그렇게 몇 분이 지났다.

성규 이마에선 땀방울이 흘러내리고 있었다.

크게 심호흡을 하였다. 있는 힘을 다하여 외쳤다.

"이 악령들아! 내가 여기서 죽더라도 천국만은 포기하지 않겠노라! 천국을 이 보따리와 바꾸지 않노라! 썩 물러가라! 예수아메시아, 나사렛에 인자로 오신 예수님 우리의 주님 이름으로 명령한다!"

목이 터져라 크게 외쳤다.

그러자 그것들은 순식간에 종적을 감추었다.

이마에선 땀방울이 주르르~~~ 흘러내렸다. 자세를 추스르고 무릎을 꿇고 혼신을 다하여 계속 기도하였다.

그렇게 30여 분이 흐르고, 쿵쿵~ 봉우리가 흔들리듯 커다란 소리에 번쩍 눈을 떴다. 벌떡 일어섰다.

6m는 되어 보이는 거인 둘이 다가오고 있었다.

시퍼런 날이 선 커다란 도끼를 들었고 옆에 다른 거인은 뾰족하고 날카롭고 커다란 창을 들고 있었다. 가까이 다가오더니 도끼를 번쩍 들어 올렸다.

"으윽…."

성규는 저절로 외마디가 튀어나왔다. 성규 앞에 바위 바닥을 내리찍었다. 바위가 으스러지며 푹 패였다.

다른 거인은 들고 있던 창끝으로 성규 목에 닿을 듯 겨누었다.

"으으윽…."

"봤지? 이 바위처럼 네 머리통을 이렇게 부숴 주마. 낄낄낄~"

다른 거인도 말했다.

"네 목을 뚫어 주마~"

"아니지 그렇게 빨리 죽으면 재미없지!"

도끼를 놓고 숲 쪽으로 가더니 생나무를 손으로 잡아당겨 뽑았다.

"어때, 네 팔다리도 이렇게 뽑아 주마!" 하더니 성규 오른팔을 휘어잡았다. 그러자 다른 거인도 성규 왼팔을 꽉 잡았다.

성규는 이를 악물고 큰 소리로 외쳤다.

"이 사악한 네피림 악령들아, 예수님의 보혈로 너희를 저주하노라! 썩 꺼져라!"

허나 두 거인은 여전히 낄낄대며 성규 팔을 잡은 채 들어 올렸다 내렸다 하였다.

"이놈아, 그깟 기도가 통할 줄 아느냐~ 어림없지. 서서히 팔다리 하나씩 찢어 주마."

"으아악~ 아아악!"

"살살 잡았는데도 죽는 소릴 하는구나. 아까 금은보화 보따리 줄 때 안 받은 것 후회가 크지?? 어때? 아직도 큰소리칠 수 있냐? 으흐흐흐~ 어리석은 놈, 안됐구나."

"이놈 팔 하나 뽑아 저 낭떠러지로 던져 버릴까나, 낄낄낄~"

"아아악~ 하나님! 어디 계십니까? 어디 계십니까!"

"야 이놈아, 하나님이 어디에 있냐? 봐라, 어디에도 없지 않으냐? 지금 너를 죽이고 살리고는 우리 손에 있지 않으냐?"

"불쌍하기가 그지없도다. 이 불쌍한 놈에게 자비 한 번 베푸는 게 어떻습니까?"

"아, 그럴까… 우리에게 한마디만 말하라. '나를 살려 주시면 그 은혜 잊지 않겠습니다' 이렇게. 그러면 네게 자비를 베풀리라. 그리고 아까 그 금은보화 수표 다발 보따리를 너에게 다시 주겠다. 그러니 살려 달라고 딱 한마디만 해! 너의 생사 여부는 지금 내 손에 있지 않으냐? 낄낄낄~"

성규는 죽음을 직감했다. 아…. 이제 죽는구나. 마지막으로 크게 외쳤다.

"찢겨 죽더라도 네놈들에게 고개 숙이지 않노라! 죽여라~!!"

그 순간 말소리가 들렸다. 생전의 인희 목소리였다. 분명 인희다!

"성규! 다시 한번 외쳐! 나사렛 예수님의 이름으로 물리쳐!"

"그리고 입으로 숨을 크게 마셨다가 다시 악령들에게 세게 내뱉어!"

저 앞 하늘 공중을 바라보았다. 인희가 보였다. 인희는 기도하고 있었다. 성규를 위한 기도였다. 인희가 하는 말소리와 기도가 귀에 들리고 있었다.

인희의 목소리와 신실한 기도 소리를 듣자 성규는 다시 힘을 차렸다.

"내 삶을 악령들에게 넘겨줄 순 없어! 장차 너희들이 들어갈 영벌의 장소(The Lake of Fire)를 거부하노라! 난 영광과 화평의 천국을 택한다. 사탄 악령 마귀들아! 나사렛 예수님의 이름으로 명령한다. 너희들은 '불못'으로 가라!"

그리곤 입으로 숨을 크게 들이마시고 세게 네피림 악령들에게 내뱉었다.

"후우욱~"

순간 입김은 화염 덩어리로 바뀌었다. 그 화염이 두 거인을 휘감았다.

"으아아아~"

두 거인은 괴성을 지르더니 뒤로 나자빠지며 휘감는 불길 속에서 나뒹굴었다. 성규는 화염 속에서 나뒹구는 거인을 향하여 다시 한번 숨을 크게 내쉬었다.

"후우욱~~"

하나로 엉키고 쓰러져 허우적대는 화염 불길 속에 두 거인을 보며 성규가 다시 세 번째 큰 숨을 내쉬자, 그 내쉬는 숨은 더 커다랗고 시뻘건 화염으로 변하며 한 번 더 그것들을 휘감았다.

도끼와 창마저 녹아내리며 숯검정으로 변해 버렸다.

두 악령은 견디지 못하고 타 버린 네피림의 육신에서 검은 연기처럼 빠져나오며 달아나려 하자, 이번에는 하늘 공중에서 '성령의 불'이 내려오더니 그것들을 휘감아 가두어 버렸다. 그리고 그 성령 불길은 그대로 족두리봉에서 멀리 날아가 보이지 않았다.

땀으로 범벅이 된 성규는 타 버려 한 덩어리로 엉겨 붙은 네피림을 바라보았다.

"가루가 되어라~ 이것들아!"

큰 소리로 외치며 숯 검댕으로 엉겨 붙은 네피림을 향하여 달려 나아갔다. 그리고 힘껏 오른발로 걷어차 버렸다. 그 숯 검댕은 붕~ 떠올라 족두리봉 암벽 절벽으로 부딪히며 산산조각 가루가 되어 아래로 흩어졌다. 다시 상공을 쳐다보았다. 족두리봉에 몰려들었던 검은 구름 떼도 사라졌다.

찬란한 빛줄기가 북쪽 하늘에서 족두리봉을 비추었다.

트럼펫 소리가 하늘에서 울려 퍼졌다.

천군 천사들이 내려오고 있었다.

"아아~~~!"

점점 내려왔다. 그 가운데에 한 여자가 있었다.

인희….

"인희야! 인희야!"

성규 두 눈엔 눈물이 주르르~~~

인희 좌우엔 가브리엘(Gabriel) 메신저(Messenger) 천사와 미가엘(Michael The ArchAngel) 대천사가 함께하고 있었다. 뒤엔 수많은 천군 천사들이 트럼펫을 불고 있었다.

뚜우우우우~~~

뚜우~ 뚜우~ 뚜우~ 뚜우~

뚜뚜뚜뚜뚜뚜뚜뚜뚜뚜뚜뚜뚜~~~~~~~

뚜우우우우우우우우우우우우우우우우우우~~~~~~~~~

눈이 부셔 정면을 응시할 수가 없었다. 성규는 손으로 앞을 가렸다.

"성규!"

인희 목소리였다.

"아, 인희야!"

외마디 소리가 터져 나왔다. 앞을 가렸던 손을 내렸다. 눈 부신 빛은 은은한 빛으로 바뀌어 있었다.

틀림없다. 생전의 인희가 틀림없다!

"인희야! 인희야!"

성규는 눈물이 왈칵 쏟아졌다.

인희는 미소 지었다. 그녀는 영광체의 육신으로 갈아입고 있었다. 늙고 병들고 썩어지는 육신이 아니었다. 분명 사람의 피부요, 살이다. 생명수 강에 흐르는 생명수를 마시며 양편에 심겨 있는 생명나무에서 달마다 내는 12가지 과실로 끊임없이 세포가 재생되는 '영원인간'으로 갈아입고 있었다.

"악령과의 결투에서 당당하고 용감히 맞서 주어서 고마워!"

"물리쳐 주어서 고마워, 성규!"

"아, 인희야! 인희의 기도가 나를 살렸어! 으흐흐흑~!"

울음을 터트렸다.

"울지 마. 당당히 이겼잖아?"

인희는 온화하게 미소 지으며 성규를 바라보았다.

"아… 난…. 얼굴을 들 자격도 없다. 인희를 잊을까도 생각했었어. 얼굴 들 면목이 없구나. 이런 나를 용서해 줄 수 있니?"

"그렇고말고! 끝내는 나와 약속을 지켰잖아? 그럼 됐어~!"

"으흐흐흐흑~~~"

성규는 말을 못 한 채 북받쳐 울기만 하였다.

인희는 성규 손을 잡았다. 성규도 인희 손을 꽉 잡았다.

인희는 성규와 잠시 걸었다. 그리고 말하였다. 천국은 이루 말로 다 하지 못할 하나님의 신비(The Mystery of God)가 있는 곳이라고 알려 주었다. 그 신비는 이 지구 세상에서 사람들이 살 동안에는 비밀로 감추어져 있는 곳이라고 하였다.

이 말뜻을 성규는 알아차릴 수 있었다.
그것은 '참'과 '거짓'을 가려내시려는 하나님의 뜻이심을.

가브리엘(Gabriel) Messenger 천사가 말했다.
"성규! 친구를 위하여 자기 목숨을 내놓은 인희는 '생명의 면류관'을 받았습니다! 그리고 천국 백성들 중에서도 가장 지위가 높은 지도자 반열에 올랐습니다!"
"아아! 그렇습니까, 가브리엘 천사여! 아아!"
인희는 조용히 미소 지었다.
가브리엘이 말했다.
"자! 이제 돌아갈 시간입니다."
미가엘(Michael The ArchAngel) 대천사가 성규 앞에 섰다.
"성령을 받으시오!"
미가엘이 오른손을 뻗어 성규를 향하자 보이지 않는 더운 열기가 성규 온몸을 덮었다.
그리고 인희와 천사들은 서서히 들려졌다.

"인희야, 다시 만나자!"
"그렇게 될 거야~ 내가 못다 한 날들, 성규가 갈 수 있어."
"그럼, 그렇고말고! 내가 해야 할 일인걸!"
"성규를 위하여 기도할게!"

인희와 천사들은 서서히 들어 올려지더니 북편 제3층천으로 이내 멀어져 갔다.

저편 위의 사람들….
언젠가 내 시간이 이 땅에서 마침표를 찍으면,
나 오르리라.

사방을 둘러보았다.
악령들이 저지르는 수많은 악행들이 보였다.

"썩어 없어질 것을 위하여 살지 않겠노라! 흑암과 허상과 낙심과 고통만이 가득 찼고 어디에도 빛이라곤 전혀 없는 그 깜깜한 절망의 장소를 나는 거부하였습니다."

"시지푸스(Sisyphus)의 벌(罰)…. 그것이 인간의 운명이라고? 천만에! NO! NEVER! 하나님께서 사랑으로 약속하신 화평, 영원, 영생, 기쁨, 영광의 축복을 보지 못하게 속이려는 저들의 궤계임을 보았습니다!"

큰 소리로 외쳤다.

"사람 앞에는 두 가지 길이 놓여 있습니다. 어느 쪽을 택할 것입니까! 나는 늙지 않는, 병들지 않는, 죽음을 보지 않는 빛과 화평 사랑과 기쁨 영광의 그곳, '영원인간(永遠人間)'의 길을 택하였습니다!"

인희의 길을 걸으리라……

'이젠 누구도 원망하지 않겠습니다.

이젠 세상에서 괴로움을 놓았습니다.

다만,

길을 걷겠습니다.

아픔도 더 이상 가슴엔 남지 않았습니다.'

천천히 발걸음을 옮겼다.

그리고

세상으로 향했다.

-끝-

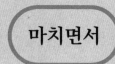
마치면서

12년 전에

세상 살기에 바쁜 사람 중에 하나였고 그때까지 성경 말씀 한 줄도 읽어본 일도 없었습니다.

당시 개인적으로 처한 어떤 일로 급격한 절망 상태에 놓였고 이 일이 저의 삶의 시각을 그 당시까지의 시각에서 다른 시각으로 옮겨가는 계기가 되었습니다.

사람이 갖고 있는 삶에 의문점을 다시 찾아보게 되었습니다.

틈틈이 서서히 그 질문의 해답에 가까이 다가서게 되었습니다. 그때부터 최근까지 늘 마음속에 자리하였던 질문들, 이 질문은 누구나 갖고 있는 같은 것들입니다.

혼자만 가지고 있어서는 안 되겠다고 생각하고 다른 사람들과 나누어야 하지 않겠는가? 골몰히 생각 중에 '소설의 형식'을 빌려서 집필하게 되었습니다.

이 세상은 어디서부터 시작되었나? 그 후 어디로 가는가? 너와 나 사람들이란 존재는 무엇인가? 앞으로 닥칠 그 세계, 그 미지의 시간은 무엇인가?

그에 대한 개인적 작은 체험이자 장차 누구나 서게 될,

아직 도래하지 않았지만 오게 될,

그 세계에 대해 알리고자 펜을 들었습니다.

영원인간 영원사랑

1판 1쇄 발행 2024년 06월 14일
지은이 작은 책

교정 신선미　**편집** 김해진　**마케팅·지원** 김혜지
펴낸곳 (주)하움출판사　**펴낸이** 문현광

이메일 haum1000@naver.com　**홈페이지** haum.kr
블로그 blog.naver.com/haum1000　**인스타** @haum1007

ISBN　979-11-6440-599-2 (03200)

좋은 책을 만들겠습니다.
하움출판사는 독자 여러분의 의견에 항상 귀 기울이고 있습니다.
파본은 구입처에서 교환해 드립니다.